現代ヨーロッパの国際政治

冷戦後の軌跡と新たな挑戦

広瀬佳一・小久保康之 編著

法律文化社

はじめに

　現代のヨーロッパ国際政治は大きく揺れ動いている。1989年から1991年にかけて，ヨーロッパ分断の解消によって冷戦が終わった時に，ヨーロッパが再び戦争の時代を迎えるとは一体誰が予想しただろうか。それほどまでに2022年のロシア・ウクライナ戦争による衝撃は大きい。国際秩序に与えた衝撃としては，冷戦期の朝鮮戦争やベトナム戦争に匹敵するものであり，核戦争の脅威をはらんだ戦争という意味では，キューバ危機をはるかに上回っているとさえ言える。

　そもそも冷戦終了直後の90年代前半は，ヨーロッパは自由で一体となり，統合が進展し，法の支配，民主主義，人権といった価値の共有に基づいた平和で安定した地域となることが楽観視されていた。事実 EU（欧州連合）は統合領域の深化と拡大，構成国の拡大を開始し，NATO（北大西洋条約機構）も民族紛争やテロなどへの対処を念頭に，機能と構成国の拡大を推進した。また法の支配や民主主義，人権を地域で支える枠組みとして OSCE（欧州安全保障協力機構）や CoE（欧州評議会）の役割にも期待が集まった。このように，EU を中核としながら主権国家，NATO，OSCE などが重層的に役割を果たし，相互に影響をうけながら政策調整が行われ，政治プロセスを展開させることが，冷戦後ヨーロッパの協調的秩序の特徴と考えられていた。

　こうした冷戦後の協調的な秩序構築にとって，最初の試練となったのが，90年代のバルカン半島での相次ぐ民族紛争（ボスニア紛争［1992～95年］，コソボ紛争［1998～1999年］）であった。NATO はボスニアでは国連安保理の承認下で，コソボでは自主的に，それぞれ介入を行い，それを危機管理として本来任務に取り込むようになった。また，EU も独自の外交や安全保障への取り組みを開始した。さらに2001年の「9.11」同時多発テロを契機に，NATO はヨーロッパ域外での危機管理にも対応するようになった。同様に EU もこの時期，通貨統合を推進したほか，CSDP（共通安全保障防衛政策）を開始し，2003年以降，

北マケドニア，コンゴ（アフリカ），ボスニアにおいて国連と協力しつつ，停戦監視，武装解除などの危機管理活動を実施するようになった。またEUは，アフリカや中東において治安維持のための警察官訓練，国家再建のための行政機関支援，法執行機関支援などにも文民的危機管理活動として取り組むようになった。

しかしこうしたポスト冷戦期のヨーロッパの国際協調は，2010年代に入り，まずギリシャの財政破綻に端を発するユーロ圏の経済危機と，「アラブの春」の余波としてアフリカから，あるいはシリア内戦のため中東から，それぞれ大量の難民が押し寄せたことにより揺さぶられた。ヨーロッパでは難民流入に対する反発が起き，各国で右派ポピュリズムが活発化して内政に影響を及ぼすようになったのみならず，EUに対する欧州懐疑主義が台頭した。冷戦直後の協調的な秩序を揺るがすこうした動きは，やがてイギリスのEU離脱や，トランプ米政権の誕生とそれに伴う欧米対立をも引き起こした。さらにロシアが勢力圏的発想によりクリミア半島を武力で一方的に併合し，東部ウクライナのドンバス地方でも反政府勢力を公然と支援すると，ヨーロッパ国際政治はますます不安定化した。

また，サイバー，宇宙，認知，電磁波，パンデミックなどの新しい脅威が，安全保障の問題を複雑化した。たとえばNATOは，陸・海・空に加え，サイバーを4番目の，宇宙を5番目の作戦領域としてそれぞれ認定した。さらに，偽情報や世論操作による人間の認知領域への攻撃が激化していることから，認知を第6番目の作戦領域に加える可能性さえ出てきている。こうした新しい脅威の出現と歩調をあわせるように，中国の対外進出が顕在化した。東シナ海，南シナ海への海洋進出，「一帯一路」による東南アジアからヨーロッパ，アフリカでの存在感の拡大，ITをはじめとする科学技術や貿易を通した影響力の浸透，新疆ウイグル自治区や香港での人権抑圧など，ヨーロッパにとって看過できない状況が生まれている。

2022年2月に勃発したロシア・ウクライナ戦争は，こうした2010年代からのヨーロッパ国際政治の不安定化を決定的にした。ロシアによるウクライナへの武力侵攻は明白な国際法違反であったのみならず，民主主義や法の支配，人権といった冷戦後の協調的なヨーロッパ国際政治を動かしてきた規範に対する重

大な挑戦でもあった。EU，NATO を中心に欧米諸国はロシアに対してかつて
ないほどの規模の制裁を課し，武器援助，人道援助，財政支援，難民支援など
を通してウクライナを支えている。このように，ヨーロッパ国際政治は，パ
ワーポリティクスが支配する空間に歴史的に逆戻りしつつあるような状況が生
まれている。冷戦終了後の約25年間を「冷戦間期」ととらえ，2014年以降を新
たな冷戦とする見方さえ登場している。

　しかし，ヨーロッパ国際政治が，すべてパワーポリティクスの世界に逆戻り
したわけではない。EU 加盟国は，主権の一部を EU に委譲して共同行使して
おり，領域によっては対外的にも独立したアクターとなっている。たとえば共
通通商政策の領域では，欧州委員会が EU として第三国と交渉し，欧州議会の
同意で通商協定は発効する。したがって，国際経済において，EU は 1 個の独
立したアクターとしてその存在感を示している。また，気候変動など環境問題
では，むしろ中国をも巻き込んだヨーロッパ主導の協調的な動きもみられる。

　さらに，ウクライナに侵攻したロシアは，かつてのソ連に比べると，政治，
経済，軍事などあらゆる面で弱体化しており，予想される急速な人口減少をも
考慮すると，中・長期的には衰退局面に入るであろう。そうした意味で，ロシ
アのウクライナ侵攻が，かつての冷戦期のような分断を引き起こす可能性は大
きくないように思われる。むしろ，今後停戦がどのような形で行われようと，
ヨーロッパは，民主主義，法の支配と人権の諸原則のもとで，EU や NATO
を中心とした，よりレジリエント（強靱）な国際協調体制に回帰する可能性さ
え秘めているように思われる。

　こうした激動する現代ヨーロッパの国際政治を，本書では，冷戦終焉とその
後の新しい秩序構築の動き（第Ⅰ部），2010年代以降のユーロ危機，難民問題，
安全保障，環境・エネルギー問題などのさまざまな争点の展開（第Ⅱ部），ロシ
ア・ウクライナ戦争の及ぼす影響とヨーロッパにとってのグローバルな課題（第
Ⅲ部），という 3 つの側面に分けた上で，総合的に検討し解説を試みた。EU の
概説書やヨーロッパの国別のテキストなどは多く出されているが，ロシア・ウ
クライナ戦争の影響を射程に収めつつヨーロッパ国際政治の構造的変化を描き
出そうとした本書の編集方針は，他に例がないものとなっている。

本書は，大学の学部教養課程や専門基礎課程あるいは大学院修士課程で，ヨーロッパ国際政治，ヨーロッパ地域研究，国際政治学，国際関係論などの科目のテキスト，参考書として使用されることを想定しているが，ロシア・ウクライナ戦争勃発を機にヨーロッパ国際政治の動きに興味と関心を抱いている社会人の方々にも利用していただけるように工夫している。本書執筆陣は，それぞれの分野の気鋭の専門家だが，執筆にあたっては，わかりやすくかみ砕いた記述をお願いした。同時に各章冒頭には，その章の内容を示すような図表を付した上で，その章を読み解くための問いを例示していただいた。この問いを念頭に各章を読み進めることで，内容の理解が促進されることを期待している。また，巻頭にはEUの組織図，ヨーロッパの各地域機構の加盟国を示す図や主な略語一覧を配し，巻末にはEUやNATOなどの主要幹部の一覧と冷戦後のヨーロッパ国際政治の主要年表を付した。本書を読み進む上での参考資料として活用していただければ幸いである。

　本書の刊行は，その企画から各執筆者との調整を含めた編集作業まで，法律文化社編集部・梶谷修氏の手腕なくしては考えられなかった。ここにあらためて謝意を表したい。本書が，ロシア・ウクライナ戦争により揺れ動く現代ヨーロッパの国際政治の全体像を理解する上で，読者のみなさんに少しでも役に立つことができれば，執筆者一同にとってこの上ない喜びである。

2023年7月

編　者

第Ⅲ部　世界におけるヨーロッパ

資料編　ヨーロッパの国際政治関連資料

1. 歴代の欧州連合各機関代表

　　EU（EC/EEC）委員長

　　欧州理事会常任議長

　　EU外務・安全保障政策上級代表

2. 歴代のNATO事務総長

3. 歴代の欧州安全保障協力機構（OSCE）事務総長

4. 冷戦後のヨーロッパ国際政治　主要年表（1989-2023年）

EU 組織図

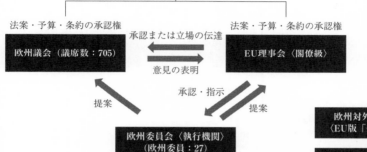

欧州理事会〈首脳級〉

首脳レベルの最高協議機関

法案・予算・条約の承認権　　　　　　　　　法案・予算・条約の承認権

承認または立場の伝達

欧州議会（議席数：705）　　　　　　　　　EU理事会〈閣僚級〉

意見の表明

提案　　　承認・指示　　　提案

欧州委員会〈執行機関〉
（欧州委員：27）

欧州対外活動庁
〈EU版「外務省」〉

欧州中央銀行

ヨーロッパの地域機構（2023）

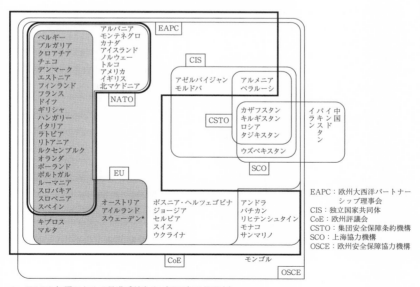

NATO	
ベルギー ブルガリア クロアチア チェコ デンマーク エストニア フィンランド フランス ドイツ ギリシャ ハンガリー イタリア ラトビア リトアニア ルクセンブルク オランダ ポーランド ポルトガル ルーマニア スロバキア スロベニア スペイン キプロス マルタ	アルバニア モンテネグロ カナダ アイスランド ノルウェー トルコ アメリカ イギリス 北マケドニア

EAPC

EU　オーストリア　アイルランド　スウェーデン＊

CIS

アゼルバイジャン　モルドバ　アルメニア　ベラルーシ

CSTO　カザフスタン　キルギスタン　ロシア　タジキスタン　ウズベキスタン

SCO　イパイ中
　　　ラキンド
　　　ンスタ
　　　　タン

ボスニア・ヘルツェゴビナ　ジョージア　セルビア　スイス　ウクライナ

アンドラ　バチカン　リヒテンシュタイン　モナコ　サンマリノ

CoE　モンゴル

OSCE

EAPC：欧州大西洋パートナー
　　　　シップ理事会
CIS：独立国家共同体
CoE：欧州評議会
CSTO：集団安全保障条約機構
SCO：上海協力機構
OSCE：欧州安全保障協力機構

＊　NATO 加盟のための批准手続き中（2023年7月現在）。

主要欧文略語一覧

A 2 /AD（Anti-Access/Area Denial）→接近阻止・領域拒否

AC（Arctic Council）→北極評議会

ACO（Allied Command Operation）→作戦連合軍

ACT（Allied Command Transformation）→変革連合軍

AFSC（Alliance Future Surveillance and Control）→同盟としての未来の監視統制

AGS（Alliance Ground Surveillance）→同盟地上監視計画

ANP（Annual National Programme）→年次国家プログラム

AOR（Area Of Responsibility）→責任地域

APEC（Asia-Pacific Economic Cooperation）→アジア太平洋経済協力

ARF（ASEAN Regional Forum）→ ASEAN 地域フォーラム

ASEAN（Association of South-East Asian Nations）→東南アジア諸国連合

AUKUS（Australia - United Kingdom - United States）→米英豪安全保障協力

AWACS（Airborne Warning and Control System）→早期警戒管制機

BMD（Ballistic Missile Defense）→弾道ミサイル防衛

CAI（Comprehensive Agreement on Investment）→包括的投資協定

CBAM（Carbon Border Adjustment Mechanism）→炭素国境調整メカニズム

CCDCOE（Cooperative Cyber Defence Centre of Excellence）→サイバー防衛協力センター

CEAS（Common European Asylum System）→欧州共通難民体系

CFE（Treaty on Conventional Armed Forces in Europe）→欧州通常戦力条約

CFSP（Common Foreign and Security Policy）→共通外交安全保障政策

CIS（Commonwealth of Independent States）→独立国家共同体

CIVCOM（Committee for Civilian Aspects of Crisis Management）→文民的側面委員会

CJTF（Combined Joint Task Force）→共同統合任務部隊

CoE（Council of Europe）→欧州評議会

COIN（Counterinsurgency）→反乱鎮圧作戦

CPCC（Civilian Planning and Conduct Capability）→文民的計画・行動能力

CSDP（Common Security and Defence Policy）→共通安全保障・防衛政策

CSCE（Conference on Security and Cooperation in Europe）→欧州安全保障協力会議

CSTO（Collective Security Treaty Organization）→集団安全保障条約機構

CVTF（COVID-19 Task Force）→ COVID-19任務部隊

DDR（Disarmament, Demobilization, and Rehabilitation）→武装解除・動員解除・社会復帰

DPC（Defence Planning Committee）→防衛計画委員会

EADRCC（Euro-Atlantic Disaster Response Coordination Centre）→欧州大西洋災害調整セ

ンター

EAPC（Euro-Atlantic Partnership Council）→欧州大西洋パートナーシップ理事会

EC（European Community）→欧州共同体

ECB（European Central Bank）→欧州中央銀行

ECJ（European Court of Justice）→欧州司法裁判所

ECSC（European Coal and Steel Community）→欧州石炭鉄鋼共同体

EDC（European Defence Community）→欧州防衛共同体

EDF（European Defence Fund）→欧州防衛基金

EDTs（Emerging Disruptive Technologies）→新興・破壊技術

EEA（European Economic Area）→欧州経済領域

EEAS（European External Action Service）→欧州対外活動庁

EEC（European Economic Community）→欧州経済共同体

eFP（Enhanced Forward Presence）→強化された前方プレゼンス

EFTA（European Free Trade Association）→欧州自由貿易連合

EI 2（European Intervention Initiative）→欧州介入イニシャティブ

EMI（European Monetary Institute）→欧州通貨機構

EMU（European Monetary Union）→欧州通貨同盟

ENISA（European Network and Information Security Agency）→欧州ネットワーク・情報安全庁

ENP（European Neighbourhood Policy）→欧州近隣諸国政策

EOP（Enhanced Opportunities Partners）→高次の機会が提供されるパートナー

EPA（Economic Partnership Agreement）→経済連携協定

EPC（European Political Cooperation）→欧州政治協力

EPF（European Peace Facility）→欧州平和ファシリティ

ERI（European Reassurance Initiative）→ヨーロッパ再保証構想

ESDI（European Security and Defence Identity）→ヨーロッパの安全保障と防衛における主体性

ESDP（European Security and Defense Policy）→欧州安全保障防衛政策

ESS（European Security Strategy）→欧州安全保障戦略

EU（European Union）→欧州連合

EUAM Ukraine（European Union Advisory Mission Ukraine）→EU ウクライナ諮問ミッション

EUBAM（EU Border Assistance Mission）→EU 国境支援ミッション

EUMC（European Union Military Committee）→EU 軍事委員会

EUMS（European Union Military Staff）→EU 軍事幕僚部

Euratom（European Atomic Energy Community）→欧州原子力共同体

EWM（Early Warning Mechanism）→早期警戒メカニズム

FMP（Free Movement of People）→人の自由移動

FOIP（Free and Open Indo-Pacific）→自由で開かれたインド太平洋

GATT（General Agreement on Tariffs and Trade）　→関税および貿易に関する一般協定

GHG（Greenhouse Gas）　→温室効果ガス

GLCM（Ground Launched Cruising Missile）　→地上発射型巡航ミサイル

HCNM（High Commissioner on National Minorities）　→少数民族高等弁務官

HLWG（High Level Working Group on Asylum and Migration）　→庇護と人の越境移動に関するハイレベル作業グループ

ICBM（Intercontinental Ballistic Missile）　→大陸間弾道ミサイル

ICT（Information and Communication Technology）　→情報通信技術

IMF（International Monetary Fund）　→国際通貨基金

IMS（International Military Staff）　→軍事幕僚部

INF（Intermediate-range Nuclear Forces）　→中距離核戦力

IPAP（Individual Partnership Action Plan）　→国別パートナーシップ行動計画

IPCP（Individual Partnership and Cooperation Programme）　→国別パートナーシップ協力計画

ISAF（International Security Assistant Force）　→アフガニスタン国際治安支援部隊

JEF（Joint Expeditionary Force）　→合同遠征軍

KFOR（Kosovo Force）　→コソボ治安維持部隊

MAP（Membership Action Plan）　→加盟のための行動計画

MBFR（Mutual and Balanced Force Reduction）　→中部欧州相互均衡兵力削減交渉

MC（Military Committee）　→軍事委員会

MD（Mediterranean Dialog）　→地中海対話

MLF（Multilateral Force）　→多角的核戦力

MPCC（Military Planning and Conduct Capability）　→軍事的計画・行動能力

NAC（North Atlantic Council）　→北大西洋理事会

NACC（North Atlantic Cooperation Council:）　→北大西洋協力理事会

NATO（North Atlantic Treaty Organization）　→大西洋条約機構

NFIU（NATO Force Integration Units）　→ NATO 部隊統合調整室

NFZ（No-Fly Zone）　→飛行禁止区域

NMI（NATO Mission Iraq）　→ NATO イラク任務

NORAD（North American Aerospace Defense Command）　→北米航空宇宙防衛司令部

NPG（Nuclear Planning Group）　→核計画部会

NRC（NATO= Russia Council）　→ NATO ロシア理事会

NRF（NATO Response Force）　→ NATO 即応部隊

NSIP（NATO Security Investment Programme）　→ NATO 安全保障投資プログラム

NTM-I（NATO Training Mission-Iraq）　→ NATO イラク訓練任務

ODIHR（Office for Democratic Institutions and Human Rights）　→民主制度・人権事務所

OECD（Organization for Economic Cooperation and Development）　→経済協力開発機構

OEEC（Organization for European Economic Cooperation）　→欧州経済協力機構

OEF（Operation Enduring Freedom）　→不朽の自由作戦

OSCE（Organization for Security and Cooperation in Europe）　→欧州安全保障協力機構

PESCO（Permanent Structured Cooperation）　→常設軍事協力枠組み

PfP（Partnership for Peace）　→平和のためのパートナーシップ

PJC（Permanent Joint Council）　→常設合同理事会

PRT（Provincial Reconstruction Team）　→地方復興支援チーム

PSC（Political and Security Commitee）　→政治・安全保障委員会

QMV（Qualified Majority Voting）　→特定多数決

Quad（Quadrilateral Security Dialogue）　→日米豪印戦略対話（クアッド）

R 2 P（Responsibility to Protection）　→保護する責任

RAP（Response Action Plan）　→即応行動計画

RSM（Resolute Support Mission）　→確固たる支援任務

SACEUR（Supreme Allied Commander Europe）　→欧州連合軍最高司令官

SACT（Supreme Allied Commander Transformation）　→変革連合軍最高司令官

SALT（Strategic Arms Limitation Talks）　→戦略兵器制限交渉

SCO（Shanghai Cooperation Organization）　→上海協力機構

SDGs（Sustainable Development Goals）　→（国連の）持続可能な開発目標

SDI（Strategic Defense Initiative）　→戦略防衛構想

SEEBRIG（South-Eastern Europe Brigade Multinational Peace Force）　→南東欧旅団

SFOR（Stabilization Force）　→平和安定化部隊

SHAPE（Supreme Headquarter, Allied Power Europe）　→欧州連合軍最高司令部

SIS（Schengen Information System）　→シェンゲン情報システム

SLBM（Submarine-Launched Ballistic Missile）　→潜水艦発射弾道ミサイル

SOF（Special Operations Forces）　→特殊作戦部隊

SPA（Strategic Pertnership Agreement）　→戦略連携協定

SSR（Security Sector Reform）　→治安部門改革

SWIFT（Society for Worldwide Interbank Financial Telecommunication）　→国際銀行間通信協会

TSI（Three Sea Initiative）　→三海洋イニシアティブ

TTC（U.S.-EU Trade and Technology Council）　→米 EU 貿易技術評議会

UNHCR（United Nations High Commissioner Refugee）　→国連難民高等弁務官事務所

UNPREDEP（United Nations Preventive Deployment Force）　→国連予防展開軍

UNPROFOR（United Nations Protection Force）　→国連防護軍

WEU（Western European Union）　→西欧同盟

WMD（Weapons of Mass Destruction）　→大量破壊兵器

WPO（Warsaw Pact Organization）　→ワルシャワ条約機構

WTO（World Trade Organization）　→世界貿易機関

第Ⅰ部

冷戦後の新しいヨーロッパ

第1章

冷戦の終焉とヨーロッパ
――東西対立から支援と対話，パートナーシップへ――

■Graphic introduction■ 冷戦末期の東西ヨーロッパ

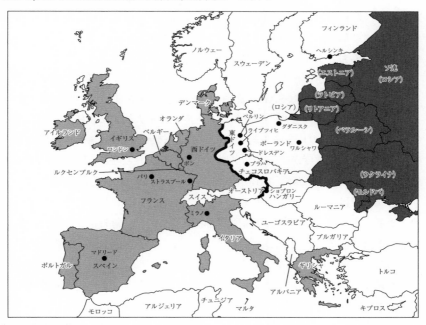

EC加盟国
ソ連構成国：（　）内は現在の国名
鉄のカーテン：本章で扱う部分

■本章の問い■

・なぜ，複数の東欧諸国で1980年代末に革命が起きたのだろうか。

・冷戦はどのように終焉へと向かっただろうか。

・冷戦終焉は東西ヨーロッパにどのような影響を与えただろうか。

第1節　新冷戦とゴルバチョフの登場

　1970年代は米ソ間でSALT Ⅰ（第1次戦略兵器制限交渉）や核戦争防止協定が調印されるなど，緊張緩和（デタント）が進んだ。緊張緩和は経済にも及び，東西陣営間の貿易が増加した。1975年に開催されたCSCE（欧州安全保障協力会議）ではヘルシンキ宣言が採択され，安全保障や信頼醸成だけでなく経済，科学技術および環境の分野における協力，人権や基本的自由の尊重，人的接触，情報，文化協力・交流にも言及し，のちの東欧革命に影響を与えた。

　ただ，1979年にソ連がアフガニスタンに侵攻すると，緊張緩和の雰囲気はついえた。翌年アメリカはSALT Ⅱ調印後の議会審議を凍結し，穀物輸出停止などの経済措置を発動した。1981年にレーガンが米大統領に就任すると，一度はINF（中距離核戦力）全廃条約やSTART Ⅰ（戦略兵器削減条約）の交渉を開始するも1983年に態度が一転し，ソ連を「悪の帝国」と呼び，SDI（戦略防衛構想）を発表し，INFを西欧諸国に配備するなど，ソ連への圧力を強めた。

　一方ソ連では，1985年3月にゴルバチョフが新書記長に就任した。ソ連は当時，かさむ軍事費，自国と東欧諸国の国際収支ならびに対外債務の悪化，原油価格の下落に悩まされていた。ゴルバチョフは，社会主義立て直しのための体制内諸改革（ペレストロイカ），そしてチョルノービリ原発事故（1986年）を契機にした情報公開（グラスノスチ）に取り組んだ。対外的にはそれまでの外交姿勢を転換して新思考外交を標榜し，西欧諸国に対しては「欧州共通の家」構想（1987年）を提唱し，東欧諸国に対しては新ベオグラード宣言（1988年）を通じて制限主権論（ブレジネフ・ドクトリン：各国の主権は社会主義陣営全体の利益の範囲内で許容されるという考え）を否定して東欧諸国の自立と自主的な改革を促した。アメリカとの間でも1987年12月にINF全廃条約に調印して核搭載可能な中距離核ミサイルの廃棄を定め，翌年4月にはアフガニスタンからの撤退に合意した。軍事コストを抑え，経済改革に注力しようとしたのである。

　上記のような米ソ関係の展開の中，米ソの間にある東西ヨーロッパはどのように行動しただろうか。それぞれについてみてみよう。

第2節　西欧諸国の状況：EC の発展と「1992年域内市場統合」

　現在 EU（欧州連合）と呼ばれている組織の前身である EC（欧州共同体）は，1960年代に関税同盟を完成させたものの非関税障壁の撤廃（共同市場計画）は滞り，変動為替相場制移行後に取り組んだ為替協力は不調だった。イギリス，アイルランド，デンマークの EC 加盟（1973年）直後には石油危機に見舞われ，西欧諸国は不況，失業，世界市場のシェア喪失に苦悩した。

　ただ，1970年代末から1980年代初頭にかけてイギリス，フランス，西ドイツの首脳がそれぞれサッチャー首相，ミッテラン大統領，コール首相に交代するなど西欧諸国で政権交代が起こり，その多くが長期政権となった。また，民主化を果たしたギリシャ，続いてスペイン・ポルトガルがそれぞれ1981年，1986年に EC に加盟した（拡大）。そうした動向は，EC 統合を進展（深化）させようという気運を高めた。

　1985年に EC の政策立案機関である欧州委員会の委員長に就任したドロールは，ヒト，モノ，サービスそして資本の自由移動が達成された域内市場の障害となる非関税障壁の撤廃を提唱した。同年6月のミラノ欧州理事会（首脳会議）で『域内市場白書』が採択されると EC 条約の改正が協議され，改正条約（単一欧州議定書）は1987年に発効した。単一欧州議定書は，1992年末までに域内市場統合を完成させるために，域内市場に関する意思決定方式を原則全会一致から多数決に変更して迅速な意思決定を促した。

　域内市場統合が完成すると3億人超の市場創出が見込まれ，規模の経済効果が期待された。実際，欧州委員会の『モンティ報告』によれば，域内貿易率が製造業において50% を超え，消費者には価格低下の恩恵があり，雇用も増加したという。[1]域外諸国の企業は，EC 市場からの締め出しをおそれて EC への投資を増やした。域内市場統合計画の進展に伴い，現在のユーロの導入（経済通貨同盟）も検討された。なお，単一欧州議定書には欧州政治協力，環境政策，研究開発，地域格差対策（経済的・社会的結束）などの規定も設けられたが，それらの取り組みは冷戦終焉後の世界情勢の変容にあわせて，それぞれに新たな展開を迎える（それぞれ関係する章を参照のこと）。

第3節　東欧諸国の状況：東欧革命からベルリンの壁崩壊へ

　1970年代以降，東欧諸国はそれぞれ経済不振に直面し，経済改革のための政治改革が不可避になった。ただ，政治改革はハンガリー動乱（1956年）やチェコ事件（1968年）のようなソ連による軍事介入を招くおそれがあった。とはいえ石油危機以降の東欧諸国は一様に国際収支悪化と累積債務拡大に直面し，食料価格高騰により国内経済も逼迫しており，対応が急がれた。そのような時期とゴルバチョフ政権誕生の時期とが重なった。

　ゴルバチョフは国内経済立て直しのためにみずから国内改革に取り組み，東欧諸国にも（ソ連の負担が増えないよう）自主的な改革を促した。過去に改革を試みてソ連に「正常化」させられた諸国はこれを慎重に受け止めたが，ゴルバチョフによる制限主権論の否定が東欧諸国の改革の追い風になった。

　1989年には，ポーランド，ハンガリーの革命に端を発して鉄のカーテンの開放，ベルリンの壁崩壊，マルタ会談と立て続けに東欧諸国の体制転換と冷戦終焉に向けた動きが発生し，翌年には東西ドイツが統一された。のちに東欧諸国の多くがEUやNATO（北大西洋条約機構）への加盟を希望する背景を理解するためにも，本節ではこの時期の東欧諸国の動向をおさえよう。

［1］ ポーランド：「1989年東欧革命」の先陣

　1989年東欧革命の先陣を切ったポーランドでは，1970年代以降，食料価格引き上げのたびに国民が抵抗してきた。石油危機後は国際収支赤字と累積債務が拡大したが，党主導の改革では状況改善には至らなかった。1980年にも食料価格引き上げを契機にグダニスクからストが発生し，独立労組「連帯」が生まれて政労合意を取りつけた。ところが，これに反応したソ連と東ドイツがポーランドへの介入の姿勢を示した。軍事介入には至らなかったものの，ポーランド政府みずからが戒厳令をしいて（1981年12月），「連帯」を非合法化した。その後は政府主導で経済改革を進めるも，社会の窮状は続いた。

　1988年に食料品等の値上げが発表されると，再びストが発生した。政府は他の勢力の協力なくして改革は困難だと判断し，1989年1月に開催された党中央

委員会総会にて政治的多元主義と労働組合の多元性を認めた。政府と反対勢力による円卓会議（1989年 2 月〜 4 月）を経て「連帯」があらためて合法化され，6 月に実施された複数政党による自由選挙では在野勢力に割り当てられた議席のほぼすべてを「連帯」が獲得した。ただ，同月に天安門事件が発生して介入が懸念されたため，首相には議席数を反映して「連帯」のマゾビエツキを選出した一方，大統領には旧政権側のヤルゼルスキを選出した。12月には国名を「人民共和国」から「共和国」に変更，共産党の指導的役割に関する規定を憲法から削除した。1990年の大統領選挙では，「連帯」を主導してきたワレサが大統領に選出された。

2　ハンガリー：東西国境間の鉄条網の開放

　ハンガリーは早くから改革に取り組んでいたが，ハンガリー動乱でソ連の軍事介入を受け，改革は抑制的になった。1960年代後半にも政府の経済介入を緩める改革と政治改革とを進めたが，チェコ事件（プラハの春への軍事介入）を機に改革の手を緩めた。

　その後，石油危機を経て経済成長が滞り，西側への累積債務が拡大し，物価も急上昇すると，まずは政府主導の改革が進んだ。経済的には1982年に私企業の設立を条件つきで認めて IMF（国際通貨基金）に加盟し，西ドイツ企業などとの協力を進めた。政治的には，1983年の選挙において全選挙区で複数候補者が立てられ，1987年には政権党（社会主義労働者党）に対抗する「民主フォーラム」が結成された。1988年 5 月には長期政権を維持してきたカーダール書記長が退任して党内改革派が政権を掌握，翌年には社会主義国では初めて政党結社と集会の自由を認める法律を制定し，自由選挙への道をひらいた。

　しかしながらこうした「上が主導する改革」は，市民によるデモなどに押し切られる形で1989年の体制転換をもたらした。政府はハンガリー動乱を再評価し，動乱で処刑されたナジ首相の名誉回復・再埋葬式典を挙行したが（ 6 月），式典には20万人が集まった。政府と「民主フォーラム」はポーランドをモデルにした円卓会議を開き，複数政党制と完全自由選挙による議会制民主主義と市場経済の導入を決定した。10月には憲法を改正して国名を「人民共和国」から「共和国」へと変更し，党の一党独裁規定を削除した。1990年 3 月の選挙では，

「民主フォーラム」が勝利した。

　この過程で，ハンガリーは冷戦体制に衝撃を与える行動を起こした。「鉄のカーテン」と呼ばれていた東西国境を開放したのである。海外旅行を自由化していた自国にとって数百キロにわたる国境（有刺鉄線）維持を負担だと判断した政府は，1989年5月にオーストリアとの国境をひらいた。[3]東ドイツ，チェコスロバキア，ハンガリーと連なる「鉄のカーテン」の開放には，とりわけ東ドイツが反応した。東ドイツ人がハンガリー・オーストリア経由で西側に移動（亡命）することができたからである。東ドイツ政府はハンガリー政府に対して自国民の送還を求めたが，ハンガリー政府は両ドイツが交渉すべきだとして拒否し，[4]ソ連も本件には介入しなかった。8月中旬には「民主フォーラム」が中心となって国境の街ショプロンで開催した「パン・ヨーロッパ・ピクニック」で数百名の東ドイツ人がハンガリー国境から脱出し，同様の脱出がその後増加した。ハンガリー政府は西ドイツ政府との極秘会談（8月末）で東ドイツ市民のハンガリー経由の移動を認めたが，[5]これは東ドイツの弱体化に拍車をかけた。

3　東ドイツ：ベルリンの壁の崩壊

　1971年に社会主義統一党第一書記（共産党書記長）となったホーネッカーは，東西ドイツが異なる存在だと内外に認めさせようと努めると同時にソ連との一体性を強調した。ただ西ドイツとの関係正常化（1972年）後は，両国間で人や情報の交流と交易が生じただけでなく東ドイツの貿易赤字に対して西ドイツによる無利子融資が行われるなど，経済面での西ドイツ依存が強まった。ソ連は両ドイツの接近を懸念してホーネッカーの西ドイツ訪問を延期させたが，ゴルバチョフの登場を機にそうした圧力はなくなり，ホーネッカーは1987年9月にボンを訪問して，環境保護，科学技術，原子力安全の協力協定に署名した。

　ホーネッカーはゴルバチョフが促す改革路線を受け入れず，頑なに体制を維持しようとした。上記のような東西ドイツ関係においては，イデオロギーのみが東ドイツの存在意義のよりどころだったからである。したがって国内のデモには強く対応し，天安門事件（1989年6月）では中国政府を支持した。

　ところが，ハンガリーによる国境開放（前項）を機に，国民の西ドイツへの移動が顕著に増加した。9月には民主化を求める団体「新フォーラム」が結成

され，10月以降はライプツィヒを起点にデモが拡大した。10月の建国40周年式
典では，参列したゴルバチョフが改革に抵抗する東ドイツ政府を暗に批判し，
同月には党中央委員会総会がホーネッカーを解任するに至った。党としては
ホーネッカー退陣後も体制を維持するつもりであったが，ドレスデンやライプ
ツィヒでデモが発生し11月初旬にはベルリンでも約50万人もの市民⁽⁶⁾がデモに参
加し，もはや体制変更は避けられなくなった。

　政府は11月8日に新指導部を発足させ，党と政府の分離や集会・結社法の整
備，市場原理導入の可能性を示唆した。また，市民の流出に対応すべく出国制
限緩和にも取り組んだが，多くの条件がついた法案への批判が出たため新法施
行までの過渡期的な規則を定めた。その規則を9日に記者団に発表する際，内
部手続きを見越した発効日時ではなく即時の発効を示唆したため，報道を受け
た市民が国境の検問所に殺到して国境が開放されるに至った（ベルリンの壁崩
壊）。その後は党主導の改革が困難となり実権は議会に移行し，議会はモドロ
ウを首相に選出した。モドロウは施政方針演説で集会・結社法の制定，西側と
の合弁事業や資本参加に道をひらくと明言し，12月には憲法を改正して党の指
導的役割の文言が削除された。それでも西への移住者は止まらず，翌年には西
ドイツに編入される形で東西ドイツは統一された（次節）。

［4］ チェコスロバキア：プラハの春の「達成」へ

　1960年代にドプチェク第一書記が集会・結社の自由，検閲禁止，経済への市
場原理の導入といった改革を進めた（プラハの春）が，ワルシャワ条約機構の
軍事介入によりドプチェクは連行・解任され，政府の路線も「正常化」させら
れた。1977年には，国内の人権状況を告発した「憲章77」がヘルシンキ宣言の
再検討会議に合わせて発表されたが，政権はこれを取り締まった。ただ，もと
もと改革への要求が強かっただけに，政府がひとたび改革に着手すると，その
動きは止まらなくなった。

　政府はゴルバチョフのプラハ訪問（1987年）を境に改革に着手し，1988年に
はソ連の改革に合わせた国営企業法を制定した。しかし，体制内改革では不十
分だとして改革派による運動やデモが発生した。ハンガリーのナジ再埋葬，ゴ
ルバチョフによるプラハの春介入への「再評価」もあり，ドプチェクの求心力

が高まり，改革要求はさらに高まった。ポーランドやハンガリーの革命に続いてベルリンの壁も崩壊すると，デモはさらに大規模になった。1989年11月中旬のデモ鎮圧時の参加学生「死亡」事案，そして反体制派による「市民フォーラム」が形成されたことにより共産党の保守派幹部全員が退任するに至り，「市民フォーラム」は共産党改革派と円卓会議を設けた。11月末には憲法を改正して党の指導的役割を削除し，フサーク大統領は退任，その後任には「憲章77」を発表し「民主フォーラム」を組織したハヴェルが就任し，非共産党員が多数を占める内閣が誕生した。体制変更が平和裏にしかも約1ヵ月のうちにスムーズに進んだため，生地の滑らかさに例えて「ビロード革命」とも呼ばれた。1990年には国名を「チェコおよびスロバキア連邦共和国」に変更して6月の完全自由選挙を経て「市民フォーラム」が第1党になったが，経済格差や権限をめぐる対立があり，1993年にチェコとスロバキアは平和裏に分離した。

5　ブルガリア，ルーマニア，ユーゴスラビア：革命の波及

　ブルガリアは石油危機後の経済停滞を受けて農業改革などに取り組むも，改革は成功しなかった。1984年に強制改名をはじめとするトルコ系市民への同化政策が反発（出国や追放）を招いて労働力不足に陥り，国際的な非難も受けた。

　そのようなジフコフ政権に対して，党はゴルバチョフに伝達した上でジフコフ解任へと動き出し，ジフコフはベルリンの壁が崩壊した翌日に辞任するに至った。後任にはムラデノフが就任して一党支配下で改革を進めようとしたが，デモを通して人民議会の解散と複数政党制による自由選挙の実施，党の指導的役割の放棄を要求する声が高まった。その結果，ムラデノフは憲法から党の指導条項を削除し，大統領制への移行と総選挙を実施する方針を発表し，人民会議でこれらが決まった。1990年6月の総選挙では旧共産党の社会党が勝利したが，1991年の第2回自由選挙では民主勢力が勝利した。

　ソ連とは異なる自主路線を採択してチャウセスクの個人崇拝路線を確立したルーマニアでは，石油危機後の経済停滞，国際貿易収支赤字，対外債務拡大に直面した頃からデモやストが起こるようになった。1980年代に入ると農業不作に加えて累積債務支払いに食料輸出をあてたことから，国内食料不足が深刻になった。1985年には電力非常事態宣言が出るなど経済は困窮し，1987年11月に

は燃料と食料不足に抗議するデモが発生して暴徒化した。1988年には農村の大半を解体・再編成したが，その過程でハンガリー系少数民族が国外移動を強いられ，国際的な非難にさらされた。そのような中1987年5月にルーマニアを訪問したゴルバチョフは，演説で暗にチャウセスク体制を批判した。

　1989年12月，ハンガリー系プロテスタント牧師への迫害に抗議した民衆と警察との衝突が発生し，治安警察が市民を銃撃してデモは拡大した。デモ鎮圧のために銃撃や戒厳令発令が行われたが，国軍は市民への攻撃を拒否して内戦状況に陥り，他の東欧諸国とは異なり前政権担当者の殺害という形で決着した。逃亡を試みたチャウセスク夫妻を反体制（革命軍）側が逮捕，処刑したのである。12月末には国名をルーマニアと改め，政権をとった救国戦線の評議会議長にイリエスクを選出した。1990年5月の自由選挙でイリエスクが大統領に当選して，上下院で救国戦線が圧勝した。

　スターリン批判やハンガリー事件批判によるソ連との断交など，独自路線を歩んだ連邦国家ユーゴスラビアには，地域間格差が存在していた。連邦を維持してきたティトーの死（1980年）の後は集団指導体制が採用されたが，石油危機後のインフレと対外債務超過が進み連邦の求心力は低下した。1981年にはセルビア共和国内のアルバニア系住民による暴動が起こったが，その鎮圧に対してスロベニアやクロアチアが抗議した。その後1988年5月にはスロベニア，クロアチアの議会が連邦政府首相の不信任決議を採択し，1989年9月にはスロベニア議会が憲法を改正して連邦からの独立権を明記，12月には連邦の政権党である共産主義者同盟が一党支配体制放棄方針を決定した。1990年にはスロベニアやクロアチアでの議会選挙を経て非共産党政権が登場し独立に拍車がかかったが，1991年に内戦へと発展した（第3章を参照）。

第4節　「ヨーロッパ」のさらなる変化：冷戦終焉，東西ドイツ統一，ソ連崩壊，EU発足

　１　冷戦終焉と東西ドイツ統一

　ベルリンの壁崩壊の翌月（1989年12月），マルタで米ソ首脳会談がひらかれた。G. H. W. ブッシュ米大統領はゴルバチョフとの会談に臨み，両首脳は米ソ関係が対話と協調を基調とする新時代に入ったと表明した。「双子の赤字」が

解消されないアメリカにとっても，東欧革命や国内改革で国内保守派からの突き上げがあるソ連にとっても，会談のメリットは大きかった。何より，米ソ首脳による新時代の表明は，冷戦の終結宣言だと評価された。

　とはいえ，東欧諸国は革命の渦中にある。そうした東欧諸国への支援については後述するが，国際的な議論を呼んだのは東西ドイツ統一であった。東ドイツではベルリンの壁崩壊後も西ドイツへの移住者が後を絶たなかった。東ドイ(7)ツ首相モドロウが両ドイツを存続させる「条約共同体」構想を掲げたのに対し，西ドイツ首相コールはマルタ会談直前の11月末，連邦議会において将来的に両ドイツの連合を目指すとした「10項目提案」を発表した。

　「10項目提案」は両ドイツ統一を急いだものではなく，両ドイツ関係の発展は汎欧州プロセスに組み込まれ，ドイツの将来のありようをヨーロッパ全体のありように適合させると表明していた。しかしながら，提案は事前に関係諸国に知らされなかったため，反発や懸念を引き起こした。サッチャー英首相はドイツの強大化をおそれて提案に反対し，ミッテラン仏大統領もドイツの強大化とEC統合に与える影響を懸念した。ポーランドはヘルシンキ最終文書における戦後の国境線不可侵（ポーランド西部国境）が変更されるのではないかと警戒し，ソ連も第二次世界大戦の帰結が変更されることは認めない姿勢だった。

　一方，ブッシュは，マルタ会談後に開催されたNATO首脳会議などでドイツ人による自決権を根拠に東西ドイツ統一への支持を表明し，統一ドイツのNATO残留とEC統合の強化を求めた。ポーランドやソ連への配慮として，統一の段階的・平和的実現とヘルシンキ最終文書の遵守も求めた。ソ連は1990年1月のモドロウとの会談では統一ドイツのNATO帰属には反対したものの統一自体は容認しつつあり，ドイツ人の選択による東西ドイツ統一は認められつつあった。

　両ドイツに目を向けると，東ドイツでは人の流出と経済状況悪化に歯止めがかからなかった。コールが自由選挙を経た体制変更をしない限り東ドイツへの支援には限界があると示唆して自由選挙実施を促した結果，1990年3月に選挙が前倒して実施され，西ドイツのCDU（ドイツキリスト教民主同盟）の支援を受けた東ドイツCDUが勝利し，第1党になった。4月にはデメジエール政権が誕生，5月には通貨・経済・社会同盟の創設に関する国家条約が調印され，7

月に通貨同盟が実施された。

　こうした両ドイツによる歩みと並行して，ドイツ統一をめぐる外交交渉も活発になった。統一には戦勝国4カ国の承認が不可欠であり，とりわけ国内経済危機と保守派の抵抗とを抱えるソ連を説得する必要があった。そのため，米ソに加えて西ドイツとの間で交渉が重ねられた。まず，1990年5月の米ソ首脳会談では，統一ドイツ自身が所属する同盟を選択できることを確認した。これがソ連にとって受容可能なものにするために，7月のソ連共産党大会開催に合わせてNATO首脳会議を開催してロンドン宣言を発表し，互いに敵とみなさないことを表明する共同宣言をワルシャワ条約機構に対して提案した。宣言ではNATOが防衛的なものであり続けること，NATOの役割見直し，CSCEの機構整備，欧州通常戦力削減も強調された。共産党大会後にはコールがモスクワを訪問し，統一ドイツのNATO帰属，ドイツ国内の核・化学・細菌兵器の放棄，兵力の上限（37万人）設定，ドイツによるソ連軍撤退費用の負担を確認した。ソ連に対する資金供与も決まった。[8] コールはECにおいても，統一ドイツがEC諸国とりわけフランスの脅威にならないよう振る舞った（本節第3項を参照）。

　コールのモスクワ訪問を受けて7月に開催された2＋4会合（東西ドイツ2カ国と戦勝国米ソ英仏4カ国による会合）では協議が進み，ポーランドが懸念する国境問題については戦後に定められた国境を動かさないことで合意した。2＋4は9月にドイツに関する最終規定条約に調印，両ドイツ議会の批准を経て発効し，統一が国際的に承認された。両ドイツは10月3日に東ドイツが西ドイツに統合・編入される形で統一された。1990年11月に開催されたCSCEパリ会議では，ヨーロッパの対立と分断の終わりが宣言された（パリ憲章）。

2 ソ連の崩壊

　そのような中，ソ連すら解体へと向かった。ゴルバチョフはソ連そして共産主義体制を強化するための改革を進めたが，それが東欧をはじめ諸国の離反をもたらし，改革急進派と反動派（保守派）との間で板挟みになった。

　1989年にはジョージアやバルト諸国（リトアニア，エストニア，ラトビア）で独立運動が生じた。バルト諸国では，独ソ不可侵条約締結50周年を機にソ連によ

る併合が非合法であったと主張して，諸国をつなぐ「人間の鎖」を組織してソ連からの独立を主張した。翌年3月にはリトアニアが独立回復を宣言，のちにエストニアとラトビアも続いた。ソ連はこれを認めず1991年にリトアニアやラトビアに軍事介入したが，独立へ向けた動きは止まらなかった。

　ソ連内の最大の共和国であるロシアですら，急進改革派で1990年に最高会議議長に選出されたエリツィンが，連邦より共和国の主権を優先すると宣言した。直後にはウクライナも主権を宣言し，翌年中にはソ連の全共和国が主権を宣言することになった。

　ソ連はそのような中でも改革を進め，1990年3月には憲法を改正して共産党による政治的独占を廃止して大統領制を採用，ゴルバチョフが大統領に選出された。諸共和国が主権を宣言するようになる中，ゴルバチョフは共和国の主権を認めつつも連邦体制を維持するために新連邦条約を提案した。保守派の台頭を懸念する改革派はこの連邦条約を支持したが，バルト諸国など6共和国は参加を拒否，9共和国が合意した。ところが条約調印直前の1991年8月に保守派がクーデターを起こしてゴルバチョフの権力は弱体化し，保守派をはねのけたエリツィンが代わりに支持を集めた。ほとんどの共和国がクーデターには反対する一方でこれを独立の機だととらえて，バルト諸国の独立回復達成（9月）をはじめ他の共和国も続々と独立へと舵を切り，年末にウクライナの国民投票で独立が支持されるとソ連解体が決定的になった。

　ロシア，ベラルーシ，ウクライナは，（ソ連という連邦政府が存在しない）国家連合体であるCIS（独立国家共同体）を結成することで合意した。バルト諸国は不参加であったが他の共和国はCISに参加し，12月のCIS成立とゴルバチョフの大統領辞任をもって1991年末にソ連は消滅した。なお，ソ連が主導したワルシャワ条約機構については，1990年に東ドイツが脱退するとポーランド，チェコスロバキア，ハンガリーから解体を提言されるに至り，1991年7月に解体議定書が調印された。冷戦期にソ連が主導して結成した経済協力組織であったCOMECON（経済相互援助会議）もまた，1991年6月に解散が決まった。

３　ECの東欧支援とEUの発足

　西側諸国はもともと東欧諸国に借款や支援をしており，特に西ドイツは東西

両ドイツ基本条約調印（1972年12月）以後，東ドイツに経済支援をしていた。東欧諸国が経済的苦境に陥りゴルバチョフが登場すると，EC も東欧諸国との経済交流を通じた民主化と市場経済導入促進を模索し，1988年6月に COMECON との外交関係を樹立（ルクセンブルク宣言）し，1988年9月のハンガリーとの協定を皮切りに1990年までにポーランド，ソ連，チェコスロバキア，東ドイツ，ブルガリア，ルーマニアと二国間協定を調印した。[(9)]

東欧革命が起こると，EC はより体系的な支援に乗り出した。1989年7月のアルシュ・サミットにおいてポーランドとハンガリーへの支援が決まると，EC は支援国会議（G24）の調整を担い，PHARE（ポーランド・ハンガリー経済再建援助計画）を実施した。同年10月にミッテラン仏大統領が提唱した EBRD（欧州復興開発銀行）は，翌年4月に発足した。EC は対ソ支援すら行ったが，一連の支援[(10)]を経て中東欧諸国は EC 加盟や NATO 加盟を望むようになる。EC 側は即座には加盟に応じなかったが東欧諸国とは将来の加盟を視野に入れた連合協定（欧州協定）を，CIS 諸国とは PCA（パートナーシップ協力協定）を締結して，通商協力，政治対話，人権など包括的な関係構築を図った。

EC 統合自体も進み，域内市場統合完成の見込みを受けて EMU（経済通貨同盟）が提案された。ドロール欧州委員会委員長は1989年4月に「ドロール報告書」を提出，3段階での EMU 達成を提案した。6月にはマドリード欧州理事会が開催され，第1段階を開始することと IGC（条約改正のための政府間会議）を開催することに合意した。ところが，その直後から年末にかけて生じた東欧革命の過程で，7月にオーストリアが EC 加盟を申請するなど政治上の大変動が生じると，政治協力，機構改革をはじめとする政治連合も必要になった。

コール西ドイツ首相による「10項目提案」後の1989年12月に開催されたストラスブール欧州理事会では，ドイツ人の選択としての東西ドイツ統一が承認されると同時に EMU に関する IGC を1990年中に召集することが決まった。1990年中となったのは，西ドイツの総選挙つまり世論に配慮したためである。[(11)] 1990年に入ると，政治連合についての議論も加速した。4月のダブリン臨時欧州理事会でドイツ統一による東ドイツの EC 編入そして東欧諸国との連合協定締結が合意されて，[(12)] 新規加盟受け入れの前に統合進展を優先する路線が確認された。6月のダブリン欧州理事会では EMU と政治連合双方の IGC 開催が決

まり，年末から IGC がひらかれた。

　IGC を経て1992年2月に調印されたマーストリヒト条約は，新たに EU を設立し，そこでは域内市場統合や EMU だけでなく CFSP（共通外交安全保障政策）や CJHA（司法内務協力）にも取り組むと定めた。後者2つは（EU に主権を譲らずに）政府間協力で進めるとは定められたものの，EU の政策領域は政治的なものにまで広がった。また，教育，公衆衛生，産業政策，開発支援，消費者保護，欧州横断ネットワークといった政策領域に特定多数決を適用することが定められた。一方で，EU の権限肥大化を防ぎ EU と加盟国の権限（所管）関係を明らかにするために，EU が補完性原理に基づいて運営されること，つまりEU は低次（加盟国，自治体）のレベルで達成可能なことではなく広域的なことに取り組むことが条約に明記された。EU を市民により近い存在にするべく，市民権の規定も設けた。域内市場統合の社会的側面を重視するために労働者保護をはじめとする社会政策をも条約に含めようとしたが，これはイギリスの反対にあい附属議定書に定めるにとどまった（社会憲章）。

　こうして統合を画期的に進展させるかにみえたマーストリヒト条約であったが，デンマークが国民投票による批准に失敗し，原加盟国であるフランスの国民投票でも僅差での賛成しか得られなかった。デンマークに対して EMU や共通外交安全保障そして社会政策などにおける例外を認めることによって2度目の国民投票では批准にこぎつけたが，EMU にはイギリスも条約交渉時から不参加（オプトアウト）を表明するなど，必ずしもすべての加盟国が同じ方向を見ていないこと，有権者の EU 支持が統合の行方を左右することが明らかになった。またこの時期には湾岸戦争やユーゴスラビア内戦が起こっており，EU の外交的な取り組みも試練を迎えることになる（第2章を参照のこと）。

(推薦図書)

カーショー・イアン／三浦元博訳，2019，『分断と統合への試練——ヨーロッパ史1950-2017』白水社。

木戸蓊，1990，『激動の東欧史——戦後政権崩壊の背景』中公新書。

グラント・チャールズ／伴野文夫訳，1995，『EU を創った男——ドロール時代十年の秘録』日本放送出版協会。

セベスチェン・ヴィクター／三浦元博・山崎博康訳，2009，『東欧革命1989——ソ連帝国の崩壊』白水社。

松岡完・広瀬佳一・竹中佳彦，2003，『冷戦史——その起源・展開・終焉と日本』同文舘出版。

三浦元博・山崎博康，1992，『東欧革命——権力の内側で何が起きたか』岩波新書。

山本健，2021，『ヨーロッパ冷戦史』ちくま新書。

レダー・アンドレアス／板橋拓巳訳，2020，『ドイツ統一』岩波新書。

注

（1）　モンティ・マリオ／田中素香訳，1998，『EU 単一市場とヨーロッパの将来』東洋経済新報社，3‐4，49-50，54-56，93，109-118頁。

（2）　カーショー・イアン／三浦元博訳，2019，『分断と統合への試練——ヨーロッパ史1950-2017』白水社，347頁。

（3）　国境開放，円卓会議や自由選挙の実施は，ハンガリー政府がゴルバチョフに承認を求め，承認されていた。セベスチェン・ヴィクター／三浦元博・山崎博康訳，2009，『東欧革命1989——ソ連帝国の崩壊』白水社，372-375頁。

（4）　ハンガリー政府はルーマニアから流入するハンガリー系住民への対応で財政を圧迫されており，難民条約への加盟手続きを進めていた。三浦元博・山崎博康，1992，『東欧革命——権力の内側で何が起きたか』岩波新書，79頁。

（5）　同上書，80-81頁。

（6）　カーショー，前掲書，350頁。

（7）　同上書，361頁によれば，ベルリンの壁開放から年末までに12万人が東ドイツから西ドイツに移動したという。

（8）　同上書，363頁。

（9）　田中俊郎，1991，「EC のソ連・中欧・東欧政策」『日本 EC 学会年報』第11号，2‐5頁。

（10）　一連の EC による支援については，田中，前掲論文，1‐15頁。

（11）　当時の交渉過程については，グラント・チャールズ／伴野文夫訳，1995，『EU を創った男——ドロール時代十年の秘録』日本放送出版協会，102-131頁。

（12）　田中，前掲論文，13頁。

（井上　淳）

第2章

EU（欧州連合）の深化と拡大

—— EU を中核としたヨーロッパ秩序の模索 ——

■Graphic introduction■ EU 加盟国の推移（1992〜2009年）

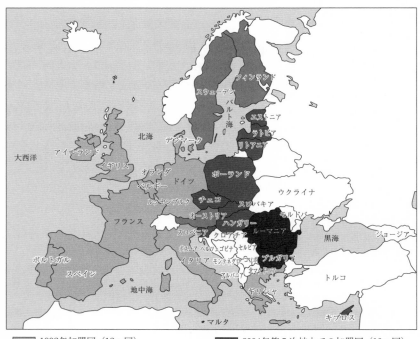

	1992年加盟国（12ヵ国）		2004年第5次拡大での加盟国（10ヵ国）
	1995年第4次拡大での加盟国（3ヵ国）		2007年第6次拡大での加盟国（2ヵ国）

＊2013年　クロアチアが加盟

＊2020年1月31日　イギリスが離脱

（出所）　外務省 HP より。

■本章の問い■

・EU の周辺諸国はなぜ次々と EU へ加盟していったのだろうか。

・EU の憲法条約の批准が順調にいかなかったのはなぜだろうか。

・EU 統合の理念は，21世紀に入っても共有されているのだろうか。

第1節　期待と苦難に直面する EU 統合

1989年11月9日に東西冷戦の象徴であったベルリンの壁が崩壊し，同年中に東ヨーロッパ諸国が一斉に共産主義国家から自由民主主義国家へと体制変換を遂げ，新しいヨーロッパの時代が到来した経緯については前章で触れられている通りである。その新たなヨーロッパ秩序の中核的存在として EU が創設され[1]，これまでの EC（欧州共同体）の遺産を引き継ぎ，さらに守備範囲を拡大することで，全ヨーロッパを包摂する超国家的組織に発展することが期待された。ただし，当面は従来の超国家的な性格を有する EC を第1の柱に据え，第2の柱として CFSP（共通外交安全保障政策）を，第3の柱として司法・内務協力を配置し，後者の2本については政府間主義を維持することとした。こうして3本柱から構成される EU は3本の柱の上に立つ「神殿構造」と形容され，新しい時代を担う新たな組織として期待されることになった。

EU 統合をどのような統合体として発展させていくか，という極めて政治哲学的な議論は一時的に棚上げにされ，人々は EU 統合がもたらす平和と経済的繁栄にしばし酔いしれることになる。EU の周辺諸国はその恩恵に授かるべく次々と EU への加盟申請を提出していった。1992年12月31日を目標と定めた域内市場統合もほぼ完成した。経済的には景気後退の局面に入っていたものの，人々は将来に対し，概して楽観的であった。マーストリヒト条約で遅くとも1999年1月には導入すると宣言した単一通貨の導入に向けた財政政策の健全化もかろうじて乗り切り，予定通り単一通貨ユーロが導入されたことも人々を心理的に下支えしていった。

しかしながら，上記のような楽観主義の陰には，さまざまな問題が先送りとなっていた。マーストリヒト条約の交渉期間が極めて短かったことから，多くが審議不足として残され，条約に1996年に再検討会議を実施することが明記されていた。EU の第2の柱とされた CFSP も，表面的な宣言文にとどまり，実効性が担保されたものではなかった。また，1990年代前半の景気後退は，単一通貨の実現性に多大なる疑問を投げかけることになった。

さらに，1990年にはじまった旧ユーゴスラビア紛争に対しても，EU は有効

な調停能力を発揮することができず，ボスニア紛争やコソボ紛争では，結局NATO（北大西洋条約機構）の力を借りなければ解決できなかった。2001年の米国同時多発テロの時こそ声を揃えることができたが，2003年のイラク戦争をめぐっては，EU 内部での意見の相違が露呈され，EU の一体性を疑問視する声が大きくなっていった。対ロシア政策においても，ロシアとの協調路線を敷くことができず，そのことが今日のロシア・ウクライナ戦争の引き金の1つになっているように思われる。東ヨーロッパ諸国，カフカス地方，中東，北アフリカ諸国などに対しても，極めて楽観的な欧州近隣政策を展開したことが仇となり，今日に至ってもそれら地域の安定を達成できてはいない。

　このように，東西冷戦終結後に発足した EU は，ヨーロッパ人にとって希望に満ちた存在であったことは間違いないが，その足元はおぼつかないものであったと言わざるを得ない。ヨーロッパが一体性を取り戻すという冷戦後の大きな期待のもとで，未解決の問題が山積みになってしまった結果が2010年以降の EU の危機を引き起こしたのではないか，とあらためて今日振り返ることもできる。以下，もう少し詳しくみていこう。

第2節　EFTA 諸国の EU 加盟問題

　まず，EU の周辺諸国であった EFTA（欧州自由貿易連合）加盟国の動向を整理しておこう。当時，EFTA はノルウェー，スウェーデン，フィンランド，スイス，オーストリア，アイスランドの6カ国から構成されていた。なお，1991年にはリヒテンシュタインが加盟国として参入して7カ国となった。イギリスを中心に，超国家的な EU 統合に参加する意思がない周辺諸国が，工業製品に関する自由貿易地域を形成することを目的に1960年に設立したものであるが，その後 EU 加盟に転じる諸国が続き，冷戦末期の加盟国数は限定されていた。

　これら周辺諸国にとって，大きな懸念材料となったのが EU の1992年市場統合計画である。EU が市場統合を進めることにより，EU 市場に「要塞」が構築され，EU 域外諸国が EU 市場から締め出されることが心配されたのである。当時の EFTA 諸国の対 EU 貿易額は輸出入合わせて60％を超えており，EU 市場へのアクセスは EFTA 諸国にとって死活問題であった。

　他方，EU 側にとっても，EFTA 諸国と西側の一員として緊密な関係を維持しておく必要があった。そこで，1989年にドロール EC 委員長（当時）が提案したのが，EU の統合市場の枠組みを EFTA 諸国にまで拡大適用させる EEA（欧州経済領域）[(2)] という新たな枠組みであった。

　一見 EU と EFTA の双方にメリットが大きいようにみえた EEA であったが，1990年に交渉がはじまると，EU 側が EFTA 諸国に EU の諸規程を全面的に受容することや，加盟国並みに財政援助をすること，制度面でも EU の判断に従うことなど，強硬な姿勢を示したことに対して，EFTA 諸国からの反発は大きく交渉は長期化することになった。

　EEA の交渉は，冷戦終焉直後の1990年 6 月よりはじまったが，上記のように EU が強硬な姿勢を崩さなかったため，交渉は長引き，1992年 5 月にようやく EEA 協定は調印され，1994年 1 月に正式に発足した。しかし，この間にスイスが，1992年12月に実施された国民投票で，同国の EEA 加盟を僅差で否決し，EEA はスイス抜きで出発することになった。その結果，スイスは EU への加盟申請も棚上げすることになり，その後 EU と特別な個別協定を結ぶことで，EU 市場との連携を維持して今日に至っている。

　さて，EEA 交渉のプロセスでの EU 側からの強硬な姿勢は，他の EFTA 加盟国が EU 加盟申請に政策転換する契機となっていった。特に，EU が定めた規程を EEA 加盟諸国はそのまま国内に適用せざるを得ず，ルールメーキングの過程に EEA 加盟諸国が関与できない制度は EFTA 諸国が大きな不満を持つ原因となっていた。

　また，EFTA 諸国のうち，オーストリアとスイスは憲法上中立政策を明記しており，またスウェーデンとフィンランドは国是として中立政策を貫いてきた。それゆえ，冷戦時にはそれら諸国の EU 加盟は「西側」組織への編入と認識され，中立政策と両立しないと判断されてきた。しかし，東西冷戦の終焉とともに，中立概念の見直しが進み，それら諸国が EU に加盟することは中立政策と矛盾しないとの見解が支配的となったことも EFTA 諸国が EU 加盟申請に舵を切ることになる契機となった。なお，ノルウェーは NATO（北大西洋条約機構）加盟国であり，中立との関連性が問題となることはなかった。

　その結果，EEA 加盟を拒否したスイスを除き，1989年 7 月にすでに加盟申

請を提出していたオーストリアを筆頭に，1992年にはノルウェー，フィンラン
ド，スウェーデンがEUへの加盟申請を提出することになった。リヒテンシュ
タインは，人口３万人という極小国家ゆえに加盟申請は見送っている。

　それらEFTA諸国のEU加盟交渉は，政治的に自由・民主主義が成熟して
いる諸国であり，経済的にも問題はなく，EUのこれまでのさまざまなルール
も取り入れてきたことから短期間で終了し，1994年には加盟交渉の調印に至っ
た。しかし，同年11月にノルウェーで実施された国民投票で，加盟条約は否決
されてしまい，同国はEFTA加盟国としてEEAの枠組みに残ることになっ
た。

　こうして1995年１月１日に，オーストリア，スウェーデン，フィンランドの
３カ国がEUに正式に加盟し，EUは15カ国に拡大した。６カ国ではじまった
EUに順次加盟国が増加し，イギリスらが加盟した1973年の拡大を第１次拡
大，1981年のギリシャの加盟を第２次拡大，1985年のスペイン・ポルトガルの
加盟を第３次拡大，そして今回のEFTA諸国の拡大をEUの第４次拡大と
EU統合史では命名している。

　その結果，漁業政策を理由にEUに加盟申請しなかったアイスランド，加盟
条約を国民投票で拒否したノルウェー，EEA加盟を国民投票で否決したスイ
スおよび極小国リヒテンシュタインの４カ国がEFTA加盟国として残り，そ
のうち，アイスランド，ノルウェー，リヒテンシュタインの３カ国がEEAへ
の参加国となったのである。

第３節　中・東欧諸国のEUへの接近

　前節でみてきたようなEU周辺諸国と新たなEUとの関係調整および第４次
拡大の動きは，冷戦の終焉およびマーストリヒト条約によってEUが発足する
動きと並行して進んでいった。

　この間，およびその後の1990年代，EUは大きく２つの方向，つまりさらな
る「深化と拡大」に向けて動きはじめた。

　共産主義体制から自由民主主義体制に転換した中・東欧諸国（ポーランド，
チェコ，スロバキア[(3)]，ハンガリー，ブルガリア，ルーマニア）の６カ国，冷戦前の独

立を回復したバルト三国（エストニア，ラトビア，リトアニア）およびいち早く旧ユーゴスラビアから独立を獲得したスロベニアも含めて，9カ国が1994年から1996年の間にEUへの加盟申請を提出した。彼らの合言葉は，「ヨーロッパへの回帰（Return to Europe）」であり，EUに加盟することが自分たちは冷戦以前からヨーロッパの一員であった証となり，今後もヨーロッパの一員であり続けることの証左とされた。それ以外にも1990年には，地中海のマルタとキプロスが，1987年にはすでにトルコがEUへの加盟申請を提出していた。

　EUの旧中・東欧諸国への改革援助は冷戦終焉間際からすでにはじまっていた。1988年には，共産主義諸国の経済統合体と位置づけられていたCOMECON（経済相互援助会議）との関係正常化宣言を発表し，同年にはハンガリーやチェコスロバキアとの通商協定を締結するなど，具体的な改革を支援しはじめていた。1989年7月に開催されたアルシュ・サミットでは，西側24カ国による支援体制の調整役をEUが果たすことになる。さらに，EUはポーランドとハンガリーへの支援を中心に据えたPHARE（ファール）[4] 委員会を設置し，両国へのさまざまな援助を開始すると同時に，他の中・東欧諸国もその対象国として幅広い援助を展開していくことになった。また，1990年のミッテラン仏大統領の提案に基づき，EBRD（欧州復興開発銀行）が1991年にロンドンに設置され，中・東欧諸国への資金援助がはじまった。さらに，EUは中・東欧諸国の改革を後押しすべく，それら諸国との間にEUとの連合協定を締結し，将来のEU加盟を見据えたさまざまな改革支援を行っていった。これらの連合協定は総称として「欧州協定（Europe Agreement）」と呼ばれ，PHAREとともに，中・東欧諸国の改革をEUが中心となって推し進めていく枠組となったのである。こうしたEUを中核とした支援策の展開により，ヨーロッパおよび国際社会におけるEUという新たな政治的アクターに対する認識も深まっていった。

　なお，中・東欧諸国の中でも，ポーランド，チェコスロバキア，ハンガリーの3カ国をまとめてヴィシェグラード（Visegrad）諸国と呼び，チェコとスロバキアが分離してからはヴィシェグラード4カ国と呼ぶ。これは，1991年2月にハンガリーの首都郊外のヴィシェグラードという街で当初3カ国の首脳会議が開催され，改革の方向性について話し合いをはじめたことに由来する名称で

ある。現在は4カ国ともにEUの加盟国ではあるが，V4と表記して，彼らの共通姿勢をEU内で示す場合が多い。

　このように中・東欧諸国への改革支援は，EUが中核となり，PHARE，欧州協定，EBRDを通じて進められていくことになった。他方，冷戦下に東側の頂点にいたソ連は，1991年12月にロシア連邦に解体され，新たな改革の道を歩むことになった。ソ連崩壊時に，ソ連邦を構成していた15カ国のうちバルト三国を除く12カ国によって結成された緩やかな国家連合体としてCIS[5]（独立国家共同体）が設立され，本部はベラルーシの首都ミンスクに置かれた。

　EUは，ロシアを中心とするこのCISに対する援助も1991年から開始しており，TACIS[6]（CIS諸国への技術支援）プログラムのもとで，2003年までさまざまな支援を行った。しかし，ロシアとの関係においては，良好な支援策とはならず，21世紀に入ってから，EUはロシアと別の枠組みでの協調路線を模索することになり，結果として，ロシアとEUとの関係は複雑な対立関係を呈するようになってしまう。

　ところで，ヨーロッパには欧州評議会[7]（Council of Europe）という組織が1949年に設立されており，防衛問題を除くさまざまな領域でヨーロッパ諸国間の交流を進めてきた。その中でも1950年に調印された欧州人権条約および1959年に設置された欧州人権裁判所は，ヨーロッパにおける人権の番人として重要な役割を果たしてきた。この欧州評議会への加盟には，概略すれば，民主主義，法の支配，人権尊重が確立されていなければならないとされ，冷戦下においても独裁政権国家は加盟できなかった。冷戦終焉後，自由・民主主義国家に体制転換した諸国が次々と欧州評議会に加盟申請を行い，それがEUに加盟申請を提出するための試金石となり，冷戦終焉後の一時期極めて大きな役割を果たすことになった[8]。ロシアも1996年に加盟したが，2022年3月16日に，ウクライナ侵攻による人道侵害を理由に除籍処分となっている。このあたりも現下のヨーロッパ・ロシア関係を考察する上で重要な視点になろう。

　このように，中・東欧諸国や地中海諸国が一挙にEUへの加盟申請を提出したことにより，EUは最大13カ国の加盟申請への対応を余儀なくされていった。EUの基本条約上，EUに加盟申請できる国は，「ヨーロッパの国」であることとしか明確に規定されておらず，実際にEU加盟に必要な条件は暗黙の了

解のもとで運用されてきた。そこで，1993年6月にコペンハーゲンで開催された欧州理事会において，加盟申請国がEU加盟までにクリアしないといけない「コペンハーゲン基準」を採択した。政治基準，経済基準，アキ基準の3つの基準である。政治基準とは，自由で民主的な制度が構築され機能していることを指し，経済的基準とは，市場経済が機能し，かつEUの市場経済と競合できるだけの能力を有していることが求められた。アキ基準とは，アキ・コミュノテールというEUがこれまで築いてきた規則や慣習をすべて当該国内でも適用できる準備が整っているかどうかが問われた。政治基準は比較的容易に対応できたものの，経済基準さらには法的なアキ基準を満たすには数年を必要とし，今回加盟申請を提出した諸国が実際に2004年および2007年に加盟するまで10年以上の歳月を必要としたのである。

第4節　アムステルダム条約とユーロの導入

　1993年に発効したマーストリヒト条約は，その交渉期間が短かったため，細部まで詰めた協議ができず，1996年には次なる交渉を開始することがすでに条約に明記されていた。そこで，1994年6月には，リフレクション・グループを開催することが決定された。同グループには，加盟各国の外相のみならず，EU委員会委員長と欧州議会議員の2名が参加すると同時に，広くインターネット上で一般市民からの意見も徴収する方針がとられた。

　当初大きな期待が寄せられたのは，EUの第2の柱となっていたCFSPに関する実務的な協議であった。ちょうど，旧ユーゴスラビア紛争が1991年以降並行して進んでいた。その中でも，ボスニア・ヘルツェゴビナ紛争は長引いており，EUは有効な介入手段を持ちえず，解決には結局NATOの介入に頼らざるを得なかった。そのような背景から，マーストリヒト条約では実効性がないと批判されていたEUのCFSPの機能強化が期待された。しかし，ヨーロッパ全体が景気後退の時期にあり，人々は足元の経済問題に関心を寄せ，数年後に控えていたEUの東方拡大への準備についての議論もなされぬままであった。

　1997年10月に調印されたアムステルダム条約では，加盟国が「西側」の基本原則である，自由，民主主義，基本的人権の保障，法の支配などを遵守しない

場合の EU 加盟国としての権利停止条項が導入され，雇用政策が EU の任務として追加されるなど，新たな統合強化の動きもみられた。CFSP に関しても，「建設的棄権」（共通政策に賛同しないが反対もしない）という選択肢が新たに導入され，機動的に EU が動ける体制が整えられた。また，共通外交安全保障上級代表のポストが新設され，スペインの外相経験者であり，NATO の事務総長を務めていたハビエル・ソラナ氏が代表として1999年から2009年まで10年間 EU の CFSP を率いたことは次へのステップとなっていった。

　さらに，「柔軟性の原則」についても合意し，全加盟国が同意しなくとも，一部の加盟国が合意すれば共通政策を進める道もひらくことになった。加えて，1989年に起草されていた「社会憲章」が EU の基本条約に組み込まれることになり，労働者の権利保障も進むことになった。また，EU の枠外ではじまっていた国境検問の廃止を定めたシェンゲン協定も基本条約に含まれることになり，いわゆる「シェンゲン圏」の存在にも注目が集まった。

　オランダの首都で調印されたことから，アムステルダム条約と一般に呼ばれた本条約は，期待に沿うような大きな改革とはならなかったが，マーストリヒト条約で欠けていたさまざまな事項について進展がみられ，1990年代の EU 統合プロセスの重要な一歩となった。⁽⁹⁾

　この間，マーストリヒト条約で目玉に掲げられた単一通貨ユーロ導入のプロセスも紆余曲折がありながらも，1999年1月1日の目標に向けて進んでいった。単一通貨ユーロに参加するためには，物価の安定，財政赤字が対 GDP 比3％以下，為替相場の安定，低長期金利の4項目があげられていた。この中で，達成が難しいとされたのが財政赤字の対 GDP 比3％以内であった。特に1990年代前半は，ヨーロッパ全体の経済低迷期と重なっており，EU 加盟諸国は財政の健全化に向けて相当な努力をしなければならなかった。

　イギリスはマーストリヒト条約の交渉時にすでに単一通貨に参加しなくてもよいオプトアウト（opt out）の権利を得ており，デンマークも第1回目の国民投票でマーストリヒト条約を否決した際に，同様に単一通貨に参加しなくても良い権利を与えられていた。また，スウェーデンも自国の通貨主権を維持する立場から，単一通貨への参加基準を満たさない政策をとっていた。したがって，残りの12カ国の EU 加盟国が単一通貨ユーロ参加に向けて準備を進めるこ

とになった。

　1990年代半ばになるとヨーロッパ全体の景気も上向きはじめ，単一通貨発足に向けて ECB（欧州中央銀行）の前身となる EMI（欧州通貨機構）がフランクフルトに設置された。1998年5月には，単一通貨に参加する加盟国が決定され，同年6月には ECB がフランクフルトに設置され，翌1999年1月1日に単一通貨ユーロがまずは帳簿上の単一通貨として発足し，加盟各国の対ユーロ為替相場は固定された。ギリシャは，基準を満たしていないと判断されて，2年後に参加を許可されるのであるが，この時ギリシャが申告した財政赤字率が虚偽であることが明らかになり，第5章で取り上げるユーロ危機の引き金の1つになるのである。

　ECB の設置場所がドイツのフランクフルトになった背景には，ヨーロッパ随一の経済大国であるドイツが自国通貨マルクを放棄して単一通貨ユーロを導入する見返りとされ，またドイツのマルク放棄は東西ドイツの再統一を周辺諸国が認めるための取引材料にされたとも言われている。さらに，ドイツ連邦銀行が重要目標として位置づけてきたインフレ抑制政策を ECB が引き継ぐことも了解事項であった。

　2002年1月には，実際の紙幣とコインが流通するようになり，EU の統合深化を人々は実感として感じることができた。また，当時 EU への中・東欧諸国の新規加盟準備が急ピッチで進んでおり，EU の「深化と拡大」が謳歌され，まさに EU は絶頂期を迎えることになる。

第5節　旧ユーゴスラビア紛争と東欧諸国の EU 加盟の加速化

　前節までみてきたように，1990年代の EU 統合は冷戦終焉後の希望に満ちたプロセスとして描くことができる。しかしながら，21世紀に入ってから EU を苦しめることになるさまざまな問題の発端も同時に見て取ることができる。

　1991年にはじまった旧ユーゴスラビア紛争はその筆頭にあげられる。スロベニア共和国こそ，10日間戦争という短い紛争の末に独立を達成したが，クロアチア共和国については，1992年にはじまったボスニア紛争と絡まって，1995年まで続き，苦難の末独立を果たした。他方，ボスニア・ヘルツェゴビナ共和国

は長い闘争の末1995年に独立した。また，セルビア内のコソボ自治州が独立を目指し，1998年から1999年にかけて激しい戦闘が続いた。コソボは2008年に独立を宣言したものの，まだ全EU加盟国から独立が認められていない状況にあり，少数民族の独立の難しさを象徴している。このように，旧ユーゴスラビア紛争は，EUの裏庭である西バルカン地域での平和的な独立の難しさを内外に示すことになり，EUはこれらの紛争に効果的に介入することができず，NATOによる空爆に頼らざるを得ない場面もあり，EU独自のCFSPの策定の難しさを露呈することになった。

　さて，EUの新規拡大については，先に述べたようにコペンハーゲン基準を設け，拙速なEU拡大にはブレーキがかけられていた。しかし，旧ユーゴスラビア紛争の結果，周辺諸国を早くEUに迎え入れ，自由・民主主義を定着させ，市場経済を機能させることでヨーロッパ大陸全体の安定と発展を促すことが優先であるとの認識が広まった。そこで，EU側は，コペンハーゲン基準の政治基準をある程度満たし，市場経済が導入されている段階で中・東欧の加盟申請国との加盟交渉をはじめ，交渉を通じて加盟申請国の改革を並行して促すことを1999年12月のヘルシンキ欧州理事会にて合意した。その結果，トルコを除き，すべての加盟申請国との加盟交渉を2000年から開始することが決定された。もし，旧ユーゴスラビア紛争が激化していなければ，中・東欧諸国のEU加盟プロセスはより慎重なものになったと推測されるが，当時のEU指導層の判断はEU加盟による政治的安定と経済的発展を加盟後に促すことで，ヨーロッパ大陸全体が紛争に巻き込まれるのを防ぐことを優先したのである。[10]

　さらに，まだ加盟申請にまで至っていなかった旧ユーゴスラビア諸国（通称西バルカン諸国）との間にも，将来のEU加盟を約束する「連合・安定化協定」を締結し，EU側から改革支援を差し出すことになった。

　こうして，地域の安全保障を優先させた中・東欧諸国のEU加盟は，2002年のコペンハーゲン欧州理事会で承認され，2004年にポーランド，ハンガリー，チェコ，スロバキア，スロベニア，エストニア，ラトビア，リトアニアの中・東欧の8カ国と地中海のマルタとキプロスの2カ国の合計10カ国が一挙に加盟を果たし，改革の遅延から交渉妥結が遅れていたブルガリアとルーマニアが2007年に加盟することになった。これをEUの「ビッグ・バン」と称する。加

盟国数は15カ国から27カ国に急増し，EU統合は新たな局面を迎えることになる。

アムステルダム条約の交渉が行われていた頃には，この急激な拡大は想定されていなかったため，急遽拡大に備えたEUの運営体制の見直しが行われることになった。これが2000年12月に調印されるニース条約であった。1999年のアムステルダム条約の発効後，急遽新たな政府間会議の招集が決まり，加盟国数の急増に対応できる体制についての話し合いが行われた。議長国であったフランスの不手際もあり，理事会での加盟国への票数配分の問題など紛糾する事態になったが，何とか新たな拡大に堪えうる最低限の体制を整えることになった。しかし，拡大EUを順調に運営するためにはさらなる基本条約の改正が必要であるとの認識が持たれ，それが後述する欧州憲法条約の策定へとつながっていくのである。⁽¹¹⁾

EUは，拡大したEUと境界を接する諸国の安定化と経済的発展を確保することが，EUの安全保障上重要という認識から2004年以降，北アフリカ，中東，旧ソ連諸国との間で，ENP（欧州近隣政策）という新たな協力枠組みを構築することを目指した。しかし，2010年以降のアラブの春の勃発や旧ソ連地域での紛争の多発など，EUのENPは当初の目的を果たせないまま尻すぼみになっていった。

他方，ロシアはEUの近隣諸国政策の枠組みに入ることを拒み，2003年10月のEU・ロシア首脳会議で合意されたEUとの特別な「4つの空間」（経済，自由・治安・司法，対外・安全保障，研究・教育・文化）を構築することが目指されたが，EUと対等な関係を求めるロシアとEUとの意見の対立は大きく，お互いに興味を失う形で計画は頓挫した。その間，EUは旧ソ連地域の6カ国との二国間協定をベースに改革の支援を進めていった。そのことがロシアに猜疑心を生じさせ，ロシアとの対立要因ともなっていった。

第6節 欧州憲法条約の失敗とリスボン条約の発効

EU加盟国が急増する中で，EUの抜本的な改革に至らなかったニース条約では，さらに次なる基本条約改正のための政府間会議の設置が盛り込まれてい

た。2001年12月に開催されたラーケン欧州理事会は，「ヨーロッパの未来に関するラーケン宣言」を採択し，それに基づいて，条約改正のための諮問会議が設置された。フランスの元大統領であるジスカールデスタンを議長とする諮問会議は，幅広く意見を募り，2004年6月の欧州理事会に「欧州憲法条約草案」を提出することになる。

　もともと，新しい条約は，マーストリヒト条約以降，幾度も改正が重なったことで，基本条約が複雑化した部分を整理しわかりやすい条約にすること，EU統合の目的がEU市民に伝わりやすいような簡潔なものにすること，EUの意思決定プロセスの透明性を高めることなどが目標とされていたが，諮問会議でのさまざまな議論の結果，極めて条文数が多く，一般市民にはわかりにくい憲法条約草案になってしまっていた。それでも，同条約草案をたたき台として，2004年10月までに「欧州憲法条約」⁽¹²⁾が調印され，2006年末までの発効が目指されることになった。

　欧州憲法条約は新たな国際条約として起草されたため，加盟各国の憲法の規定に従って批准作業が進められることになった。EU統合に懐疑的な人々が多い，イギリス，スウェーデン，デンマーク，アイルランドといった国々での国民投票で賛成多数になるかどうかが懸念されていた。ところが本来EU統合の牽引国であったフランスで2005年5月に，オランダで6月に次々と国民投票で否決されてしまったのである。両国は，条約批准に国民投票を必要としていなかったが，両国ともに多数の賛成票を得ることで，批准プロセスを円滑に進めたいという意図があった。しかし，単純に欧州憲法条約に反対という理由ではなく，時の政権への批判票や，「憲法」という言葉を使ったことで，自国の憲法がなくなるのではという誤解が生じたり，憲法条約の中身を一般の市民が理解するには膨大過ぎたり，とさまざまな理由から否決票が過半数を上回ってしまった。フランスとオランダというEU統合の当初からのメンバー国での批准拒否は重かった。EUは欧州憲法条約の批准プロセスを凍結せざるを得なくなり，「熟慮の期間」を置き，欧州憲法条約を話題にすることを控えた。

　しかし，2007年前半に，新たにドイツの首相に就任したメルケル首相の発議にフランスのサルコジ大統領が応じ，ローマ条約調印50周年の機会に新しい基本条約を策定することで合意が得られた。その後，新たな国際条約ではなく，

EU の基本条約を見直す「改革条約」という形で交渉が進められ，EU 加盟各国が議会承認だけで批准できる方法がとられた[13]。

　こうして改革条約は，2007年10月のリスボン欧州理事会で承認され，12月にリスボンで調印されたことから，一般に「リスボン条約[14]」と呼ばれ，現在のEU の基本条約となっている。正確には，「欧州連合条約」と「欧州連合運営条約」の2つの条約から構成されている。欧州憲法条約で嫌われた「憲法」を想起する部分，例えば，EU のモットー，旗や歌，EU 外相という名称などはすべて除外されているが，欧州憲法条約の内容の9割以上を組み込んだと言われている。

　さて，最後にリスボン条約のもとで，EU がどのように運営されているのか簡単に説明しておこう。

　まず目につくのは，「常任議長」（日本では EU 大統領と訳されることが多い）の存在である。EU の最高決定機関である欧州理事会の議長を務め，政策の継続性と加盟国間の利害調整にあたるのが職務である。次に，これも日本では EU 外相と訳されるが，正式には外務・安全保障政策上級代表である。EU の権限の範囲内での対外関係のまとめ役であり，EU 委員会の副委員長を兼務し，EU 外務理事会の議長を務める。

　欧州理事会の下に位置するのが「理事会」であり，日常的な EU の政策決定に従事している。議長国は，EU の地理的配分や加盟国の大小を勘案して，半年ごとの輪番制となっている。

　超国家機関である EU に特徴的な「欧州委員会」（EU 委員会とも日本では呼ばれる）の委員長はまず欧州議会での承認を得てから，加盟各国から派遣されてくる欧州委員候補の役割分担を定め，欧州委員会は，最終的に，総体として欧州議会の承認を得ることになっている。

　その欧州議会は，EU 加盟国ごとに議席が割り振られ，比例代表制で EU 市民が直接投票して選出する民主的な議会である。

　また，EU 条約の範囲内で紛争が起こった場合には，ルクセンブルクに設置されている司法裁判所が判決を下すことになっている。裁判所の判決には加盟国も従う義務があり，罰金が科せられることもある。その他，単一通貨ユーロの番人である ECB も重要な機関である。

　EU では，EU 委員会が発議し，共同決定権を保有している理事会と欧州議会が了承しないと採択されない仕組みになっている。しかも理事会での採択には多数決制度が導入されており，賛成国が55％および賛成した国の人口が全体の65％であることが要件となっており，加盟国の拒否権が制限されているところに大きな特徴がある。ただし，CFSP に関しては，まだ全加盟国の同意が必要とされ，司法裁判所の管轄外とされている。そのため，リスボン条約により，それまで存在していた 3 支柱構造がなくなり，EU に一本化されたと言われているが，実質的には 2 支柱状態にあると言ってよい。

（推薦図書）

岩間陽子・君塚直隆・細谷雄一編著，2022，『ハンドブック　ヨーロッパ外交史』ミネルヴァ書房。

益田実・山本健編著，2019，『欧州統合史』ミネルヴァ書房。

遠藤乾編，2008，『ヨーロッパ統合史』名古屋大学出版会。

注
（1）　正確には，1993年11月にマーストリヒト条約が発効し，EC が発展的に解消して，EU となるが，その前後で両者を使い分けることは混乱を招く恐れがあり，また組織的には2009年にリスボン条約が発効するまで EU 内部に EC が残っていたこともあり，EU と EC の使い分けは実際にはかなり複雑で難しい。そこで，本章では，表記をすべて EU に統一することをお許し願いたい。
（2）　EEA の設立交渉や EFTA 諸国の対応については，長部重康・田中友義編著，1994，『拡大ヨーロッパの焦点』日本貿易振興会，第 2 章，59-91頁。
（3）　チェコスロバキア共和国は，1993年にビロード革命により，チェコ共和国とスロバキア共和国に平和裏に分離している。
（4）　Poland and Hungary : Assistance for Restructuring of Economy の頭文字から PHARE と呼ばれた。フランス語で「灯台」の意味があり，改革諸国の行方を照らすという意味が込められていた。
（5）　Commonwealth of Independent States
（6）　Technical Assistance to the Commonwealth of Independent States
（7）　齋藤千紘・小島秀亮，2022，『欧州評議会入門』信山社。
（8）　冷戦終焉期の欧州審議会の活動については，庄司克宏「第 5 章欧州審議会」植田隆子編，2023，『現代ヨーロッパ国際政治』岩波書店，93-166頁。
（9）　金丸輝男，2000，『EU アムステルダム条約』ジェトロ。
（10）　東野篤子「ヨーロッパ統合研究への「安全保障研究のコペンハーゲン学派」の適用

をめぐる一考察」『法学研究』Vol.82, No 5（2009.5), 47-77頁。

(11)　小久保康之「ニース条約の概要と欧州統合の行方」（財）日本国際問題研究所『欧州安全保障システムの新展開からの米欧同盟の考察』平成13年3月，108-122頁。

(12)　小林勝監訳，2005,『欧州憲法条約』お茶の水書房。福田耕司編，2006,『欧州憲法条約と EU 統合の行方』早稲田大学出版部。

(13)　アイルランドだけは，EU に関する条約はすべて国民投票にかけることが憲法に明記されており，この時も一回国民投票で否決されている。

(14)　小林勝訳，2009,『リスボン条約』御茶の水書房。

（小久保康之）

第 **3** 章

NATO の機能変容と拡大
——危機管理，協調的安全保障から，再び集団防衛へ——

■Graphic introduction■　NATO の東方拡大（2023年 7 月現在）

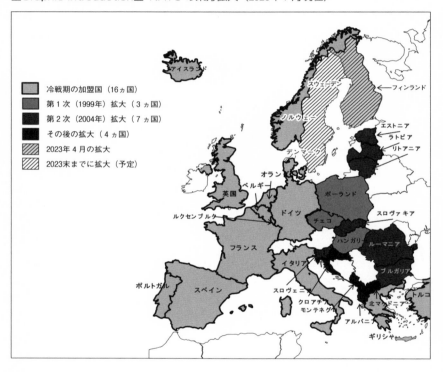

凡例：
- 冷戦期の加盟国（16ヵ国）
- 第 1 次（1999年）拡大（3 ヵ国）
- 第 2 次（2004年）拡大（7 ヵ国）
- その後の拡大（4 ヵ国）
- 2023年 4 月の拡大
- 2023末までに拡大（予定）

■**本章の問い**■

・なぜ冷戦が終わりソ連も解体したのに，NATO は存続したのか。

・なぜ NATO はボスニア紛争に介入したのか。

・なぜ NATO は冷戦後に中・東欧へ拡大したのか。

第1節　冷戦後のヨーロッパ新秩序とNATO

　1989年11月の「ベルリンの壁」崩壊は，東西冷戦の終わりのはじまりであった。翌1990年10月にはヨーロッパ分断の象徴であったドイツの統一が行われ，そのNATO（北大西洋条約機構）残留が認められたことは，旧東独部への冷戦後最初のNATO拡大を意味した。さらに，1991年末にソ連が，懸念された大混乱を引き起こすこともなく解体されたことは，冷戦的対立の時代の終わりの象徴であった。こうしたことから，ヨーロッパは再び1つになるのではないかとの期待が膨らんだ。

　西側の軍事同盟であったNATOは，1990年7月にロンドンで首脳会議を開催し，ワルシャワ条約加盟国をもはや敵とみなさないとの内容を含む共同宣言を発表した上で，戦略の見直しに着手した。やがて1991年11月，ローマで開催されたNATO首脳会議は，NATOの新しい戦略概念（以下，1991戦略概念）を発表した。これは冷戦期から数えると5回目の戦略概念であったが，機密文書とされていた冷戦期とは異なり，広報外交の一環として最初から公開を前提とした文書であった。

　1991戦略概念の大きな特徴は，従来通り東西戦略バランスの均衡に注意を払うとしつつも，「ヨーロッパ正面での大規模全面攻撃の脅威はほぼ消失した」との認識を示した上で，「中・東欧諸国が直面する深刻な経済・社会問題や，民族対立・領土紛争などを含む政治問題からくる地域的不安定性」がもたらすリスクに備えるべきことを強調した点にあった。したがってNATOの役割も，加盟国領土に対する抑止と防衛（北大西洋条約第5条）に加えて，民主的制度に基づく安定的な安全保障環境の提供や，加盟国の安全にリスクを及ぼすような事態が発生した際の協議フォーラムの提供（北大西洋条約第4条）ということがあげられていた。[1]

　これは新しい国際安全保障環境へのNATOの機能変容のはじまりであった。これに伴いアメリカは，ヨーロッパ配備の通常戦力および核戦力の削減に着手し，NATOはコンパクトで即応性の高い戦力の構築と機能的な統合軍事機構への再編を開始した。その上でNATOは，域外の非加盟国と対話・協力

を行うための新しい枠組「NACC（北大西洋協力理事会）」（1997年からは「EAPC（欧州大西洋パートナーシップ理事会）」）を設置した。

　NACC は，単なる東側との対話枠組みではなく，これを活用して NATO が平和維持活動へ非加盟国とともに参加することも想定していた。実際に1992年12月の NATO 外相会議は，国連安保理の委任を受けて平和維持活動を実施する用意のあることを明らかにした。この NACC の枠内で，NATO と特定の非加盟国との二国間の協力プログラムとして提案されたのが「PfP（平和のためのパートナーシップ）」であった。

　PfP は，NATO 加盟を求める中・東欧の求めを受けて開始されたという側面がよく知られているが，その起源を辿ると，このように NACC を通して NATO の機能変容を推進するための制度であった。PfP を1993年10月の NATO 非公式国防相会議で提案したアメリカのアスペン国防長官は，その内容について「ヨーロッパ安全保障のための多国間での軍事的協力の基盤となり，それによって非加盟のパートナー国が平和維持，災害救助，捜索救難などの活動において，NATO の作戦に参加できるようになる」としていた。

　1994年1月，ブリュッセルで開催された NATO 首脳会議において，PfP は正式に採択された。ここで PfP は平和への脅威を除去し，民主主義への具体的な協力と義務を推進することで関係強化を図るものと規定され，主な内容として，①国防計画及び国防予算の透明化，②軍の民主的統制，③国連・OSCE（欧州安全保障協力機構）のミッションへの貢献，④平和維持活動，救難活動，人道的援助などに際しての NATO との協力的な軍事関係の発展，⑤NATO軍との長期的な相互運用性向上，の5つが提示されていた。

　一方，中・東欧諸国からみると，PfP は NATO への加盟要求を背景に出されたものでありながら，その枠組み文書は NATO 拡大についての具体的な記述を含んでいなかった。このことから PfP は当時，西側の対ロシア配慮による一種の妥協の産物であるとみられていた。しかし加盟を希望する中・東欧諸国は，PfP がそのプログラム内容を参加国と NATO との二者間取り決めで作成するという個別性に着目し，加盟に向けての準備段階として積極的に活用した。このように PfP は，NATO の機能変容に貢献するという面と，中・東欧諸国が望んでいたような加盟に向けての協力関係を促進するという面との，二

面性を当初より有していた。このうち前者のNATOの機能変容が試された最初の機会が、1992年より勃発したボスニア紛争であった。

第2節　機能の変容とボスニア

　ボスニア紛争の勃発は、ユーゴスラビア連邦が解体する過程で、スロベニア、クロアチアが1991年に相次いで独立宣言を出したことに端を発している。これらを受けてボスニアで1992年3月に独立をめぐる国民投票が実施され、その結果翌4月に独立宣言が出されると、人口の43.5%を占めるムスリム系勢力と、31.2%のセルビア系勢力との対立を軸に、17.4%のクロアチア系が絡むという三つ巴の構図のもとで、武力紛争がはじまった。この紛争は95年夏まで4年近く続き、その間に死者約10万人、難民・避難民30万人以上を出した。この紛争が長期化し、のちに民族浄化ということばで知られるようになるほど血なまぐさいものとなった背景には、人口比で最大勢力のムスリム系勢力に対して、旧ユーゴスラビア軍の主流であったセルビア系勢力が、軍事力では他を圧倒していたことがあった。

　ボスニア紛争は、解決を目指した国際社会の主体に着目すると、2つの局面に大別することができる。第1の局面が1992年2月から1994年はじめまでで、これはEUおよび国連が中心になって調停を試みたことによって特徴づけられる。第2の局面は1994年以降で、アメリカおよびNATO主導により事態の収拾が図られた時期である。

　1992年2月から3月に住民投票を実施し独立宣言を行ったボスニアでは、少数派のセルビア系住民による投票ボイコットを契機に、内戦がはじまった。多くの民族問題を抱える不安定なバルカン地域全体に紛争が拡大するのをおそれた国際社会は、国連安保理決議743に基づき1992年6月からUNPROFOR（国連防護軍）を派遣、8月にはEUとともにユーゴスラビア国際和平会議を開催して紛争の平和的解決に努めた。

　この間、NATOは1992年12月に国連安保理決議による平和維持活動への支持を表明していた。その上でNATOは、国連による武器禁輸の履行を監視するためのアドリア海の海上封鎖や、国連が設定したボスニア上空のNFZ（飛行

禁止区域）の監視活動を実施した。

　しかし戦闘激化に伴い UNPROFOR が危険にさらされると，国連は武力行使を容認する安保理決議776に基づいて NATO 加盟国に対し近接航空支援（空爆）を要請するに至り，ここに第２局面がはじまった。1994年４月には国連が設定していた「安全地域」ゴラジュデを包囲していたセルビア系勢力に対して，初の空爆が行われた。これに対してセルビア系勢力は，1995年５月，UNPROFOR の兵士を人質にとるという挙に出た。その上７月には，セルビア系勢力がスレブレニツァでムスリム系住民に対する組織的な大量虐殺を行ったことが発覚した（2004年，旧ユーゴスラビア国際戦犯法廷はスレブレニツァの虐殺を「ジェノサイド」と認定）。これを契機に西側諸国は態度を一気に硬化させ，８月から９月にかけて，NATO が50あまりのセルビア系勢力の目標地点に対して，航空機およびトマホーク巡航ミサイルによる大規模空爆を行った。

　この結果，1995年11月アメリカのオハイオ州デイトン市郊外のライト・パターソン空軍基地でアメリカと３勢力首脳の会議が開催され，ボスニアの２分割（ムスリム系・クロアチア系51％，セルビア系49％）を原則とする包括的和平で合意が成立した（「デイトン合意」）。

　停戦後に NATO は国連から停戦の軍事的側面の実施についてマンデートを付与され（国連安保理決議第1031号），９月に NATO 理事会で兵力６万人規模の陸上部隊の派遣が承認された。やがて12月16日に NATO 主導の IFOR（平和実施部隊）が結成され現地に展開した（1998～2004年は SFOR〔平和安定化部隊〕）。この作戦の主な任務は，停戦継続の監視，定められた停戦ラインへの兵力引き離し，重火器の撤収促進，国連防護軍の安全で迅速な撤収の援助，ボスニア上空の空域確保などであった。

　ボスニア紛争における飛行禁止区域設定や空爆実施，停戦後の IFOR/SFOR 設置は，冷戦後の NATO にとって，新しい任務のはじまりを意味していた。IFOR/SFOR には NATO 加盟国のほか，18カ国の非 NATO 加盟国が参加した。非加盟国は，ムスリム系勢力に配慮したエジプト，バングラデシュ，マレーシア，パキスタンの４カ国とオーストラリア，ニュージーランド以外は，すべて PfP に参加するパートナー国であった。[5]

　ボスニア紛争の結果，NATO は冷戦後の民族紛争や地域紛争の解決に不可

欠な枠組として復権した。統合軍事機構という強力な手段を有し，民族紛争のような新たな脅威への対処に有効であると証明されたことは，NATO の機能変容を促進した。同時にパートナー国は IFOR/SFOR に部隊を派遣し戦力として貢献することができた。このようにして PfP は，NATO の機能変容と構成国の拡大とを連動させる重要な結節点となったのである。

　NATO はその後もコソボ（1999年〜），アフガニスタン（2003〜2021年），リビア（2011年）など領域外の紛争において積極的な役割を果たしていた。ボスニア紛争はそれらの最初のケースであった。しかしボスニア紛争の重要性は，単に時間的に早かったのみならず，のちに NATO が正式に主任務化する「危機管理」機能のほぼすべての要素を見いだすことができる点にある。そうした意味において，ボスニア紛争への介入は，NATO に 2 つの重要なインパクトを与えた。第 1 に NATO は，武力行使を中心とする平和強制のみならず，平和維持，平和構築など紛争解決の各局面において不可欠の役割を果たした。その上で第 2 に NATO は，任務遂行に際して，国連，EU や他の国際機関，NGO，現地の自治体などとの連携を重視するようになった。

第 3 節　NATO の 3 つの中核的任務

　ボスニア紛争解決の経験から，NATO の新たな任務として，集団防衛に加えて，域外における危機管理が浮上した。やがて危機管理は，冷戦後 2 度目にあたる1999年の戦略概念において，NATO の正式任務となった。NATO の危機管理は，当初，民族紛争が主な対象であったが，2001年の「9.11」同時多発テロ以降，テロのような非対称性脅威への対処に重点が置かれるようになった。そうした対テロ対処の危機管理として，NATO はアフガニスタンでの治安維持や平和構築の任務（ISAF〔国際治安支援部隊，2003〜2014年〕，RSM〔確固たる支援任務，2014〜2022年〕，アフリカのソマリア沖での海賊対処任務，2008〜2016年）などが実施された。このように NATO の危機管理とは，武力行使の威嚇を背景とした強制外交や空爆などの平和強制のみならず，紛争予防から紛争後の平和構築における幅広い活動を指す。

　さらに NATO は，加盟国と隣接する地域の安定を求めて，さまざまなパー

トナー関係を構築した。すでにみた PfP を皮切りに，「地中海ダイアローグ」（アルジェリア，エジプト，イスラエル，ヨルダン，モーリタニア，モロッコ，チュニジア），「イスタンブール協力イニシアティブ」（バーレーン，クウェート，カタール，アラブ首長国連邦），「世界におけるパートナー」（日本，韓国，オーストラリア，ニュージーランド，イラク，アフガニスタン，パキスタン，モンゴル，コロンビア）と，パートナーのネットワークを構築した。これらのパートナー国とは，テロ対策，WMD（大量破壊兵器）拡散対策などをめぐる定期的協議や，相互運用性を高める合同演習の実施などを通して，協力を強化している。

　また NATO は，国際機関や地域機関との協力を重視するようになった。特に国連との関係が重要である。NATO は，ボスニア紛争での武力行使を国連安保理の決議に基づいて実施しており，停戦後の IFOR/SFOR も国連との密接な調整の上で展開させていた。これに対して国連側の立場は微妙であった。国連憲章第52条に基づく地域的取極ではなく，第51条の個別的・集団的自衛権に基づいた NATO の活用は，国連からすれば例外的であり，あくまで緊急避難的措置であった。冷戦の東西対立のなかで西側のパワーの象徴であった NATO に対して，国連のまなざしは冷ややかだったのである。

　しかし，冷戦後の紛争解決に際して，次第に NATO の能力の有効性・有用性が明らかになるにつれ，国連との距離は徐々に縮まった。NATO は，ボスニア紛争において，国連安保理から武力行使についての正統性を得た初めての地域機構となったのである。

　国連の側も，史上初めて国連 PKO に平和強制を行わせた1993年のソマリアでの失敗の経験や，みずからの財政難から，地域機関との協力やその積極的活用を提唱するようになった。2005年の国連首脳会合成果文書においても，「国連と地域機関のそれぞれの事務局が，正式な取り決めをとおして協議・協力を行う」ことの必要性が指摘されるに至った。

　こうした背景のもとで，2008年10月には，紛争解決における協力をうたった「国連＝NATO 事務局間共同宣言」が発表された。この共同宣言は，国連とNATO の「事務局間」の実務的な協力を約したものであり，なんら具体的な政策を打ち出してはいなかったが，その意義は決して小さくなかった。NATO のスポークスマンであったアパトゥライ氏は，本宣言によって，国連

と協力関係にある NGO や，アフリカ連合，アラブ連盟など他の地域機関との
関係改善が期待できると指摘していた。[9]

　このような展開を踏まえて，冷戦後 3 回目となる NATO の2010年の戦略概
念では，集団防衛，危機管理に並ぶ 3 つ目の中核的任務として「協調的安全保
障」が取り上げられた。NATO の協調的安全保障とは大別して 2 つの内容が
あった。1 つは，すでにみたパートナー国や国際機関，地域機関との協力を通
して，テロ，軍備管理，軍縮などの国際安全保障の課題解決に関わっていくこ
とである。もう 1 つは，ヨーロッパで同じ価値を持ち北大西洋地域の安全に貢
献することのできる国に，門戸開放（Open Door）という方針で臨むというも
のである。後者が，いわゆる NATO 拡大である。

第 4 節　NATO 拡大

　冷戦が終わると NATO 加盟国は設立当初（12カ国）の 2 倍をはるかに超える
31カ国にまで膨れ上がり，2023年にはさらにスウェーデンが加盟して32カ国と
なる予定である。

　歴史的に NATO 拡大には，ソ連という脅威への備えを強化するという目的
以外に，民主主義体制を支え，個人の自由と法の支配を擁護し，地域秩序の安
定化に寄与するという目的があった。これは NATO が，軍事的集団防衛機構
であるのみならず，北大西洋条約前文にも記されているように価値共同体の側
面を有していることの証である。実際に1991年にワルシャワ条約機構が解散し
たのちに，体制転換を開始した旧東側諸国にとっては，地域的な不安定性への
懸念のみならず，価値共同体としての魅力のために，EU 加盟と並んで
NATO 加盟を求めた。

　しかし NATO 拡大に対しては，急激なパワーバランスの変化，加盟国数増
加による同盟の効率性低下，新規加盟国の軍との相互運用性確保のためのコス
ト増，防衛すべき領域の拡大によるコスト増への懸念から，アメリカでは反対
の声も少なくなかった。[10]クリントン米政権としてもロシアとの関係を最優先さ
せており，民主化を目指すロシアの動きを阻害したくないとの立場から，中・
東欧諸国の相次ぐ NATO 加盟希望に対しては当初，慎重な姿勢をみせてい

た。

　このロシア配慮という点から，NATO は1997年 5 月にロシアとの間で「NATO ロシア基本議定書」を締結した。これは相互に領土的一体性と主権尊重を誓約した上で，NATO として，新規加盟国への核兵器持ち込み自粛と戦闘部隊の常駐基地設置自粛という 2 つの保証をロシアに与えるというものであった。さらに NATO とロシアとの対話チャネルとして「PJC（常設合同理事会）」が設置された。こうした対ロ配慮の上で，1999年 3 月に，経済改革が比較的順調であったポーランド，チェコ，ハンガリーに絞る形で NATO 加盟が実現した（第一次拡大）。クリントン大統領が，ロシアに配慮しつつも NATO 拡大を認めた背景には，価値共同体としての NATO の国際協力を通して中・東欧での議会制民主主義，法の支配，市場主義経済の定着を下支えするというリベラルな秩序観があった。(11)

　第一次拡大直後の1999年 4 月にワシントンで開催された NATO 首脳会議では，拡大に関連して重要な文書が発表された。それは，さらなる拡大のためのガイドラインとも言うべき「メンバーシップ・アクション・プラン（MAP）」であった。(12)これは，加盟を希望する国々が，政治経済，軍事，予算，機密保全，法的側面の 5 つの分野において，NATO との間で詳細な目標からなる 1 年毎の個別計画を作成した上で，その達成状況の評価を受けるプログラムであった。つまり，MAP の実施が事実上，加盟の前提条件ということになる。

　2001年 1 月に発足したアメリカの G. W. ブッシュ政権は，クリントン政権とは異なり NATO のさらなる拡大に熱心であった。同年 6 月，ヨーロッパ歴訪中にポーランドを訪れたブッシュは，ワルシャワ大学での演説において「加盟を希望し，責任を負担する用意のあるヨーロッパのすべての民主主義国」への NATO 拡大支持を表明していた。(13)第二次拡大が，第一次に比してさしたる抵抗もなく進んだ背景には，「9.11」同時多発テロがあった。

　2001年 9 月11日に発生したニューヨーク国際貿易センターへの自爆攻撃は，冷戦期に想定されていたソ連による大規模な奇襲攻撃ではなく，冷戦後の「新しい脅威」とされた国際テロ組織（アル・カーイダ）によってなされたものであった。これに対して北大西洋理事会は10月 2 日，北大西洋条約第 5 条（集団的自衛権）の適用によって対処すべき事態であることを NATO 史上初めて宣言し

(14)
た。

　事件直後からアメリカを訪れたフランス，イギリス，ドイツなどヨーロッパ
各国の首脳は，国際テロとの戦いに最大限の協力を行うことを次々に誓った。
この「9.11」同時多発テロが生み出した国際的な反テロ協調体制は，米ロ関係
の大幅改善にもつながった。2002年5月には，国際テロや大量破壊兵器の拡散
などの脅威にNATOとロシアが共同で対処する態勢づくりの一環として，従
来の常設合同理事会をより強化した「NRC（NATOロシア理事会)」が設置され
た。米ロ関係の改善は，NATO拡大の文脈では旧ソ連に属していたバルト三
国のNATO加盟への道をひらいた。

　こうした流れを受けて2004年3月，中・東欧7カ国（スロバキア，スロベニア，
ルーマニア，ブルガリア，エストニア，ラトビア，リトアニア）がNATO加盟を果
たした（第二次拡大）。
(15)

　ブッシュ政権にとってNATO拡大の最大のメリットは，新規加盟国がアメ
リカにとって政治的資産となるということである。中・東欧諸国はいずれも
NATO加盟を，冷戦の終焉をもたらした超大国アメリカとの同盟とみなして
いた。その意味でNATO拡大は，国際テロに対するアメリカの行動の正統性
を確保する上での，政治的な支持基盤拡大という面もあったのである。

　その後，冷戦後に紛争を経験したバルカン半島の諸国も，徐々にNATOへ
加盟した。2009年4月のNATO首脳会議では，新たにアルバニアとクロアチ
アの加盟が認められ，2017年6月にはモンテネグロが正式加盟国となった。ま
た，長年にわたり「マケドニア」という呼称をめぐって対立を抱えていた旧ユー
ゴスラビア連邦マケドニア共和国は，2019年に国名を「北マケドニア共和国」
とすることでギリシャとの間で合意に達し，30番目の加盟国としてNATOに
加わった。

　バルカンにおけるNATO拡大は，大きな争点としてはほぼ終わりつつあ
る。しかしたとえばボスニア＝ヘルツェゴビナは，2006年にようやく3民族に
分かれていた軍の統合を果たしたものの，国際社会の介入がなければ再び分裂
しかねない状況にある。そのため，NATO拡大の前提となる一層の軍改革や
民主化が，バルカン地域の紛争の再発を封じ込めるためには依然として重要で
ある。

第5節　未完の拡大とヨーロッパ安全保障：ジョージアとウクライナ

　旧ソ連であったジョージアとウクライナにおいては，NATO の第二次拡大前後から，それぞれ「バラ革命」（2003年11月，ジョージア）あるいは「オレンジ革命」（2004年12月，ウクライナ）と呼ばれる民主化運動が発生した。やがて成立した親欧米的な政権は，NATO への加盟を求めるようになった。そこで，2006年11月，ラトビアのリガで開催された NATO 首脳会議では，ジョージア，ウクライナそれぞれとの協議メカニズムである「緊密化対話」を通して，将来の加盟を含めた政治・軍事・経済・安全保障のあらゆる問題を扱うとの確認がなされた[16]。

　このように NATO はウクライナ，ジョージアについて，2006年以降，拡大へのアプローチを開始したようにみえた。しかし NATO 加盟国内においては，ジョージア，ウクライナの加盟を支持するアメリカ，イギリスに対して，対ロ関係悪化を懸念するドイツ，フランスが時期尚早として慎重論を唱え，加盟への準備とみなされる MAP への招聘にも強く反対していた。

　こうした経緯にもかかわらず，2008年4月のブカレスト NATO 首脳会議で発せられた共同宣言は，拡大問題については一歩踏み込んだ書き方となっていた。同宣言は，MAP を実施していたクロアチア，アルバニアについて，規定方針通り加盟招請を行うとする一方で，ジョージアとウクライナについては，MAP への招聘もないまま，唐突に「（ジョージアとウクライナが）将来，NATO 加盟国となることに同意した」と明記していたのである[17]。

　この文言は，ロシアに対しては，みずからの勢力圏であるジョージア，ウクライナへの拡大を NATO が急速に推進するのではないかとの印象を与えた。プーチン大統領は，2007年2月にミュンヘン国際安全保障会議で，NATO 拡大をロシアに対する挑発行為として激しく批判していただけに，ブカレスト宣言に猛反発した。一方，ジョージアに対しては，加盟の前提となる MAP 参加が先送りされたことで，ジョージアからの分離を求める南オセチアやアブハジアの紛争の早急な解決の必要性を痛感させた。このようにブカレスト宣言の曖昧さは，ジョージア，ロシアの双方に誤ったメッセージを伝えたように思われ

る。

　2008年8月にジョージアが南オセチアに攻撃を仕掛けたことで勃発したロシアとの紛争は，このような文脈のもと，ジョージア大統領の西側への過信が1つの背景をなしていた。他方，ロシア軍の素早い対応とジョージア領土内への侵攻は，西側に衝撃を与えた。これまでの NATO 拡大の前になすすべもなかったロシアは，ジョージアが NATO 拡大に対するレッドラインであることを明確に示したのであった。結局，ジョージアは，引き続き NATO 加盟の目標を掲げているものの，南オセチアとアブハジアについてロシアが一方的に国家承認をしたため，事実上分裂状態となった。

　しかしその後のジョージア紛争をめぐる対応において顕著だったのは，西側の対ロ宥和的な姿勢であった。ドイツ，フランスは当初こそアメリカ，イギリスとともにロシアへの強い反発を示し，外交関係の一時的凍結を行ったが，紛争勃発の3カ月後には，アメリカや NATO に先行し，EU としてロシアとの協力関係凍結を解除した。ドイツやフランスはウクライナ，ジョージアへの NATO 拡大にはあくまで慎重で，その後も両国の MAP への招聘を認めなかった。一方，アメリカでも2009年1月のオバマ政権発足により，米ロ関係の「リセット」が宣言された。その結果，2009年3月には NATO 外相理事会において，ロシアと関係正常化を図ることで合意が成立し，4月に NATO ロシア理事会（NRC）が再開された。

　北大西洋条約調印60周年目を記念して2009年4月に開催されたケール（独）とストラスブール（仏）での NATO 首脳会議においても，ウクライナとジョージアについては，その安定と改革が欧州大西洋の安全保障にとって重要であるとしつつ，「(両国の) 改革の進展を注意深く監視し続ける[18]」として，加盟は先送りとなった。

　そのウクライナでは2010年2月に大統領選挙が行われ，親ロ派とされる元首相のヤヌコヴィチが当選した。新大統領は就任演説で「(軍事) ブロックに属さないヨーロッパ国家」を目指すと演説し，NATO 加盟方針の撤回を言明した。しかし2013年末までに締結寸前だった EU との連合協定交渉が突如打ち切られると，これに反対する人々が大規模なデモ（マイダン革命）を引き起こしたためヤヌコヴィチはロシアに逃亡し，やがて大統領選挙の結果，親欧米派の

ポロシェンコが当選した。ポロシェンコは再びNATO加盟をその外交目標に掲げた。

　しかしこの直後の2014年3月，ロシアは反ウクライナ勢力を支援しつつクリミア半島に侵攻し，「住民投票」の結果としてこれをロシアに併合した。さらにウクライナ東部ドンバスにおいても，ロシアは反ウクライナ勢力を支援しつつ紛争を引き起こした。

　こうした情勢の変化は，ジョージアとウクライナの加盟についてのNATOのスタンスに微妙な影を投げかけている。2010年11月のNATO首脳会議が公表したリスボン共同宣言は，ジョージアについては2008年ブカレスト宣言での「NATO加盟国となるだろう」との約束を確認したものの，ウクライナについては，パートナー関係継続を歓迎したのみで，NATOの門戸は引き続き開かれていると言明するにとどまっていた。それ以降の各NATO首脳会議宣言においても，ジョージアについては一貫して「NATO加盟国となるだろう」との文言とともに2008年ブカレスト宣言の再確認がなされている。しかしウクライナについてはパートナー関係への支援の確認，門戸開放政策の確認やこれまでの決定の確認といった文言にとどまっており，明らかにジョージアとは異なる書きぶりとなっていた。⁽¹⁹⁾

　ところがバイデン政権成立後の2021年7月のブリュッセル首脳会議で出された共同宣言では，ジョージアについてもウクライナについても，「MAP実施の上でNATO加盟国となるだろう」との同一の文言が挿入されていた。高まるウクライナ危機を背景に，この共同宣言はロシアとの対立を先鋭化させた。

　2022年2月のロシア・ウクライナ戦争勃発は，あらためてウクライナがロシアにとってのレッドラインであることを明らかにした。プーチン大統領がウクライナに突きつけた中立要求は，NATO加盟を断念させ，自らの勢力圏にとどめるためのものであった。

　ウクライナのゼレンスキー大統領は，ウクライナが反転攻勢を行った2022年9月に，正式にNATO加盟申請を行うと発表した。しかしストルテンベルグNATO事務総長はこれに対して，門戸開放政策の継続を確認しつつもコンセンサス成立の必要性を指摘した上で，「現在，最も求められているのはウクライナ支援である」として加盟問題への取り組みを先送りする姿勢を示した。こ

うした姿勢は，2023年7月にリトアニアの首都ビリニュスで開かれた NATO 首脳会議でも再確認され，ウクライナの NATO 加盟は戦後に行われることとなった。

　ところがロシア・ウクライナ戦争勃発は，思いがけず新たな NATO 拡大をもたらした。それまで NATO のパートナーでありながら，歴史的に中立・非同盟政策をとり，独自の安全保障政策を採用してきたフィンランドとスウェーデンが，ロシア軍の生々しい暴力に接して，急遽 NATO 加盟を申請したのである。これら2カ国は成熟した民主主義国であり，2014年以降，NATO とたびたび合同演習を実施するなど軍事的な相互運用性も確保されていた。そのため MAP プロセスも不要であった。むしろ正式加盟までの安全保障上の不安定性を回避するために，両国の加盟プロセスは迅速に進められた。両国は2022年6月のマドリード首脳会議で早くも加盟招聘を受け，フィンランドは2023年4月に正式加盟を果たした。スウェーデンも2023年中に加盟予定である。

　冷戦後に NATO は機能の変容と連動する形で構成国の拡大をしてきた。しかし北欧2カ国は，冷戦期のような集団防衛機構としての期待から加盟を推進した。このことは，ヨーロッパ安全保障における集団防衛機構としての NATO の重要性を再確認させた。ロシア・ウクライナ戦争後の新しい秩序においても，NATO は集団防衛機能を中心に，地域的安定の基盤として重要な役割を果たすものと思われる。

推薦図書

板橋拓己，2022，『分断の克服 1989-1990──統一をめぐる西ドイツ外交の挑戦』中央公論新社。

荻野晃，2012，『NATO の東方拡大』関西学院大学出版会。

羽場久美子・小森田秋夫・田中素香編，2006，『ヨーロッパの東方拡大』岩波書店。

広瀬佳一「冷戦の終焉とヨーロッパ」『国際政治』（日本国際政治学会）第157号，2009年9月，1-12頁。

吉崎知典「米国の同盟政策と NATO ──冷戦後の『戦略概念』を中心として」『国際政治』第150号（2007年11月）115-134頁。

吉留公太，2021，『ドイツ統一とアメリカ外交』晃洋書房。

James M. Goldgeier, 1999, *Not Whether But When: The U.S. Decision to*

Enlarge NATO, Brookings Institution Press.

注

（ 1 ）　1991年の戦略概念は〈http://www.nato.int/cps/en/natolive/official_texts_23847.htm〉参照。

（ 2 ）　Final Communique of the Ministerial Meeting of the North Atlantic Council, Oslo, 04 June 1992, para 11; Final Communique of the Ministerial Meeting of the North Atlantic Council, Brussels, 17 Dec. 1992, para 4.

（ 3 ）　Les Aspin, "New Europe, New NATO", *NATO Review*, No. 1 （Feb.1994）, Vol42, p.12.

（ 4 ）　Paul E. Gallis, "Partner for Peace", *CRS Report for Congress*, August 9, 1994, pp. 2 - 3.

（ 5 ）　以上の展開について詳細は以下を参照。Ivo Daalder, *Getting to Dayton: The Making of America's Bosnia Policy,* Brookings Inst. April 2000.

（ 6 ）　"A More Secure World: Our Shared Responsibility, Report of the High-level Panel on Threats, Challenges and Change", UN Doc. A/59/565, 2 Dec. 2004, para. 273. および Kofi Annan, "In Larger Freedom: Towards Development, Security and Human Rights for all", UN Doc. A/59/2005, 21 March 2005, para.213.

（ 7 ）　UN General Assembly, "2005 World Summit Outcome", UN Doc. A/RES/60/ 1 , 24 Oct. 2008, para.170 （a）.

（ 8 ）　Joint Declaration on UN/NATO Secretariat Cooperation, New York on 23 September 2008. 〈http://streitcouncil.org/uploads/PDF/UN-NATO%20Joint%20Declaration.pdf〉

（ 9 ）　Michael F. Harsch and Johannes Varwick, "NATO and the UN", *Survival,* Vol.51, No. 2 April/May 2009, pp.10-11.

（10）　Gerald B. Solomon, *The NATO Enlargement Debate, 1990-1997: Blessings of Liberty,* Praeger, 1998, pp.123-132.

（11）　James M.Goldgeier, "Not When but Who," *NATO Review,* Spring 2002.

（12）　Membership Action Plan, 24. Apr. 1999. 〈http://www.nato.int/cps/en/natolive/official_texts_27444.htm?selectedLocale=en〉

（13）　6 月15日のワルシャワでのブッシュ演説は次を参照。〈http://www.presidency.ucsb.edu/ws/index.php?pid=45973#axzz1tb3A1ODq〉

（14）　Statement by NATO Secretary General, 2 October 2001. 〈http://www.nato.int/docu/speech/2001/s011002a.htm〉

（15）　Seven new members join NATO, 29 March 2004. 〈http://www.nato.int/docu/update/2004/03-march/e0329a.htm〉

（16）　Riga Summit Declaration, Issued by the Heads of State and Government participating in the meeting of the North Atlantic Council, Press. Releas （2006） 150, 29 November 2006 （第37項）.

（17）　Bucharest Summit Declaration, Issued by the Heads of State and Government participating in the meeting of the North Atlantic Council, Press Releas（2008）049, 3 April 2008（第23項）.

（18）　Strasbourg / Kehl Summit Declaration, Issued by the Heads of State and Government participating in the meeting of the North Atlantic Council in Strasbourg / Kehl, 4 April 2009（第29項）.

（19）　Lisbon Summit Declaration, issued by the Heads of State and Government. participating in the meeting of the North Atlantic Council in Lisbon on 20 November 2010.〈http://www.nato.int/nato_static/assets/pdf/pdf_2010_11/2010_11_11DE1DB9B 73C4F9BBFB52B2C94722EAC_PR_CP_2010_0155_ENG-Summit_LISBON.pdf〉

（広瀬佳一）

第**4**章

OSCE の機能

——唯一の全欧規模の安全保障と国家協力の機構——

■Graphic introduction■ ミッションの展開地図

Ⓐウィーン（事務局）

Ⓑ議長国議長個人代表

①セルビアミッション

②ボスニア・ヘルツェゴビナミッション

③コソボミッション

④モンテネグロミッション

⑤スコピエミッション

⑥アルバニアプレゼンス

⑦ウクライナプロジェクト調整官／特別監視団（＊１）

⑧モルドバミッション

⑨ロシアチェックポイント監視団（＊２）

⑩アシガバートセンター

⑪ビシュケクプログラム事務所

⑫ウズベキスタンプロジェクト調整官

⑬ドゥシャンベプログラム事務所

⑭アスタナプログラム事務所

＊１　特別監視団（SMM）は2022年3月，プロジェクト調整官は6月に任務終了。

＊２　2021年9月に任務終了。

　　　　　　は，過去に OSCE のミッションがおかれていた国。

■**本章の問い**■

・なぜある紛争は予防に成功し，ある紛争は失敗したか。

・OSCE の協調的安全保障は，どのような意味をもつのか。

・共通の価値観を促進することは安全保障にいかなる影響を与えるのか。

第 1 節　協調的安全保障と包括的安全保障

　本章で取り上げる OSCE（欧州安全保障協力機構）は，モンゴルやロシアから
アイスランドまですべてのヨーロッパ諸国とアメリカ，カナダの57カ国が参加
する世界最大の地域機構である。OSCE は安全保障と多分野の協力を進めてき
た。その特徴は，協調的安全保障，包括的安全保障という 2 つの安全保障の側
面を有する組織であるという点である。

1 協調的安全保障[(1)]

　冷戦後の OSCE は協調的安全保障に依拠していた。協調的安全保障とは，
力による安全保障を前提にしつつ，友敵関係の前提に立たず，敵を定めないと
ころで参加国間の紛争を防止する安全保障である。そのため，冷戦期の東西対
立や，現在の北東アジアのように緊張が厳しい状況では適用しづらい。逆に，
同盟がなくとも安全保障政策や政治的価値（民主主義，人権，法の支配）を共有
していれば成立しやすい。冷戦後のヨーロッパは，2010年代前半までの「冷戦
間期」[(2)]において大国間の協調が進み協調的安全保障が適用しやすい状況にあっ
た。その理由として具体的には，安全保障の定期的対話，CBM（信頼醸成措置，
本章第 2 節）といった特徴的な制度があった。階層的制度化というよりは水平
的制度化，換言すれば主権国家の意思と力を引き出しやすい制度化が進む。そ
のことが他の国際機関とのシナジー効果を生みやすく，1990年代の紛争予防に
おいては功を奏した（➡第 3 節で後述）。

2 包括的安全保障

　包括的安全保障とは，軍事的安全保障のみならず，経済，エネルギー，情報
などに多面的に安全保障を考える概念である。OSCE では，信頼安全保障醸成
措置などの軍事的分野から，経済格差，エネルギーと紛争，民族紛争とメディ
ア情報などの課題が同時に検討される。むろん OSCE の中で優先順位があ
り，財源や人員の配分がなされる。それでも包括的安全保障という概念がある
ことにより，軍事的安全保障とその関連する分野との相互作用を見落とすこと

なく政策立案しやすくなり，紛争予防に資する。

第2節　CSCE：ヘルシンキ宣言からパリ憲章へ

1 ヘルシンキ宣言

　OSCE は，前の CSCE（欧州安全保障協力会議）の時代からは約50年の歴史を有する。その概略は次の通りである。なお CSCE は，エリツィンの提案により1994年のブダペスト首脳会議で OSCE に改称を決定した（1995年1月より改称）。

　当初の CSCE は，協調的安全保障の組織ではなかった。なぜなら東西冷戦により，ブロック間対立とイデオロギー対立が支配していたためである。それでも東西共通の安全保障と協力の会議ができた。それが CSCE であった。なお安全保障協力の会議ではなく，安全保障と経済的・人道的協力の双方に関する会議である。その意味で当初から包括的安全保障の素地を CSCE は有していた。

　東西各々の安全保障機構がある限り，東西冷戦は継続する。ヨーロッパの分断を乗り越える汎ヨーロッパの全欧安保構想は，1956年のソ連のモロトフ外相の提案にはじまり，1960年代後半から東西双方で具体化した。1972年の準備会議の後，1973年から75年までの本会議（第1段階：外相会議，第2段階：専門家会議，第3段階：首脳会議）のジュネーブ専門家会議で長らく検討され1975年8月に，当時中立国であったフィンランドのヘルシンキで採択されたのがヨーロッパの安全保障と協力に関する宣言（ヘルシンキ宣言）である。

　ヘルシンキ宣言では，参加国が地理的位置や政治経済体制の如何にかかわらず共通の安全保障の原則として10の原則（①主権平等，②武力行使の禁止，③国境不可侵，④領土保全，⑤紛争の平和的解決，⑥内政不干渉，⑦人権尊重，⑧民族自決と平等，⑨諸国間の協力，⑩国際法遵守）に合意した。この「第1バスケット」の中でも人権をめぐる第7原則はその後の東西間の争点となった。ヘルシンキ宣言は，第1バスケット，経済協力に関する第2バスケット，国境を越えた人の移動や情報の浸透を定めた人道的協力に関する第3バスケットから構成された。そしてこれらの意思決定が「コンセンサス」で行われ，それが CSCE の基本

的な意思決定手続きとなった。

　この宣言は，12万2000語余（英語版）に上る長文で，アメリカのキッシンジャー国務長官を嘆息させたほどである。その宣言は，軍事から経済，人権，青年交流に至るまで幅広いテーマに満ちている。これぞ，東西両陣営の連携外交（linkage diplomacy）の産物である。多岐にわたる分野を扱うのは，東西双方の現実があまりに異なっていたため，また東西間のこうした交渉が戦後30年で初めてであったためであり，CSCEを通じて相手側から果実を少しでも多く得ようとする目論見の結果でもあった。

　ヘルシンキ宣言は前世紀の合意に違いはないが，現在もなおOSCEの基礎となる文書である。それゆえ2022年のウクライナ侵攻においても欧米諸国は，ヘルシンキ宣言を根拠にロシアに対して批判している。

2　3つの再検討会議からパリ憲章

　東側の反体制派（dissidents）は，ヘルシンキ宣言の人権条項に基づきヘルシンキ・グループと呼ばれる人権NGO（非政府組織）を各国に結成した。現在，世界の人権NGOでアムネステイ・インターナショナルに次いで大規模なヒューマン・ライツ・ウォッチは，地域別に，アジア・ウォッチ，アフリカ・ウォッチなどと呼称されている。そのヨーロッパのグループがヘルシンキ・ウォッチと呼ばれるのは，ヘルシンキ宣言のためである。

　これまでも国際人権規約の規約人権委員会などのように，人権合意の監視制度がないわけではなかったが，個人通報制度のハードルは高く人権状況の改善への即効性が小さい。しかしヘルシンキ宣言の場合，人権に限らず，民族自決，人の移動，情報の浸透等の分野にまたがり，監視する範囲が広い。自国内では声を上げられないヘルシンキ・グループからの情報をアメリカ議会内の「ヨーロッパの安全保障と協力に関する委員会」（ヘルシンキ委員会）が結節点となって社会主義国に圧力をかける政治的回路ができた。これにより，1990年のパリ憲章までの3度にわたるCSCE再検討会議では，西側は，東側のNGOからの「生」の情報をもとに東側の人権侵害（ヘルシンキ宣言違反）を批判することができるようになった。この回路は，チェコスロバキアの「憲章77」，ポーランドの自主管理労組「連帯」の規範的支柱をつくり，1989年の東欧革命の原動

力となった。その意味でヘルシンキ宣言は冷戦を終わらせた1つの要因である。

　ベオグラード再検討会議（1977〜1978年）は米ソの人権問題の非難の応酬が顕著で，実のある最終文書は採択されなかった。次のマドリード再検討会議（1980〜1983年）では，アフガニスタン侵攻や他の東側の約束不履行（人権問題の悪化）を受けてアメリカの脱退論が現実味を帯びていた。現実にレーガン政権以降のアメリカは，長らくユネスコから脱退していた（1984〜2003年）。アメリカがOSCEに踏みとどまったのは，政治的にヘルシンキ宣言自体が「守らせる手段」となったことに気づいたためである。

　軍事的安全保障の分野では，世界に先駆けて多国間のCBM（信頼醸成措置）をめぐる合意が深化し，1986年にはCSBM（信頼安全保障醸成措置）となって，ストックホルム軍縮会議で拡大合意された。[3]すでにヘルシンキ宣言では2万5000人超の兵力の活動は21日以上前に相互通告とされていたが，加えて年3回までの査察受け入れ義務，兵力4万人超の活動の2年前通知が課された。CSBMの分野では1990年代にかけて次々と合意が深化した。

　ウィーン再検討会議（1986〜1989年）では，ゴルバチョフの新思考外交のもと人権をめぐる対立が影を潜め，人権規定が大幅に充実した。これまでの第7原則と第3バスケットは「人的側面」（human dimension）に統合された。対立の時代が終わり，全ヨーロッパの協調の時代が到来した。それが明確になったのは冷戦終結後のCSCEパリ首脳会議（1990年10月）で採択されたパリ憲章である。CSCEは軍事的な安全保障機構の色をいっそう薄くした。「参加国の政府の唯一のシステムとして民主主義を建設」することに合意するなど，政治体制をめぐるイデオロギー対立は完全に終焉した。さらに市場経済が「繁栄し統一的なヨーロッパの建設の助けになる」ことに言及した。時は未だドイツ統一の直後でユーゴ紛争の影もなく，東西ヨーロッパの首脳がCSCEにかけた期待は大きかった。

　CSCEの合意形成が進んだのには，2つの背景がある。1つは，多くの場合東側，西側，N＋N（非同盟・中立）諸国という3つのブロックで交渉が進んだためである。西側は特にEC（欧州共同体）がEPC（欧州政治協力）を背景に統一的な提案を形成してきた。[4]パリ憲章では他の参加国同様にEC議長国も署名し，EC（後のEU〔欧州連合〕）がCSCEプロセスで果たした高い提案力は

CSCE の持続性と有効性を高めたといえよう。

第 3 節　1990年代の CSCE/OSCE

1　制度化と限界への挑戦

1991年のモスクワ人的側面会議で，加盟国が「人権と民主主義」の問題を解決するために，任務に関する独立した専門家を別の加盟国に派遣することを可能にするモスクワ・メカニズムが合意された。このメカニズムは計10回利用されており，1992年にクロアチアとボスニア・ヘルツェゴビナで，近年では17の参加国によりベラルーシ（2020年の大統領選挙後の騒乱），また45カ国によりウクライナ侵攻（2022年）に対して発動されている（第 4 節で後述）。

1992年のヘルシンキ首脳会議（ヘルシンキⅡ）では，制度化が一気呵成に進んだ。CSO（高級レベル理事会，のちの常任理事会）が充実し，その下に HCNM（少数民族高等弁務官）がハーグに置かれた。パリ憲章で設けられた自由選挙事務所は，ODIHR（民主制度・人権事務所）に拡充され選挙監視のみならず人的側面の活動を強めた。事務局はプラハからウィーンに移された。OSCE の機構図は，図 4-1 のとおりである。

こうして OSCE は，旧東側の民主化，市場経済の移行，法の支配の支援に大きく関与した。ここにウィーン（OSCE の事務局の所在地）の東と西，のちにはブレスト（ベラルーシとポーランドの国境）の東と西の分断の前兆がみられることになる（図 4-2）。

国際機構の場合，国連本部や EU のように自前の 1 つの大きな建物の中で総会を開催し事務局がある機構もあれば，会議場と事務局が別々になっている機構もある。OSCE は後者である。ウィーンでは，週 1 回の PC（常任理事会）がホフブルク宮殿で開催され（写真 4-1），これとは別の建物に事務局が置かれている。ここに OSCE の二階建て構造を看取できる。一方で政治的な意思決定（二階）では，コンセンサス方式（あるいは 1 国の反対表明であれば合意形成の例外とするコンセンサス・マイナス・ワン）により主権国家の意思が最低限尊重される。これによりベラルーシやウクライナの OSCE の現地調査団の延長は拒否された（ベラルーシは2002年，2011年の 2 度，ウクライナは2022年にロシアによっ

図4-1　OSCE機構図

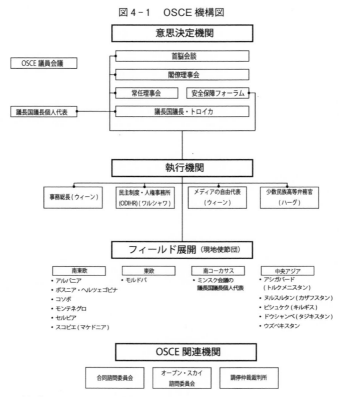

（出所）　OSCEのHPより筆者訳。

て）。他方で執行機関（一階）である事務局やODIHRでは，過去の決定に基づき人権・民主主義・法の支配などの側面でプログラムが運営される。前者にはウィーンやブレストの東西分断がみられやすいが，後者は執行機関としての一体性が強い。後者にはCSCE時代とは異なるOSCEの強さがうかがえる。

2 予防外交の成否

　OSCEのこうした組織化は，予防外交・紛争予防をするに十分な態勢を整えていたようにみえる。しかしその成否は対象の場所によって異なる。

　バルト諸国は1991年にソ連から独立した。リトアニアではロシア語系住民が

図4-2　OSCE の参加国

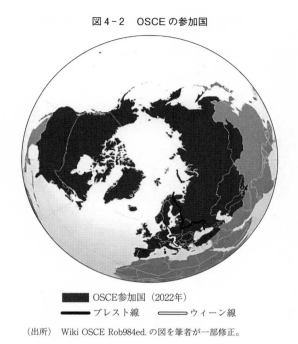

OSCE参加国（2022年）
———— ブレスト線　══════ ウィーン線

（出所）　Wiki OSCE Rob984ed. の図を筆者が一部修正。

１割以下であったため，希望者全員に国籍が付与された。しかしラトビア，エストニアではロシア語系住民が３～４割に上っていた。この数字だけ見れば，ユーゴスラビアやウクライナのような地域対立を想起させるが，ロシア語系住民は都市部に多く住んでいた。他の地域同様に，ロシア語系住民の多くは現地語（エストニア語，ラトビア語）の運用能力が高くない。新国家樹立にあたり，エストニアとラトビアは，ロシア語排除の方針を貫く国語政策を徹底し，言語能力の試験によって市民権の付与を制限した（エストニアでは国語のほか憲法も試験科目となった）。現実に成人人口の数割に上る人々が選挙権を与えられなかったのである。この問題に対処するため，エストニアはみずからモスクワ・メカニズムを発動し調査団を招いた。モスクワ・メカニズムとは，人的側面（人権問題等）について他の参加国からの情報請求に対して，10日以内に当該国が文書で回答することを義務づけ，二国間協議の開催要請に関して１週間以内に協議開始を求めるものである。加えて，調査団の派遣手続きを明確にしてい

写真4−1　ホフブルク宮殿に並ぶ OSCE
　　　　　参加国の国旗

（出所）　筆者撮影。

る。エストニアを訪問した調査団はカナダ，フィンランド，スイスの言語政策を引き合いに，言語政策の変更を求める報告を行った。これを受けてCSCE/OSCE は現地使節団（当時は長期使節団，現在は地域活動と呼称されているが，本章では実態に即して「現地使節団」とする）を派遣し，対話の促進，手段の助言を行った。その結果，武力紛争に至らずに問題は沈静化した。

　同じくソ連から独立したモルドバでは，ドニエストル川（ウクライナ国境）沿岸にロシア語系住民が集住していた。彼らはモルドバ独立に際して「沿ドニエストル・モルドバ共和国」の独立（二重独立）を宣言し，1992年には戦争となった。OSCE は1992年から現地使節団を派遣し，現地対話に加え「5＋2」（ロシア，ウクライナ，OSCE，オブザーバとしてアメリカ，EU＋モルドバ政府，沿ドニエストル共和国）の枠組みをウクライナ侵攻まで維持してきた。紛争は解決もせず，激化もせず，凍結化されている。バルトやモルドバの事例は，OSCE の予防外交・紛争予防の成功例であると言えよう。予防外交・紛争予防が成功してもそれが評価されることは比較的少ないが，OSCE の存在と活動が安定をもたらしたことに違いはない。

　チェチェン問題やコーカサス（カフカス）のナゴルノ・カラバフ紛争についても OSCE は接触を続けてきたが，紛争の再発を招いた。第1次チェチェン紛争後の1995年に OSCE は「チェチェン援助グループ」を立ち上げた。ナゴルノ・カラバフ紛争についても，ミンスク会議への議長国議長の出席（1992年）や OSCE アルバニア・プレゼンス（1997年から改称を経て2017年まで）によって関与を強めていった。しかしのちの第2次チェチェン紛争や，第2次ナゴルノ・カラバフ紛争を防ぐことができなかった。同様に2008年のロシア・ジョージア戦争の勃発も許した。

　1990年代のヨーロッパ最大の激戦地となったユーゴスラビアでは，OSCE には無力感と無念が残された。CSCE はユーゴ紛争の初期段階で，国連とともに

写真4-2　コソボから撤退する KVM（1999年3月21日）

（出所）　*Die Welt am Sontag,* 21. März 1999.

紛争の抑制に動いていたが，1992～93年のクロアチア・セルビアの民族主義勢力の跳梁跋扈を抑制する手段を有しなかった。1992年から95年にかけて激化したボスニア内戦では20万人以上が犠牲となったが，この惨劇を止めたのはNATO（北大西洋条約機構）によるセルビア人勢力への限定空爆であった（1995年のデイトン合意につながる）。同時期にコソボで武装蜂起していた KLA（コソボ解放軍）に率いられたアルバニア人勢力は，セルビアからの独立を求めていた。KLA を「テロ組織」とみなしていたアメリカが姿勢を転換した頃[6]，OSCE は停戦合意を監視するために KVM（コソボ検証監視団）を派遣した。しかし NATO の空爆開始の直前に，OSCE は撤退する（写真4-2）。

　ここにコソボでは OSCE が NATO の補完的役割を担っていることが明白となってしまった。換言すれば OSCE は，対等なはずの NATO とセルビア（あるいはそれを支持するロシア）との対話に必要な現地活動をみずから放棄したことになる。この歴史は，ロシアの OSCE 観を大きく変えることとなった。

　OSCE が最も力を注いだ地域の1つがウクライナであった。ウクライナへのOSCE の関与の事例は，少なくとも2014年まではバルトと同じく成功例として考えられていた。しかしその後，ロシア・ジョージア戦争よりもかなり深刻な結果を招いているのは承知の通りである。

3 シナジー効果

　CSCE/OSCE 単独の努力で紛争が予防できたものもあれば，NATO，EU，欧州評議会，そして国家アクター（中でもアメリカ，ドイツなど）の多元的協力によって紛争の解決に至ったものもある。紛争解決には段階がある。それぞれの段階でそれぞれの主体の強みが発揮され，紛争解決に至ることを，多主体のシナジー効果として考えることができる。そこでは，制度化が進んだ階層的秩序では対応しきれない，柔軟かつ階層（ヒエラルキー）のない安全保障構造の特徴が現れる[7]。

第4節　2000年代から2014年までの OSCE

1 OSCE の転機

　OSCE の転機は，1997年に憲法を改正して大統領権限を強化したベラルーシ大統領ルカシェンコと，人権や民主主義を監視する OSCE の AMG（諮問・監視グループ）との対立が激化し，ついに AMG が撤退に追い込まれた2002年（隣国ロシアでプーチンが大統領に就任したのは2000年）であった。AMG の「後任」となった OOM（OSCE ミンスク事務所）の任務は大幅に縮小され，さらにその OOM でさえも2011年に撤退の憂き目になった。この間，ベラルーシのみならずロシアも OSCE への批判を強めていった。1990年代の安全保障構造をめぐる観点の対立，NATO のたび重なる東方拡大は，中国の OSCE パートナーシップ国への移行希望をなきものにして，SCO（上海協力機構）設立を促し，プーチン政権の OSCE への失望と東方シフトへとつながっていく。実際に筆者が参加した HDIM（人的側面履行会議）では，各国の人権問題が並ぶ中でも，とりわけチェチェン紛争やロシアの人権侵害が批判される構図が定着してきた。それは，ロシア国内での言論の自由，結社の自由が侵害されればされるほど，その訴えの政治的回路（ブーメラン効果の結節点）が OSCE やアメリカを経由して国際化するためである。

　2010年代に入ると OSCE は停滞の時代に入る。概ね2012年前後から，イスタンブール OSCE 首脳会議（1999年）で採択された行動規範の改定は，ロシアの反対により止まってしまった。2010年の OSCE 議長国議長は，カザフスタ

ンであった。旧ソ連諸国で初めての議長国議長である。11年ぶりに開催された
アスタナ首脳会議において，156名という最多の代表団を送り込んだのはロシ
アである。アスタナ首脳会議では「安全保障共同体に向けたアスタナ記念宣言」
が採択された。この宣言では，イスタンブール首脳会議に続いて「全参加国が
同盟条約を含む安全保障枠組みを選択し変更する自由をもつ固有の権利」を再
確認し，あわせてどの国も「中立の権利」を有することにも言及された。こう
した文言は，安全保障政策を各国に委ねているゆえであり，安全保障機構では
珍しいものである。さらに「いかなる参加国も，勢力圏として OSCE 地域の
いかなる部分も考えてはならない」として現実主義的なあるいは地政学的な野
望を否定した。このような野望をあえて打ち消さねばならないところに，安全
保障共同体としての OSCE の脆弱さが看取される。なおこの宣言に対するカ
ナダの解釈宣言では，アフガニスタン（参加国ではない）への OSCE の関与が
コンセンサスルールにより否定されたことが批判された。

2　中央アジア・モンゴルへの展開

　信頼性の高い国際機構として，OSCE は中央アジアで活動を広げている。内
戦の危機にあったタジキスタンには1994年から現地使節団が派遣され，1995年
に OSCE 連絡事務所が中央アジア全域を対象に置かれた。その結果，カラー
革命等によって大きな政治変動が生じた場合でも，OSCE が国家崩壊を阻止す
る役割を果たしたと評価されている。2012年にはかつて COMECON・ブロッ
クに属していたモンゴルが OSCE に加盟し，SCO に注力する中国との関係に
微妙に影響した。

第5節　クリミア・ウクライナ以降の OSCE

1　OSCE の撤退

　ロシアのウクライナ侵攻をめぐっては，OSCE のウクライナ政策が重要に
なってくる。なぜならもともとクリミア（ウクライナ南部の半島）に自治権を与
えることを進言したのは，OSCE の HCNM だからである。クリミアではロシ
ア語系住民が多数を占めており，また同半島のセバストポリ海軍基地の扱いも

図4-3　SMMの報告によるウクライナ東部停戦
　　　　違反の数

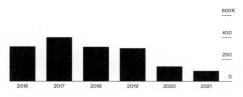

（出所）　OSCE Special Monitoring Mission のデータを基
　　　　に Bloomberg が作成。
　　　　https://www.bloomberg.co.jp/news/
　　　　articles/2022-02-18/R7I2ZBDWX2PS01

敏感な問題であった。すでに1995年，ボスニア内戦を間近にみて，OSCE使節団代表は「クリミア問題は基本的にウクライナの内政事項であるが，ヨーロッパ全体の安定を左右する『特別の性質をもった』内政事項である」と指摘している。[13]初代HCNMのファン・デア・シュトールは，同半島でのロシア語の使用の機会の拡大を勧告した。[14]またクリミアのタタール系住民の帰還と市民権獲得についても行動し，この2つは成功裏に実現した。その後もHCNMは，ウクライナのロシア語系住民，クリミアの状況，ウクライナ・ルーマニア間の民族的緊張について調査と行動を続けている。分断はあるが「古典的な民族紛争ではない」[15]と思われていたウクライナのロシア語系住民の問題は，2014年まで安定的に推移していた。

　しかし，ロシアによる2014年2月のクリミア占領とウクライナ東部侵攻は，OSCEのこれまでの取り組みを否定することとなった。しかし2014年9月にOSCEはミンスク合意1の合意を促した。それに先立ち，OSCEによる停戦監視活動としてOSCEの常任理事会は3月からSMM（特別監視ミッション）を派遣した。その後ウクライナ侵攻4日前にはロシアとウクライナの電話会談において OSCE を交えた直接協議に入ったものの，失敗に帰した。

　ウクライナ侵攻開始後の2022年3月上旬には，OSCE全参加国57のうち45の参加国がモスクワ・メカニズムの発動に賛同し，9月半ばに調査報告書が公表された。しかしそれ以上の取り組みは，紛争当事国のロシアやベラルーシが参加国である以上，「二階部分」ではコンセンサスで活動することが困難であった。「一階部分」でも，ウクライナの2つのOSCE現地使節団がいずれも撤退することとなった。むろんミンスク合意1でも認められたSMMの活動は，停戦監視にとって必須であった。しかし2017年4月にはルハンスクで，ウクライナ全面侵攻後の2022年3月にはハルキウで，SMMの要員が戦闘により命を落とした。後者は，ミンスク合意が「もはや存在しない」と否定したロシアの意

向により，2022年 2 月末にすでに SMM の撤退が決定した後のことであった。

2 　ウィーン線とブレスト線の狭間で

　冷戦後から2014年までにヨーロッパで勃発した紛争は，ほとんどが民族問題にまつわる紛争であり，伝統的な国家間の戦争ではなかった（2008年のジョージア戦争を除く）。この間に国家間戦争を防いだという意味では，協調的安全保障は機能していたと言える。

　OSCE の主要活動地帯は，中央アジアを除けば，ウィーン線（ウィーンで東西を分ける線）とブレスト線（ベラルーシとポーランドの国境）の付近であった。この地帯は，かつては NATO（冷戦終了時）とロシアの中間地帯であったが，NATO 拡大もあって，結果的に OSCE の現地活動は縮小する傾向にあった。しかしそれは 1 つの時代の終わりでもあった。ウクライナ侵攻後，NATO がロシアを事実上の「敵」と認定する時代にあって，OSCE にはロシアとどう関わっていくのかという問いが残される。予算決定がコンセンサスであるため，OSCE の「二階部分」では G20のように何らかの形でロシアと接触せざるを得ない。その前提で，「一階部分」ではロシアと NATO 諸国が同じ部屋で交渉せざるを得ないだろう。ロシアあるいはベラルーシに「コンセンサス・マイナス・ワン」が適用されることはないというのが大方の見方である[16][17]。

　その意味で，OSCE は CSCE の初期の時代のように，対立する会議を運営することに意義を見いだすという先祖返りをせざるを得ない。ロシアの反対により2021年の HDIM は開催されず，2022年は HDIM に代わり議長国議長のポーランドの主催により「ワルシャワ人的側面会議」が開催された。しばらくはこうした変則的な組織運営が続くであろう。

　逆にロシアは OSCE とどう付き合っていくのか。OSCE 研究者が集った会議では，ロシアと他の諸国（ベラルーシ，中央アジアとともに）の OSCE 撤退論が紹介された[18]。しかし本章執筆時点でそのような動きは顕在化していない。

　1990年代に共通の価値観に基づく同志的組織（like-minded organization）になった OSCE は，安全保障の原則に「体制の如何を問わず」一致を見いだすヘルシンキ宣言の精神に再度立ち戻ることになるだろう。それは，少なくとも OSCE「二階部分」が協調的安全保障の前の段階に逆戻りすることになること

を意味する。

3 同盟なき世界観の限界と利点

　協調的安全保障と包括的安全保障の2つがOSCEを動かした結果，OSCE
は実力よりも理念重視となり，「価値の共同体」としての意味づけを濃くした。
1991年のオスロ民主制度専門家セミナーにおいて当時のCSCEは「価値の共
同体」（community of values）として自己規定した。共通の価値が共同体レベル
まで国家間を結合しているのであれば，民主的平和論を援用するまでもなく，
戦争可能性は減じるはずである。たとえ力の結合（同盟）がなくとも，価値の
結合はこうした状況を可能にする。しかし，同盟が普遍的でないのと同様に，
価値の共同体も永遠のものとは限らない。同盟が「愛のない結婚」と例えられ
るのを引き合いに出せば，価値の共同体は「結婚のない愛」である。前者はい
ずれ愛が芽生えるかもしれず，後者もいずれ結婚すればよい。しかしその保証
はない。現実に民主主義は2010年代以降，あからさまに後退の危機にあり，結
果的に人権，法の支配，民主主義といった価値に重きを置く国際制度は，内部
から挑戦にさらされている。その挑戦者の筆頭がロシアである。協調的安全保
障は内部からの脅威を前提にしていないため，内部からの「造反」は致命的で
ある。

　力と価値（規範）との対立的状況が生まれた時に，むき出しの力が勝ること
がある。古くからの理想主義と現実主義の相克として考えると，ウクライナ侵
攻後のヨーロッパに，力のない平和について厳しい問いを突きつけている。

　NATOが軍事的役割を維持して東方拡大すると同時に，OSCEは協調的安
全保障の立場からフォーラム的機能を維持するとともに，紛争解決のメカニズ
ムを整えていった。しかし1990年代後半のユーゴ内戦の勃発を防止できず，ま
たコソボ紛争ではNATOの空爆に反対することなく逆に補完した。2008年の
ジョージア紛争や2014年のクリミア占領でも大国ロシアの軍事的行動になすす
べもなかった。しかし紛争の凍結（現状維持）の観点からは，OSCEはその機
能を発揮している。「NATOによる平和」「ロシアによる平和」の2つの平和
があるとすれば，OSCEはその双方を抱えるヨーロッパの一体性を維持する唯
一の枠組みである。つまり，2つの平和の併存，すなわち大国間平和を定立す

る政治空間でありえた。価値や規範ではウィーン線の西側を向き，フィールド
はその東側という構図は変わっていないが，ブレスト線の東における OSCE
のプレゼンスは縮小しつつある（前掲図 4 - 1）。OSCE は，首脳会談が10年以
上開催されず政治的訴求力が低下しているにもかかわらず，ソ連やユーゴスラ
ビアという社会主義連邦制の民族政策の失敗という冷戦の遺産に対応する唯一
の国際機構としての役割を果たしている。確かに同盟の力は必要だが，同盟に
入らない諸国にとって協調的安全保障の枠組みが求められたためである。こう
した枠組み論は，ウクライナ侵攻によって大きくバランスを崩しつつある。

推薦図書

百瀬宏・植田隆子編，1992，『欧州安全保障協力会議』日本国際問題研究所。

吉川元，1994，『ヨーロッパ安全保障協力会議（CSCE）』三嶺書房。

玉井雅隆，2014，『CSCE 少数民族高等弁務官と平和創造』国際書院。

玉井雅隆，2021，『OSCE の多角的分析』志學社。

宮脇昇，2003，『CSCE 人権レジームの研究──ヘルシンキ宣言は冷戦を終わらせた』
　　国際書院。

Anja Mihr, ed.,2010, *Transformation and development : Studies in the Organization for Security and Cooperation in Europe* (*OSCE*) *member states*, Springer, OSCE Academy.

IFSH, ed., *OSCE Insights*, Nomos Verlag（年刊）

注
（ 1 ）　協調的安全保障については，植田隆子，1992，「欧州安全保障の変動と協調的安全保
　　　障構造─欧州安全保障協力会議・北大西洋協力理事会」（『国際政治』100号）が詳しい。
　　　なお本章執筆にあたっては，筆者による過去の論稿を一部参照している。宮脇昇，
　　　2009，「CSCE を通じた人権問題の争点化──ソ連反体制派とアメリカ議会の接点」『国
　　　際政治』157号，129-141頁，宮脇昇，2000，「エストニア・ラトヴィアにおける予防外
　　　交」吉川元編『予防外交』三嶺書房，231-246頁を参照。モルドバの OSCE については，
　　　宮脇昇，2007，「OSCE（欧州安全保障協力機構）の現地活動団」『国際法外交雑誌』
　　　106巻 2 号，23-51頁。加えて筆者の OSCE 事務局でのインタビュー（2006年 9 月）に
　　　一部依拠している。また本章の図表作成にあたり院生諸氏の協力を得た。この場を借
　　　りて深謝申し上げたい。
（ 2 ）　筆者は，別著で1989年から2014年頃までを「冷戦間期」として時代設定している。
　　　宮脇昇，2021，『戦争と民主主義の国際政治学』日本経済評論社，195-223頁，同編，

2023,『ウクライナ侵攻はなぜ起きたのか』早稲田大学出版部。

（3）　この過程については，佐渡紀子「OSCE における信頼安全醸成措置」『国際公共政策研究』2 巻 1 号，219-236頁，堀田主，2021,「ストックホルム軍縮会議の再生」『ロシア・東欧研究』50号，104-125頁が詳しい。

（4）　ただしソ連側は当初，EC という共同体が東西外交の場面に登場することについて批判的であった。

（5）　この点については，吉川元，1994,『ヨーロッパ安全保障協力会議（CSCE)』三嶺書房，216-218頁が詳しい。

（6）　清嶋友喜，2019,「米国外交政策の争点形成モデル」宮脇昇編『国際関係の争点』志學社，291頁。

（7）　Dennis J.D.Sandole, 2007, *Peace and Security in the Postmodern World: the OSCE and Conflict Resolution,* Routledge, p.139.

（8）　「安全保障共同体にむけてのアスタナ記念宣言」第 3 項。

（9）　Interpretative Statement under Paragraph IV.1（A）of the Rules of Procedure of the OSCE, by the delegation of Canada, SUM.DOC/1/10/Corr.1, 3 December 2010.

（10）　1992年に中央アジア諸国が OSCE に参加する際，アメリカでは中央アジアを OSCE の範囲に含めるべきか議論があった。アメリカの元 CSCE 大使 William Hill の回想による。"Will the OSCE survive? Learning from the past, the present and other international organizations," organized CORE/IFSH, 1 July 2022.

（11）　Schlegel Steve, 2019, *International organizations and state failure prevention : the dilemma of the OSCE operations in Kyrgyzstan and Tajikistan 1998-2017,* Nomos.

（12）　この点については，玉井雅隆，2014,『CSCE 少数民族高等弁務官と平和創造』国際書院，が詳しい。

（13）　末澤恵美「ウクライナにおける予防外交」吉川編『予防外交』249頁。

（14）　西村めぐみ「OSCE の予防外交」同，65頁。

（15）　Klemens Büscher, 2013, "The HCNM in Ukraine: Conflict Prevention in a Divided Society," *OSCE Yearbook 2012,* Nomos Verlag, p.298.

（16）　2022年の OSCE の FSC（安全保障協力フォーラム）の議長は，アゼルバイジャン，ベラルーシ，ベルギーである。EU はベラルーシの議長のもとで，昨今の安全保障の問題について懸念を表明しているが，ボイコットはしていない。https://www.eeas.europa.eu/delegations/vienna-international-organisations/osce-forum-security-co-operation-n%C2%B01019-vienna-27-0_en?s=66

（17）　Cornelius Friesendorf, and Stefan Wolff, "Options for dealing with Russia in the OSCE," *Security and Human Rights,* 11 May 2022.

（18）　Andrei Zagorski（モスクワ大学国際関係研究所）の発言より（前掲注10のウェビナー）
　　＊ URL のアクセスは，2022年 9 月11日最終閲覧。

（宮脇　昇）

第Ⅱ部

変革するヨーロッパ

第 5 章

ユーロ危機と EU の政治
—— 「北」と「南」に分かれたヨーロッパ ——

■Graphic introduction■ ユーロ圏の国々

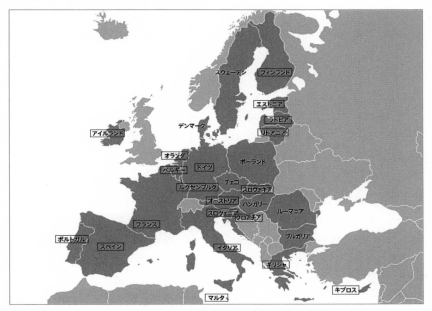

・EU 加盟国（国名表示の27カ国）とユーロ参加国（□ 20カ国）2023年 7 月現在

■本章の問い■

・ユーロ危機はどのように始まり，展開し，収束したのか。

・この危機への対応をめぐり，EU 諸国間でどのような対立が起きたのか。

・この危機は，ユーロの統治のあり方に関し，いかなる問題を提起したのか。

第1節　ユーロの導入

☐1 導入の意義

　単一通貨の導入に向けた行程は1990年代初頭，EMU（経済通貨同盟）という枠組みの設置とともにスタートした。EMUの基本的ルールは1993年発効のマーストリヒト条約の中に定められ，1995年に単一通貨はユーロと名づけられた。そして1999年，ユーロはまず銀行間取引で使われはじめ，2002年に紙幣と硬貨が人々の手に行きわたりはじめた。欧州統合が新たな段階へと踏み出したことを告げる通貨の統一であった。

　ユーロを採用する国々をまとめてユーロ圏と呼ぶ。当初は11カ国ではじまったが，2023年には20カ国にまで増え，およそ3億5000万人規模の単一通貨圏となっている。ユーロ圏では通貨を交換する手間と手数料がなくなり，輸入品の価格が上がるなどの為替変動のリスクからも解放されることとなった。仕事や買い物，旅行，留学など，人々が日々の生活の中で単一通貨の恩恵を受ける場面は数多い。

　ユーロ導入は，ヨーロッパの国際関係にとって大きな意味を持つ。単一通貨導入に向けた具体的な動きがはじまったのは，冷戦終結の時期，まさにベルリンの壁が崩壊し，東西に分かれていたドイツが再び統一に向かおうとしていた時期にあたる。だが，フランスやイギリスなどはドイツ再統一に難色を示していた。特にフランスには，2度の世界大戦で自国が隣国ドイツに蹂躙された過去があり，統一して巨大化する同国に警戒心があった。そこでドイツは，フランスやイタリアなどが求めてきた単一通貨導入に踏み切る決断をした。通貨を共にし，ヨーロッパの協力の枠組みに統一ドイツをしっかりと埋め込むことで，自国は脅威を与える存在にはならない，そう決意を示したのである。

　ドイツやフランスのみならず，第1次世界大戦や第2次世界大戦の時に敵として戦い合った国々の多くが，今ではユーロを採用している。冷戦時代に東側に属していた国々もユーロ圏に加わるようになってきた。ヨーロッパの国々を結びつける，欧州統合のシンボルとしてのユーロである。

2　ユーロの基本的な仕組み

　ユーロ圏に入るためには厳しい条件が設けられている。その条件とは，①物価上昇率をユーロ圏で最も低い 3 つの国の平均値から1.5％以内に収めている，②政府長期国債の金利をユーロ圏で最も低い 3 つの国々の金利の平均値の 2 ％以内に収めている，③GDP 比で財政赤字を 3 ％以下に，政府債務残高を60％以下に抑えている，④直近 2 年間の対ユーロ為替相場が安定している，の 4 点である。これらの条件をすべて満たした国は，ユーロを自国通貨として採用することができる。ただし，デンマークとスウェーデンはみずからの意思で参加を見送っており，EU 脱退前のイギリスも参加しなかった。

　ユーロに関する政策には，非対称的な特徴があるとよく言われる。一方において，通貨政策は統合され，ユーロ諸国は政策金利の変更や，通貨の発行，通貨の切り下げを独自には行わなくなり，ドイツのフランクフルトにある ECB（欧州中央銀行）と各国の中央銀行から構成される枠組みの中で，一元的に決定されることになる。他方で，財政政策は統合されておらず，各国が独自に行い続ける。景気を刺激するための公共事業，出産・育児支援，貧困層支援など，多額の財政移転が伴う政策は各国が行い続けている。

　ただし，ECB がインフレを抑制するために金利を高く設定したのに，一部のユーロ諸国が財政支出を拡大させると矛盾が生じ，意図した政策効果が出にくくなる。また，ある国が過度の財政支出をして危機に陥ると，他のユーロ諸国にもその危機が飛び火しかねない。そういった問題が起きないように，各国は EU 基本条約（現行はリスボン条約）と安定成長協定のもと，GDP 比で財政赤字を 3 ％以内に，政府の債務残高は60％以内に抑えることが原則として求められている。

　加えて EU 基本条約には，他国の債務を EU（欧州連合）あるいは他のユーロ諸国が引き受けないとする，いわゆる「非救済条項」がある（EU 運営条約第125条）。また，ECB による国債の直接購入を禁じる条項もある（同123条第 1 項）。これらの規定は，のちに述べるように，ユーロ危機への対応をめぐる交渉で，危機に陥った国々や銀行への支援の可否をめぐって論争の対象となった。

第2節　ユーロ危機の展開

1 危機前の経済状況

　2000年代，ユーロ諸国間で経済状況が大きく乖離する状況ができており，それがのちのユーロ危機につながっていく[2]。一方において，ドイツやフランスなどの諸国の経済成長はにぶく，低インフレの状態にあった。他方，イタリア，スペイン，ポルトガル，ギリシャといった南欧諸国とアイルランドの経済は好調で，インフレが進んでいた。その乖離ゆえ，ドイツやフランスなどの資金が景気の良い南欧に大量に流れ込んだ。スペインなどではインフレが進行しているわりに，ユーロ圏の一律設定で金利が低くなっており，銀行は資金調達がしやすく，たくさんの企業や人々が融資を受け，住宅市場を中心にバブル経済が起きていた。

　その状況で2007〜8年に始まったのが，アメリカのサブプライムローン問題に端を発するグローバルな金融危機である。証券会社のリーマン・ブラザーズの経営破綻は，その危機を象徴する出来事である。サブプライムローン関連の証券に大量の資金を投入していたヨーロッパの金融機関は大きなダメージを被った。南欧の経済は，それまでは国外から入ってくる資金によって支えられていたが，その資金の流入も突然停止した。苦境に陥った国々は，政府が大量の国債を発行して銀行の救済などに乗り出し，その結果，政府の債務が大きく膨らんだ。

2 危機の始まり

　ギリシャは，この危機の時に国債を大量発行し，EU内でGDP比で最も多くの債務を抱え込んだ国である。しかも，ギリシャ政府は当初，その財政状況の悪化を実際よりも過少に発表していた。2009年10月，総選挙を経て誕生したパパンドレウ新政権がその虚偽を明らかにした。

　この発表が引き金となって，ユーロ危機がはじまる[3]。金融市場で信用を失った同国の国債は大量に売られ，長期国債の金利が急上昇した。ギリシャ政府は当初，緊縮政策を講じながら自力で解決を図ろうとしたが，状況は悪化の一途

を辿り，デフォルト（負債や利子を期日までに払うことができない債務不履行）の危機に直面し，まもなくEUに財政支援を求めることとなった。

　しかし，ギリシャの要請に応じるかどうか，EU内の意見はなかなかまとまらなかった。多くの国々が支援をやむなしと考える中，ドイツが難色を示したのである。ドイツは，財政規律が緩く，しかも粉飾決済によって問題を引き起こしたギリシャを救うことはモラルハザードを引き起こすと考えた。EU基本条約には「非救済条項」があるのだから財政支援はできないはずとも主張した。ドイツ政府内で特に支援に否定的であったのはショイブレ財務相で，ギリシャには支援の前に制裁が必要で，同国のユーロ圏離脱すらありえると国内紙のインタビューに答えていた。当時，ドイツではギリシャ支援に反発する声が出ており，重要な州選挙も控えていたため，政府は支援に後ろ向きになっていた。

　そのように協議が難航している間に，金融市場の混乱は一段と進んだ。その差し迫った状況になって，ドイツも重い腰を上げて2010年5月にギリシャ支援に同意した。援助を行う主体は，欧州委員会（EU代表），ECB，IMF（国際通貨基金）の3者で構成される「トロイカ」であり，総額1100億ユーロの支援である。その支援と引き換えに，ギリシャには厳しい緊縮と構造改革が条件として課された。公務員の給与削減，年金制度の見直し，付加価値税率の引き上げ，アルコール飲料，たばこ，燃料などの税率の引き上げなどである。この支援はすべて返済が必要なローンであり，当初はギリシャへの懲罰的な意味を込めて5％台の金利がつけられた（だが，厳しすぎたとしてのちに引き下げられる）。トロイカは3カ月ごとにギリシャの改革の実施状況をチェックし，問題があると判断した時には，支援が停止される仕組みであった。

3　危機の広がり

　この危機では，ギリシャ国債を持っていた他国の銀行も苦しい状況に陥った。また，ギリシャと同じように多額の債務を抱え込んだ他の南欧諸国も投機の標的となり，続々と国債が売られる事態となった。この危機の広がりに，EUではまず，財政支援を行うための臨時の仕組みを急ごしらえで整えた。欧州委員会が資金調達し，運用する欧州金融安定メカニズムと，ユーロ圏の各国政府が保証する債権を発行して資金調達を行う欧州金融安定ファシリティとい

う3年限定の支援機構である。アイルランド，ポルトガル，ギリシャがこれら
の制度から支援を受け，当面の危機をしのいだ。

　危機は一時，小康状態に入ったが，2011年半ばから2012年半ばにかけて再び
猛威を振るった。ギリシャの経済状況は一向に良くならず，政府の緊縮の努力
にも緩みが生じ，財政赤字削減の目標が達成されていなかった。そこでユーロ
諸国は予定されていた支援金の支払いを遅らせることとした。2011年10月，
ユーロ圏は，緊縮の徹底を絶対条件にギリシャに第2次支援をすることでひと
まず合意した。しかし，首都アテネなどで大規模な反緊縮デモが連日続き，国
会は緊縮策を採択はしたものの，与野党内から強い反発の声が出ていた。その
不安定な状況で，パパンドレウ首相は政治的な賭けに打って出た。第2次支援
を受けるかどうかを国民投票にかけると，他のEU諸国に相談せずに発表した
のである。その突然の発表に金融市場はいっそう混乱した。

　ドイツのメルケル首相とフランスのサルコジ大統領は，パパンドレウ首相と
直ちに面会し，国民投票を止めるよう迫った。(5)両首脳は，ギリシャはユーロに
残りたいのかどうかも問いただした。選択肢は2つ，緊縮のもとで支援を受け
るか，それともユーロ圏から抜けるのか，決断を迫ったのである。グレグジッ
ト（Grexit），(6)すなわちギリシャのユーロ離脱が現実味を帯びた瞬間であった。

　結局，パパンドレウ首相は国民投票の実施を取りやめ，第2次支援を受ける
選択をした。ギリシャにとって，国の破綻を防ぐには支援が必要で，その支援
を受けるためには緊縮を続けるほかなかった。政治的な賭けに敗れたパパンド
レウ首相の命運も尽き，首相の座から降りることとなった。2012年2月，第2
次支援として1300億ユーロがギリシャに与えられることになった。それは欧州
金融安定メカニズムを通じた支援である。この支援の条件には，ギリシャ国債
の民間保有者がその債権の53.5%分を自発的に低利率の同国国債と交換し，政
府債務を減免する「ヘアカット」も盛り込まれた。

　スペインとイタリアの危機も，いっそう深刻化していた。当時のEUの中で
4番目と5番目の経済規模を持つ両国である。もしも財政が破綻すると，その
ダメージは計り知れず，さらにフランスやベルギーへの危機の広がりも懸念さ
れる状況となっていた。そうした最悪の展開を回避すべく，EU諸国は恒常的
な支援枠組みの設立に動いた。3年限りで設立されていた欧州金融安定ファシ

リティを引き継ぐ，欧州安定メカニズムの設立である。最大5000億ユーロの融資能力を有し，スペインは2012年と2013年に，キプロスは2013年に，そしてギリシャは2015年以降の第3次支援の時に，この新設のメカニズムからの支援を受けた。なお，イタリアはその支援は受けず，緊縮政策を実施しながら自らの立て直しを図った。

［4］ 欧州中央銀行の効果的な対応

　これらの財政支援とは別個に，ECBは独自の政策対応を繰り出した。2010年5月に「欧州証券市場プログラム」を発動し，危機国の国債を購入しはじめた。ただし国債の直接購入を禁じるEU基本条約に抵触しないように，間接的に流通市場で購入することとした。

　ECBは2011年と2012年には，銀行に対して低金利で1兆ユーロを超える資金を供給する施策（LTROと呼ばれる長期リファイナンシングオペ）に打って出て，銀行の破綻防止に努めた。銀行の中には，その資金をもとに，危機国の国債を購入したところもあり，危機国の財政破綻リスクも軽減させた。そして，より目に見える効果をもたらしたのが，2012年7月，ECBのドラギ総裁による「ユーロを救うために欧州中央銀行は何でもやる覚悟がある。私を信じてほしい。それで十分となる」との発言である。この発言を裏付けるべく，ECBはOMT（Outright Monetary Transactions）という危機国の短期国債を無制限に購入するプログラムも発表した。このOMTに対しては，ドイツ連邦銀行が反対し，EU基本条約の国債の直接購入を禁じる条項に反するのではと疑義が呈されていた。だが，ドイツ連邦銀行のその主張にメルケル首相は与せず，ECBのOMT採択を黙認したという。

　ドラギ総裁のその発言とOMTの発表によって，市場は一気に安心感に包まれることとなった。懸念されていたイタリアやスペインなどの長期国債利回りは低下していった。2013年に入ると，ユーロ圏全体の経済成長率は上向きに転じ，失業率も改善に向かった。アイルランドを皮切りに，スペイン，ポルトガルが支援プログラムから脱却していった。ECBはその後も手を緩めず，2014年に，銀行による民間への貸し出しを促すべく，マイナス金利の導入やTLTROという銀行向けの低金利融資を開始した。さらに2015年には，資産購

入プログラムという量的緩和策も繰り出すようになり，危機克服に邁進した。

[5] ギリシャの危機と収束

　他の国々が立ち直りをみせる中，ギリシャの苦境は続いていた。厳しい緊縮政策のもと，国は税収不足で，企業の倒産が相次ぎ，失業者が続出していた。その苦境にあえぐギリシャで，反緊縮を打ち出して支持を集めたのが，チプラスが率いるシリザ（急進左派連合）である。彼は厳しい緊縮を強いられている状況を「従属」だと表現し，その従属からの脱却を目指すと国民に訴え，支持を広げた。2015年1月に首相の座に就くと，彼はトロイカ，中でもドイツに公然と立ち向かった。対するドイツでは，ショイブレ財務大臣らが，ギリシャのユーロ圏からの一時的離脱を再び口にしていた。

　実はこの時，フランスやイタリア，スペイン，ベルギーなどはギリシャの負担を軽減すべきと主張していた。だがドイツ，オランダ，オーストリア，フィンランドは首を縦に振らず，緊縮を厳格に求める方針は揺るがなかった。手詰まり感が広がる中，チプラス首相は国民投票の手に打って出た。EUが求める緊縮を続けるかどうか，ギリシャの人々に問う国民投票の実施を発表したのである。この発表は混乱に拍車をかけた。ギリシャへの第2次支援は次の支援が決まらずに終了した。国庫は枯渇し，IMFのローンを返済できずにデフォルトに陥り，延滞措置を受けることとなった。人々が銀行やATMに殺到したため，ギリシャ政府は銀行の営業停止や，預金引き出しと海外送金に制限をかける措置をとらざるを得なかった。

　国民投票では，緊縮への反対が61％と賛成の39％を上回る投票結果が示された。だが，その結果をもってしても，ドイツなどは緊縮緩和を許さなかった。そうなると当然，折れざるを得なかったのはチプラスの方であった。ギリシャにとって，ユーロ圏にとどまりつつ財政危機から抜け出すためには，緊縮を受け入れ，第3次支援を受け取るしか道は残されていなかったのである。結果，年金はさらにカットされ，付加価値税も引き上げられ，レストランや観光名所の島々の税率も引き上げられることとなった。混沌とした2015年であったが，第3次支援を受け取ったギリシャは徐々に立ち直りをみせ，2018年に支援プログラムから抜け出した。

　長く続いた危機はここに収束した。一時はユーロ崩壊論なども聞こえてきた
が，結局のところ，崩壊することもなく，ユーロ圏から離脱する国も出てこな
かった。なぜユーロ圏は崩壊しなかったのか。まずおさえておきたいのは，
EUに集う政治リーダーたちは，ユーロから離脱する国を出さずに，ユーロを
保全することを第一と考えていた点であろう[8]。危機の最中，離脱国が出たとな
ると，他の国々も離脱するのではとの推測が働いて金融市場はさらに不安定化
し，より大きな経済的，政治的ダメージをユーロ圏にもたらしただろう。それ
を回避するという点において，EUに集うリーダーたちの認識は一致してい
た。確かにドイツ政府内からはギリシャのユーロ離脱が示唆されていたが，そ
れはあくまでギリシャが緊縮を続けなかった場合に限っての話であり，ギリ
シャがユーロ圏から抜けたくはなく，緊縮を続けたため，離脱に向けた現実の
動きにはならなかった。

　そのようにユーロ圏から離脱する国を出さないという政治的な基本路線を前
提に，EUは危機国に財政支援を行い，ECBもさまざまな対応策を順次繰り出
していった。危機を抑え込むのにとりわけ効果的であったのは，ECBの一連
の政策対応である[9]。その対応がなければ，危機は収拾がつかなくなり，いまあ
る形でユーロは存続しえなかっただろう。ユーロを離脱する国が出てきた可能
性も否定できない。危機を抑え込み，離脱国が出てくる事態を生み出さなかっ
たECBの功績は高く評価されている。

第3節　制度改革

1 制度的な問題

　この危機の発生や悪化には，経済通貨同盟がもともと内包していた制度的な
問題も関与したと考えられている[10]。ここでは次の3点に絞って指摘しよう。1
つ目は，経済危機に陥った国を援助する仕組みが整っていなかった点である。
EU基本条約には「非救済条項」があり，それを盾にドイツなどはギリシャ支援
になかなか同意しなかった。金融市場がギリシャは助けられることはないのでは
と考えても仕方ない状況であり，南欧諸国の国債の売却に拍車がかかっていた。

　2つ目は，財政規律が徹底されなかった問題である。EU基本条約と安定成

長協定のもと，ユーロ諸国は財政赤字を３％以内，政府債務残高を60％以内に抑えることが求められる。だが，ユーロ導入後まもなく，ドイツやフランスなどがその数値を上回る財政赤字を記録したことがあったが，その２つの大国の赤字は事実上容認され，制裁も受けなかった。その前例もあり，南欧諸国の財政赤字の拡大に歯止めをかけにくい状況となっていた。

　３つ目は，金融市場の規制・監督の問題である。危機前，金融市場を規制・監督する権限は，各国の中銀や金融当局が担っていた。だが，通貨が統一され，国境を越えた金融取引が一気に増大する中，一国の金融当局だけで監督するには困難な状況が生まれていた。しかも，各国間の金融規制の厳しさには差があり，その間隙を突いて，ハイリスクの投資や融資が横行するようにもなっていた。2007〜8年のグローバルな金融危機で，そのリスクが現実なものとなった。大きな不良債権を抱え，ヨーロッパの銀行は甚大な被害を被ったのである。

2　北と南の政治対立

　このように危機で露呈した制度的な問題に対処すべく，EU は改革に着手した。改革の論点は多岐にわたったが，主だったものとしては，財政支援の制度構築，財政規律の強化，銀行同盟の創設がある。それらの政治交渉で，EU 内の意見はしばしば北と南に分かれた[12]。北の陣営にはドイツを筆頭に，オランダ，オーストリア，スウェーデン，デンマーク，フィンランドが入り，南の陣営には，フランス，イタリア，スペイン，ポルトガル，ギリシャが入った。

　北の諸国には，緩慢に財政支出を拡大して危機に陥った南欧をなぜ自分たちが助けなければならないのかという不満があり，国民からも厳しい視線が投げかけられていた。ただし危機を食い止めなければ，自分たちにもダメージが大きく降りかかってくるため，支援制度の構築に同意はするが，厳しい緊縮の条件を課し，支援額も少なめに抑え，かつ，財政規律を徹底させるためのルールの強化を要求した。それに対し南の陣営は，自分たちの国の財政や銀行がより保護される制度改革を求めた[13]。財政支援を受ける条件はできる限り厳しくない方向で，また，財政規律などのルールも自分たちに過度の制約や負担がかからない方向での妥協を求めた。

　交渉力の観点からすると，ドイツを中心にお金を出す北の諸国の立場が必然

的に強くなった。南の国々は何よりもまず支援を早めに受け取らなければならない差し迫った状況であったため，北の国々が求めるさまざまな条件をのまざるを得なかった。また支援を受けるという弱い立場ゆえ，団結して激しく抵抗するということもしにくかった。

3 財政支援制度の構築

　2010年6月，3年期限の欧州金融安定ファシリティがユーロ諸国間の政府間条約に基づいて設立された。当初，ドイツを筆頭とする北の諸国は，危機の責任はギリシャにあるとして，その支援機構の設立に反対していた。だが，フランス，スペイン，イタリアや欧州委員会はドイツに支援機構の立ち上げに同意するように切実に訴えかけた。フランスのサルコジ大統領に至っては，感情をむき出しにしながら，自国のユーロ離脱まで示唆してドイツに同意を強く働きかけたという[14]。最終的にドイツは折れ，このファシリティの設立に同意したが，ギリシャなど支援を受ける国々には厳しい緊縮と構造改革が条件として課されることとなった。フランスと南欧諸国は厳しい条件を付けることに反対したが，財政支援を可能にする制度の構築を優先せざるをえず，受け入れた。

　その3年限りの支援制度を恒常的な機構に発展させたのが欧州安定メカニズムである。そのメカニズムの創設をめぐっても，北と南で意見が分かれた。ドイツなどは厳格な条件と監督のもとでの小規模支援のメカニズムを志向し，それに対して，フランスやベルギーおよび南欧諸国は，緩めの条件で大規模の支援メカニズムの設置を求めた。妥協の大枠は何度も会談を重ねたメルケル首相とサルコジ大統領の両名によって作られた[15]。その妥協の結果，南欧諸国が強く求めた欧州安定メカニズムの設立で合意し，その代わりにドイツなどの北の国々の意を汲んで，その資金は小規模となり，かつ，後述するように6パックや財政協定などの財政規律を強化するための制度の導入も図られることとなった。

　なお，危機国への財政支援の資金調達のためにユーロ債を導入すべきとの声も，危機の最中定期的に上がっていた。導入に積極的であったのは欧州委員会，ECB，フランス，ベルギー，ポルトガル，ギリシャなどであった。しかし，ドイツ，オランダ，フィンランドは，ユーロ債導入によって危機国の緊縮継続への意欲に緩みが出かねないとして，そしてそれ以上に債務の共有化によっ

て財政力の弱い南の国々の債務に責任を負いたくはなかったため，拒否した。

4　財政規律の強化

　欧州安定メカニズムの設置と引き換えに協議されることとなった財政規律の強化だが，その手始めに6パックという法令が2011年末に導入されている。それらの法令により，各国財政の中期計画や経済状況などが危機につながるリスクを抱えていないか，EU の中でチェックされることとなった。過剰な赤字を出した国にとられる手続き（過剰赤字手続き）が強化され，それに加えてマクロ経済が過度に不均衡な状況となった国に対する手続き（過剰不均衡手続き）も導入され，該当する国にはその是正が働きかけられる仕組みとなった。

　この交渉の中で，ドイツは安定成長協定に違反した国に対して，理事会での投票権を一時停止する措置の導入を提案していた。フランスは消極的ながらも妥結を優先してその案に一度乗りかけたが，ルクセンブルクのユンケル首相など，他の多くの首脳が強く反発し，実現されなかった。その導入には，EU 基本条約の改正が必要だが，その時間的余裕も危機下の EU にはなかった。

　6パックに続いて，これもドイツのイニシアチブで「経済通貨同盟における安定・協調・統治に関する条約」という政府間条約が2012年に結ばれた（発効は2013年1月）。この条約は財政協定もしくは財政コンパクトとも呼ばれ，そこで各国の憲法などに財政均衡のルールを記載することが義務づけられることとなった。南の国々は躊躇したが，ドイツが欧州安定メカニズムの導入のためにはこれが必須の条件だと主張したため，この条約を受け入れざるを得なかった。ただし，この条約にはイギリスが反対し，またチェコも憲法上の理由があり，両国を外した政府間条約となった（のちにチェコは入る）。この条約のもと，財政均衡ルールの国内法化が適切になされたかどうか，疑義がある場合には欧州司法裁判所の判断を受ける。また，条約参加国は，構造的財政赤字（景気変動の影響を受けない赤字部分）を GDP 比で0.5％以内に抑えることが求められ，それを超えた場合には是正手続きが進められる。過剰赤字手続きもさらに補強され，ルールの詳細が詰められるとともに，より迅速に手続きが進められるようになった。特に安定成長協定の数値を大幅に超え，是正勧告を受けても十分に改善しなかった国に対しては，欧州委員会が提案し，それに対して理事会で

特定多数決による反対票が集まらなかった場合（逆特定多数決という）には，当該国の GDP の0.2％に当たる制裁金が科される。しかも，この条約の前文には，欧州安定メカニズムからの支援を受けるためには，この条約の批准が必要との文言も盛り込まれた。

　2013年になると，さらに 2 パックと呼ばれる法令も追加された。これも北の諸国が求めて導入されたもので，ユーロ諸国は毎年10月までに，翌年の自国の予算案を欧州委員会と他のユーロ諸国に提出し，チェックを受ける体制となった。欧州委員会が問題ありと判断した場合は，その予算案に修正を求める。また，ユーロ諸国は，国債の発行計画についても，欧州委員会と他のユーロ諸国に事前に通知することとなった。

［5］　銀行同盟の始動

　2012年以降，EU は銀行同盟の創設にも動き出した。[16]当時のファンロンパイ欧州理事会議長の提案では，この同盟は単一監督メカニズム，単一破綻処理メカニズム，預金保険制度という 3 本の柱から成り立ち，前 2 者は合意して運用がはじまったものの，預金保険制度は導入の見通しが立たないまま今日に至る。

　第 1 の柱の単一監督メカニズムのもと，ユーロ圏の銀行の監督権限は ECB に移管された。ただし銀行の数が多すぎること，また，ドイツが自国の小規模の銀行を単一監督システムから外したがったことから，大銀行のみが ECB による直接的な監督下に置かれることとなった。中小銀行の日々の監督は各国の当局に委ねられるが，ECB が介入することも可能である。

　第 2 の柱の，単一破綻処理メカニズムの創設をめぐっては，激しいやりとりが展開された。争点は多岐にわたったが，その 1 つの大きな争点は，銀行の再建・破綻の際の金銭的負担を誰が担うのかであった。ドイツ，オランダ，オーストリアなどはできる限り自国の予算や納税者に負担がかかってこない仕組みを求め，それに対してフランスやイタリア，スペインなどは幅広いソースから多くの資金を集めて，バックアップとして万一の事態に備えておく必要性を訴えた。交渉では両者が歩み寄り，次の妥協が導かれた。銀行が危機に陥った時，まずはその銀行の債権を持つ者がその損失を負担するベイルインが適用される。その上で，新設の単一破綻処理基金のもとに，参加国の銀行から積み立

てた資金を充当する仕組みとなった。公的資金をバックアップとして使う可能性も排除されずに残る。また2018年には，各国銀行から資金を積み立てていく移行期間中に生じた不足分を，欧州安定メカニズムの資金で補うことも合意された。

　第3の柱の預金保険制度は導入の見込みが立っていない。南欧諸国や欧州委員会は導入したがっているが，他国の救済に自国の税金が使われることにドイツなどが拒否反応を示しているからである。現状では，ユーロ諸国は10万ユーロまでの預金を保護することになっている。

第4節　ユーロの統治のあり方

　EU は，ユーロ危機という厳しい試練をどうにか乗り切った。しかし，この危機で，ヨーロッパ各地で EU に批判的な欧州懐疑勢力が勢いづくこととなった。欧州懐疑主義については本書の第7章で詳しく論じられるため，ここではユーロ危機との関連でのみ，その問題の一端に触れることとしたい。

　危機以前から，各国選挙や欧州議会選挙において，欧州懐疑政党の支持は増大傾向に，そして EU を肯定的にとらえ，各国で政権を担ってきた中道左右の政党の支持は低下傾向にあった。ユーロ危機は，この傾向をさらに強めた[17]。危機に苦しんだ南欧諸国では，ギリシャのシリザやスペインのポデモス，イタリアの五つ星運動や同盟といった政党が，緊縮を押し付けてくる「ブリュッセル」や「トロイカ」に対峙するスタンスをとって，支持を伸ばした。フランスの大統領選に挑戦し続けているルペンはもともと EU に否定的だが，彼女もユーロ危機の際に一時，自国のユーロ離脱やユーロ廃止を訴えている時があった。ドイツでは新政党「ドイツのための選択肢」が2013年に設立され，ギリシャ支援への反対を声高に訴えていた。

　本章で述べたように，ユーロ危機への対応をめぐって，EU はしばしば，北と南に意見が分かれて対立した。危機は一応の収束をみたが，EU の対応に北と南の一部の層は不満や反発心を強く抱いていた。北の諸国の中には，南の諸国を支援せざるを得なかったことに反発を覚えた層がいる。南の諸国には，緊縮によって一定期間，より厳しい苦境に追い込まれた層がいる。そのようにし

て生まれた不満や苦しみを土台に，欧州懐疑勢力は各地で伸長したという側面があることは否定できない。

　この危機は，通貨を共にしていながら，国境を越えた連帯はなかなか発達していないという現実を EU に突きつけた。この現実に EU はどのように向き合うのだろうか。ユーロ改革の議論は危機後も続いている[18]。また，中・東欧の国々もユーロ圏に入るための基準を徐々に満たしてきており，そういった国々にも欧州懐疑勢力はいる。2020年に始まった新型コロナウイルス感染症（COVID-19）の危機においては，財政支援のあり方をめぐって一時，ユーロ危機の時と同じように北と南に国々が分かれて対立する局面があった。このように懐疑勢力や国々の対立の構造を抱えつつ，ユーロは将来へ向かってどのように発展してくのだろうか。ユーロのあるべき姿は模索され続ける。

(推薦図書)

遠藤乾，2016，『欧州複合危機――苦悶する EU，揺れる世界』中央公論新社。

小川有美，2022，「ポストナショナルな経済危機と民主主義――ヨーロッパ政治の縮減・再生・拡散」山崎望編『民主主義の未来はあるのか？』法政大学出版局。

神江沙蘭，2020，『金融統合の政治学―年欧州金融・通貨システムの不均衡な発展』岩波書店。

田中素香，2016，『ユーロ危機とギリシャ反乱』岩波書店。

田中素香・長部重康・久保広正・岩田健治，2022，『現代ヨーロッパ経済（第 6 版）』有斐閣（2018年刊行の第 5 版も参考となる）。

中村民雄，2014，「ユーロ危機対応と EU 立憲主義」『日本 EU 学会年報』第34号，128-154頁。

蓮見雄・高屋定美編著，2021，『沈まぬユーロ――多極化時代における20年目の挑戦』文眞堂。

注

（1）　池本大輔，2019，「欧州統合の再出発――単一欧州議定書とマーストリヒト条約，一九八四～一九九三年」益田実・山本健編著『欧州統合史――二つの世界大戦からブレグジットまで』ミネルヴァ書房，211-214頁。

（2）　Copelovich, M., Frieden, J. & Walter, S., 2016, "The Political Economy of the Euro Crisis", *Comparative Political Studies,* Vol.49（7），pp.817-819.

（3）　ユーロ危機の展開について主に参考にしたのは，田中素香，2016，『ユーロ危機とギ

リシャ反乱』岩波書店，15-42頁。田中素香・長部重康・久保広正・岩田健治，2018，『現代ヨーロッパ経済（第5版）』有斐閣，143-156頁。Copelovitch et al, *Ibid.*, pp.814-817. Hodson,D. & Puetter, U., 2022, "The Euro Crisis and European Integration", Cini,M. & Pérez-solórzano Borragán, N.（eds）*European Union Politics*, 7th edition, Oxford University Press, pp.375-380.

（4）　"Erst die Ftrafe, dann der Fonds", *Frankfurter Allgemeinen Zeitung*, 24 März 2010.

（5）　"How the euro was saved", *Financial Times*, 12 May 2014,

（6）　Grexit とは Greece（ギリシャ）と exit（退出）をかけ合わせた言葉である。ブレグジット（Brexit）という言葉もあり，それはイギリスの EU 脱退を指す言葉である。

（7）　シリザの選挙キャンペーン動画より。〈https://www.youtube.com/watch?v=qLO08QSPgZA〉

（8）　Schimmelfennig, F., 2015, "Liberal Intergovernmentalism and the Euro Area Crisis", *Journal of European Public Policy*, Vol.22（2），pp.177-195.

（9）　田中・長部・久保・岩田，前掲書，162-173頁。

（10）　ユーロ危機の原因についての諸説については，神江沙蘭，2020，『金融統合の政治学——欧州金融・通貨システムの不均衡な発展』岩波書店，125-135頁。

（11）　制度改革の詳細については，中村民雄，2014，「ユーロ危機対応と EU 立憲主義」『日本 EU 学会年報』第34号，128-154頁。

（12）　Lehner, T. & Wasserfallen, F., 2019, "Political Conflict in the Reform of the Eurozone", *European Union Politics*, Vol.20（1），pp.45-64.

（13）　Morlino, L. & Sottilotta, C, E., 2019, "Southern Europe and the Eurozone Crisis Negotiations: Preference Formation and Contested Issues", *Sothern European Society and Politics*, Vol.24（1），pp.1-28.

（14）　"How the euro was saved", *Financial Times*, 12 May 2014.

（15）　Degner, H. & Leuffen, D., 2019, "Franco-German Cooperation and the Rescuing of the Eurozone", *European Union Politics*, Vol.20（1），pp.89-108.

（16）　銀行同盟の政治過程については，神江，前掲書，159-180頁。Howarth,D. & Quaglia, L., 2014, "The Steep Road to European Banking Union", *Journal of Common Market Studies*, Vol.52 Annual Review, pp.125-140. Jones, E., Kelemen, R, D. & Meunier, S., 2016, "Failing Forward? The Euro Crisis and the Incomplete Nature of European Integration", *Comparative Political Studies*, Vol.49（7），pp.1010-1034.

（17）　小川有美，2019，「欧州危機と『政治化／民主主義の赤字3.0』」『日本 EU 学会年報』第39号，10-12頁。

（18）　ユーロの改革についての最近の議論の動向については，太田瑞希子，2022，「ユーロの今後：ユーロ制度改革の成果と課題①：金融同盟」，伊藤さゆり，2022，「ユーロの今後：ユーロ制度改革の成果と課題②：財政同盟の課題と復興基金の意義」須網隆夫編『EU と新しい秩序』日本評論社。

（武田　健）

第 6 章

移民難民問題と EU の対応
——ウクライナ難民危機と EU 出入国管理レジームの課題——

■Graphic introduction■ EU 加盟国・シェンゲン参加国・ダブリン規則参加国

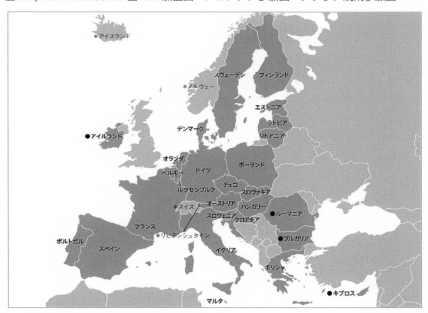

・EU 加盟国：▅▅▅ 27カ国
・EU 加盟国の中でシェンゲン協定が未実施の国（●の 4 カ国）
・ダブリン規則参加国（EU 加盟国＋＊の 4 カ国）

■本章の問い■

・ウクライナ難民（避難民）の受け入れとそれ以前の難民受け入れの EU 制度上の違い
　は何か。また，その違いはどのような政治的な理由により生まれたのだろうか。

・CEAS（欧州共通庇護体系）はどのような経緯で発展したのか。

・移民外交の意義と限界は何だろうか。

第1節　ウクライナ難民危機と庇護体制

［1］ ウクライナ難民危機の特性

　UNHCR（国連高等難民弁務官事務所）のデータによれば，2022年2月のロシアによるウクライナ侵攻後，同年8月30日現在，700万人を超える人々がヨーロッパに避難した。そのほとんどは，同年3月2日にEU（欧州連合）が発動した「一時的保護指令」に基づく避難民として欧州諸国に入国している。

　ウクライナ難民（避難民）のケースに特徴的なのは，EUや欧州諸国が極めて迅速に対応したということである。従来，EUや加盟国は難民の受け入れに対して非常に厳しい対応をとってきた。特に，ポーランドやハンガリーなどの東欧諸国は，2015年のシリア難民危機の際，EU加盟国間での難民受け入れ負担を公平に分担するという欧州委員会からの提案に非常に激しく抵抗した。しかし，ウクライナ人に対しては非常に寛大な門戸開放（Open Door）を行っている。

　東欧諸国による，このように極端な対応の違いは，ヨーロッパ人すなわちキリスト教文化圏に属する白人とそれ以外の人々に対する差別であると国内外のメディアは報じた。実際，ブルガリアのペトコフ首相は，報道機関によるインタビューに対して，「ウクライナ人は身元が分からない，テロリストかもしれないような人々とは違う」と答えている。この発言は多分に人種差別的要素を含み，論争を招くものであるが，同時にペトコフ首相は，ウクライナ人の入国を「おそれる」必要がない，とも述べている。すなわち，東欧諸国にとって非ヨーロッパ人，とりわけイスラーム文化圏からの移民や難民は国家にとっての脅威であるという認識がここに示されている。

　東欧諸国が特に移民や難民に対して防御的である理由については多くの見解がある。一方では，移民や難民の流入が従来の多様な民族（エスニック集団）間関係に影響を与え，国家の不安定化につながることを政権がおそれているという説明がある。その反対に，もともと単一民族に近い人口構成であるがゆえに外国人の受け入れに消極的であるという考察もある。また，他の欧州諸国と比較してそれほど多くの外国人を受け入れているわけではない国で，外国人忌避

（ゼノフォビア）の程度が存外に高いというケースもあげられる。いずれも，包括的な因果関係の説明には至っていないが，2022年のウクライナ難民危機以前の難民危機に対する東欧諸国の消極的な受け入れ体制は国内政治における論争を招くことはなかった。そして，ウクライナ難民の受け入れに関して，2022年9月現在，政局を揺るがすほどの大きな国内政治変動は見受けられない。

　しかし，この違いを単なる文化的，社会的問題とだけ結論づけるのは早急である。ウクライナ難民の受け入れは通常の庇護体制，すなわち申請者個人に難民資格を認めるかどうか，という受け入れ政府の判断を要するものではなく，前述の通り，一時的保護という EU 指令に則ったものである。このルールのもとでは，ウクライナからの避難民は一定期間 EU 加盟国に滞在し，その期間においては就労も含む諸々の権利が与えられる。しかし，それは，難民のように原則として無期限に移住先で生活する権利とは異なる。2022年2月以前にも，ウクライナから EU 加盟国への難民申請は少なからずあった。しかし，「難民」と認められたウクライナ人の数はごく少数であった。したがって，本国民の持つ権利により等しい権利を享受できる難民資格を与えることは，申請者の国籍にかかわらず，どの EU 加盟国も躊躇するという説明も可能である。

2　一時的保護と庇護体制の違い

　他方で，それでもなおウクライナ難民（避難民）への対応の違いをあえて理解しようとするならば，そもそもなぜロシアのウクライナ侵攻後，極めて迅速に一時的保護指令を EU が発動できたのか，という問題が提示されよう。シリア，スーダン，ミャンマーその他の世界各地で起こっている強制移住の問題に対して，なぜ EU は同様に一時的保護指令で対応できなかったのだろうか。

　実のところ，一時的保護指令は，1993年に勃発した旧ユーゴスラビア紛争の結果生じた難民問題に対応するものとして初めて制定された EU 法である。そして，旧ユーゴスラビア紛争，そして上述のウクライナ侵攻危機以外の紛争や内戦には適用されていない。この選択的対応を EU や加盟国がとる背景には，対象国との独特な国際関係がある。言い換えれば，恒常的な庇護体制は，庇護申請者の出身国と受入国との間で当該事案についての外交関係の構築が難しい場合に選択されやすい，極めて非政治的（アポリティカル）な体制であるという

ことができるだろう。

　元来，庇護，すなわち国家による難民資格の付与を正当化する体制は，1951年に制定された難民条約（ジュネーブ難民条約）および1967年の同附属議定書（ニューヨーク・プロトコル）という国際法や慣習法を規範的な支柱として発展してきた。冷戦期は，米ソ二極対立という国際構造の中で，難民保護のための国際協力は，実際には国際政治の動向に大きく影響を受けた。しかし，冷戦後はそのような政治的影響は薄れ，UNHCR や法律家，また官僚の主導による極めて技術的（テクニカル）な体制として発展してきた。もっとも，それは EU 加盟国の寛大な受け入れ体制の整備には必ずしもつながらず，むしろ，より厳格な受け入れ体制となった。本章ではこの経緯を，欧州統合の発展と関連づけて明らかにする。

第2節　EU 出入国管理レジーム：その成立と発展

1　シェンゲン体制の成立

　ヨーロッパの地域統合は，域内においてモノ（財）やカネ（資本）にとどまらず，ヒト（人）の自由移動まで達成目標に据えた点で特異な性質を持つものであった。他の地域に先駆けて人の自由移動が統合の課題として浮上した背景には，欧州統合が本格的に稼働した第二次世界大戦直後のヨーロッパにおいて，原加盟国のイタリアがこれを強く希望したという事情があった。イタリアは第二次世界大戦によって壊滅的な打撃を受けた国内経済の復興と，人口増による過剰労働力の解消という問題を戦後直後から抱えていた。このため，ECSC（欧州石炭鉄鋼共同体）の設立に向けたシューマン・プランの制定に向けた外交交渉の場ですでに，イタリア人労働者の越境労働にかかる規制を撤廃するよう働きかけていた。

　実際に人の自由移動が欧州統合の公式の達成目標となったのは，1987年の単一欧州議定書（Single European Act）制定時であった。しかし，ここで目指されたヒトの自由移動（FMP）は，モノやカネの自由移動に付随する規制の撤廃に過ぎなかった。イギリスは FMP 政策を積極的に推し進める立場であったが，「共通パスポート」政策（実際には，パスポートへの記載事項や域外諸国へのビ

ザの発給要件などを統一する政策）や労働市場の規制緩和などに賛同する一方で，国境での検問撤廃には強硬に反対していた。このため，後者の政策領域の共通化は，欧州統合の公式なプロセスから離れたところで行われた。それが，1985年に制定されたシェンゲン協定（Schengen agreement）であった。

　シェンゲン協定は，（西）ドイツ，フランス，ベルギー，オランダ，ルクセンブルクの 5 カ国間で定められた，隣接する国境での検問を撤廃するための条約であった。同条約は1990年後にシェンゲン実施条約として改正され，2022年現在は27カ国が参加国となっている。[(2)]

　シェンゲン実施条約は，1997年の欧州連合条約改正（アムステルダム条約）によって，同条約の附属議定書へと編成され，以後は EU 加盟国にとっては「シェンゲン・アキ（Schengen acquis）」と呼ばれる EU 法となっている。シェンゲン実施条約の批准国には，EU に加盟していないスイスなどの国も含まれる。また，EU 加盟国であってもシェンゲン・アキに加盟していない国はアイルランドである。これは，離脱前のイギリスが非加盟であったことを受けてのアイルランドの対応の結果である。

　なお，イギリスとアイルランドの間では当時すでに，自由移動が認められていた。また，キプロス，ブルガリア，ルーマニアの 3 カ国は，シェンゲン体制への参加国（つまりシェンゲン諸条約への締約国）であるものの，その執行にあたっては，国境での検問撤廃を安定的に行うための諸条件（組織犯罪への対応など）を満たすことを要請されている段階である。したがって，2023年現在においては，これら 3 カ国は，他のシェンゲン加盟国と同様に域内での国境検問を廃止する措置が未だ設けられていない。

　このような経緯で，域内の隣接国境におけるパスポートチェックが不要となり，同時に，域外に向けた共通の国境管理を目的とする「シェンゲン体制」が成立した。シェンゲン体制は，人の自由移動への物理的な障壁を撤廃したという点で，FMP 政策ひいては単一市場政策へプラスの影響を与えるものとして，欧州統合推進者たちに歓迎された。しかし，自国の意思により不参加（適用除外）が決定できたイギリスやアイルランドと対照的に，第 5 次拡大（2004年）以降の EU 加盟国は加盟の条件としてシェンゲン体制の参加が義務づけられていた。この点で，シェンゲン体制は加盟国間での不公平性を内包するもので

あった。シェンゲン域外諸国と国境を接する南欧や東欧諸国に国境管理上の負担が集中することも，かねてより問題視されていた。

　シェンゲン圏の内外を移動する個人の情報は，SIS（シェンゲン情報システム）と呼ばれるデータベースにより保管されることとなった。しかし，これは主に空港での非EU市民を主な対象とするパスポートチェックを基にするシステムであり，EU市民が域外に渡航した後にテロ行為に関わったり，難民と偽装しシェンゲン圏に入国しテロ行為に与する個人の情報を事前に把握したりすることができないという欠点があった。この欠陥は，2015年にシリアから大量の難民（庇護申請者）がEU域内に入国した後にパリやブリュッセルで起こった難民による連続テロ事件が起こった際に明るみに出ることとなった。[3]

2 人の自由移動政策と成立しなかった共通移民政策

　シェンゲン体制は，人の出入国管理や国境警備を含む国境管理をめぐる加盟国間の連携上の問題を明らかにした。これは，他方では，EU（シェンゲン）圏に入国や滞在ができる人の条件，つまり，EU圏へのアクセス権をいかに統一的に規定するか，という課題として浮上した。EU域内の人の越境移動は，FMP政策とシェンゲン・アキの双方に関わる政策目標であったため，シェンゲン・アキの適用除外国であったイギリスやアイルランドも参加する形で，この政策領域の共通化が議論されることとなった。

　まず，1993年の欧州連合条約改正（マーストリヒト条約）において，EU域内を自由に移動することができる権利を有するのはEU市民のみ，と定められた。同時に，EU市民とはEUのいずれかの加盟国の国籍を保有する個人に限定された。一連の決定は，1973年のコペンハーゲンEC首脳会合において当時加盟国9カ国が「ヨーロピアン・アイデンティティに関する宣言」を採択したことに端を発する。これは，当時経済面で先行していた欧州統合を政治，社会的にも進めようとする政治的な努力の結晶であった。しかしながら，1990年代においてすでに第2世代，第3世代にわたってEU加盟国内に居住していたトルコ人労働者（家族）などは，EU市民権を獲得するためにはEU加盟国の国籍をまず取得する必要があることが明らかになった。

　その他，経済目的でEU加盟国内への移住を希望する人への政策は，原則と

して加盟国の政策として展開されている。つまり，EUに共通のルールは定められていない。例外として，高度技能保持者の誘致政策である通称「ブルー・カード」指令が2009年に制定された[(4)]。また，これに続き，季節労働者の受け入れ保護に関する指令，企業内転勤者についての指令，合法的な入国者の各種許可申請手続きの統一化，簡素化を定めた指令などが成立している[(5)]。

　2023年現在のEUでは，経済目的での合法的な越境移動者は，上記の例外的な第三国出身者（EU加盟国以外の国籍保持者），EU市民，もしくは，加盟国による独自の受け入れプログラムによって入国している外国人（労働者）のいずれかである。

　EU市民は，就労先が決まっていなくても，域内を自由に移動し，居住することができる。このため，加盟国国民による域内移動が頻繁に行われていると思われがちである。しかし，統計によれば，多くの加盟国における「外国人」の主体はEU域外からの入国者である[(6)]。また，EU離脱前のイギリスにおいては，他のEU加盟国出身者数は2016年をピークに減少傾向にあるが，2016年の時点においてでさえ，インド系などEU域外からの出身者に比べて少なかった[(7)]。この傾向は近年に限ったことではなく，欧州単一市場政策を推し進める立場からは問題視されていた。なぜかといえば，自由貿易圏，関税同盟を経て規制緩和などの非関税障壁の除去を進める欧州統合のシナリオにおいては，EU市民の域内自由移動の活性化が単一市場政策の成功を左右する1つの条件であったからである。実際にそのシナリオ通りとはならなかったのは，労働市場の硬直性，言語や習慣の違う国に居住することを躊躇する人が多数であるといった文化的な要因などが原因であった。

3 ダブリン体制と共通難民政策

　そして，シェンゲン体制によって発展した共通政策は，むしろ，EU域外からの人の移動，つまり，EU市民ではない人の移動管理分野であった。EU加盟国は，原則として域外からの経済目的による人の移動を認めていなかったので，議論の焦点は，経済目的ではない人の移動管理，つまり難民政策と，不法滞在や入国への対策，つまり不法移民政策に向けられることになった。

　このうち，EU加盟国間の難民政策の共通化はシェンゲン体制を契機に進め

られたという点で特徴的である。具体的には，シェンゲン体制は庇護体制の共通化，つまり，EU 加盟国がどのような人に難民資格を与え，また保護するのかを判断する基準を同一化する必要性を促した。この動きは，シェンゲン空間の誕生によりほぼEU 全域内における隣接国境での検問手続きが廃止された結果，EU 市民のみならず世界中の誰でも，域内を自由に移動できるという事態が生じたことに対する治安当局の懸念に端を発するものであった。

　実際に域内での検問手続きが廃止される以前，すでに1980年代後半の時点で，欧州諸国に向けた庇護申請件数は増加した。多くはアフリカなどからの申請者によるものであった。当初は，（西）ドイツなど比較的寛大な難民受け入れ政策を行っている国への申請が目立ったが，1992年にドイツは基本法を改正し，難民資格を与える基準（庇護基準）を厳しくした。その後，周辺の EU（シェンゲン）加盟国への庇護申請件数が増加したことから，これらの国々は競って庇護基準を厳格化した。このことは，「最低基準へ向けた競争（"race to the bottom"）」であるとして人権擁護団体などから批判を受けた。

　同時に，治安当局の間でも，難民政策の加盟国間協力体制を伴わないままシェンゲン空間が維持されるとなると，複数のシェンゲン加盟国や，また同じ国に何度も庇護申請を行い，審査期間中にシェンゲン圏内に潜伏するという形での不法入国や滞在のケースが増えることが問題視されていた。

　このような問題の解決に向けて，EU 加盟国はまず，1990年に「ダブリン条約」を締結した。ダブリン条約は，EU（当時 EC〔欧州共同体〕）加盟国の中で個人の庇護申請を審査する責任国を定めるための条約である。これによると，例外を除き，庇護申請を行う個人は EU 加盟国の中で最初に足を踏み入れた国（第一次庇護国）に庇護申請を行うこととなる。そして，第一次庇護国を経由して別の加盟国へ庇護申請をした場合，その国は庇護申請の責任を負わず，申請書類や申請者本人は第一次庇護国へ送還されることになる。

　ダブリン条約への批准国はイギリス含む EU（当時 EC）全加盟国に加え，以下の EFTA 加盟国（アイスランド，ノルウェー，リヒテンシュタイン，スイス）である。EU 加盟国にとっては，ダブリン条約は2003年にダブリン規則（Dublin Regulation）という EU 法となった。また，イギリスは EU 離脱に際して2020年にダブリン規則から脱退している。

　ダブリン規則（条約）においては，庇護申請者の情報はユーロダック（EURODAC）と呼ばれるデータベースにより管理されている。2015年シリア難民危機（後述）の際には，このユーロダックと SIS のデータベースの相互補完性が十分でなかったために，偽装難民によるテロを防げなかったことが批判された。

　ダブリン規則は庇護申請者が望むとされる比較的裕福な国（ドイツなど）への申請を未然に防ぐという意味で効果的であったが，他方で，南欧や東欧諸国など，（海域を含む）域外国境と隣接する国の負担を増すこととなり，この点で不公平なシステムであった。EU はこの不公平性を解消するために，難民政策分野の加盟国間協力を進め，CEAS（欧州共通庇護体系）と呼ばれる制度枠組みを整備した。これは，一方では欧州難民基金（European Refugee Fund）などを通じて資金面での公平な分配を目指すものであった。他方で，加盟国間での難民受け入れ基準の差異を解消することを目的に，受け入れ条件指令（2003年），資格指令（2004年），庇護手続き指令（2005年）といった EU 法（指令）が制定された。CEAS では，国際法（難民条約）が定める基準にとどまらず，人道的な配慮に基づく庇護申請者の保護も対象とされた。しかし，CEAS は実際に大規模で突発的な難民へ対処する国にとって十分な支援機能を果たしていない。例えば，イタリア南部のランペドゥーサ島にアフリカから簡易なボートで目指す人の流れは2000年代後半以降に顕著となり，住民数をはるかに超える庇護申請者へのベルルスコーニ政権（当時）の対応に島民が大きく反発した。また，2013年には難民船の難破事故が発生し多数の死者を出した。同時期には，フランスの北西部，英仏間ドーバー海峡に面するカレー市などにイギリスへの入国を目指す多くの庇護申請者が駐留し「ジャングル」と呼ばれるようになった。このほか，英仏間の国際鉄道用のトンネル「ユーロトンネル」での難民の圧死事故，英仏海峡を渡る難民船での事故などが続発し，2020年代現在に至るも後を絶たない。

　また，大量の難民への対応に迫られる国々の中には，世界的な金融危機のあおりを受けて国内の政治経済的安定を図ることがそもそも困難な国も登場した。最も典型的な国であるギリシャでは，債務危機（2010年）への左派政権の対応が EU や主要加盟国であるドイツなどから大きな批判を受けただけでな

く，ギリシャ国内の混乱を増加させた。結果，ギリシャでの庇護審査は十分な人権への配慮を伴うものではないとの欧州人権裁判所や欧州司法裁判所の判断を招き，ダブリン規則に基づく庇護審査責任体制（＝ダブリン体制）の実質的な崩壊につながることとなった。[(8)]

　他方，バルト諸国や東欧諸国においては，難民問題は，ポスト冷戦期における喫緊の脅威であるロシアとの間の，また，国内におけるエスニック（民族）問題の再燃に関わる安全保障上の問題と密接に関わる問題として提示された。このため，これらの国々はダブリン体制に独自の対応をするようになった。

第3節　移民，難民をめぐる政治とシェンゲン／ダブリン体制の動揺

［1］移民外交の展開：域外諸国とEU（加盟国）関係

　EUの移民外交（Migration Diplomacy）――人の移動管理を目的とする対EU域外国際協力のための外交――が展開されたのは，2000年になってからのことである。2年前の1998年に，当時EUの議長国であったオーストリアがドイツとともに「人の移動政策に関する戦略報告書（戦略報告書）」を提出した。EU加盟国がもはや域内の連携だけでは域外からの庇護申請への対応を十分にできないこと，大量の難民がEU域内における安全保障上の脅威になりつつあることなどが，そこに言及されていた。

　「戦略報告書」が生まれたのは，EUの主要な加盟国において移民や難民の問題が政権闘争に関わる程度まで重大な国内政治上の問題となりつつあった時期とほぼ軌を一にしていた。フランスでは，移民や難民の排斥を公約に掲げていた極右政党の「国民戦線」（現在の「国民連合」）の当時の党首であったルペンが2002年の大統領選挙で決選投票まで残り，フランス政界は激しく動揺した。また，2005年，フランスとオランダは国民投票において欧州連合条約の改正を意味する「欧州憲法条約」の批准を否決した。この背景には，同条約を批准した場合，トルコのEU加盟が現実化するのではないか（したがって，トルコ人のEU域内自由移動が実現するのではないか），という国内世論の懸念があったといわれている。このほか，オランダ，ベルギー，ドイツなど欧州統合を推進してきた原加盟国において次々と移民排斥を公約に掲げる政党が支持を拡大するよ

うになった。これらの政党はEUからの離脱も併せて公約に掲げていたため，加盟国の中道大政党だけでなくEU推進派も危機感を共有するようになった。

　EU加盟国が志向する政策調和の1つの選択肢として，不法入国／滞在者の摘発や予防に向けた対策の共通化があった。実際，不法入国／滞在はしばしば，人身売買や麻薬など違法物の取引，その他の組織犯罪と密接に関連する問題であり，EUが対策を講じることは有意義であった。しかし，そのためには警察や検察の加盟国間協力の進展が必要であり，そして，ほとんどの加盟国はこれらの政策領域での排他的権限の維持を志向し，超国家化を敬遠した。⁽⁹⁾これが，EUが域外国との連携に踏み出した1つの要因であった。

　域外国との連携は，EU側から，EU加盟に準ずるような経済連携を域外国に提示する代わりに，相手国が出入国管理上の負担を請け負うように交渉するものであった。実際にどのような経済連携を交渉カードとするかは相手国との関係性によって決められた。2000年，EUは外相理事会のもとに「庇護と人の越境移動に関するハイレベル作業グループ（HLWG）」を編成し，アルバニア，モロッコ，ソマリア，スリランカ，アフガニスタン，イラクの6カ国を相手国とした交渉を開始した。この相手国の選定はEU加盟国からの要望に基づくものであったこと，また，欧州委員会も香港やマカオとの交渉を別途開始するなどを照らし合わせると，EUによる移民外交は重層的な展開をなしたと言えよう。

　移民外交は，人の越境移動管理，とりわけ入国管理を一国だけが請け負うという負担の不公平性を二国間あるいは多国間の協力により解消する試みという点で，特に出入国管理の実務にあたる行政部門や極右政党との政権闘争に苦慮する既成政党から評価された。しかし，越境移動者を擁護する立場にある人権NGO（非政府組織）は，個人が希望しない国へ移送されるおそれがあるとしてこれを厳しく非難した。もっとも，EUや加盟国は，外国人の人権擁護や避難民への人道的配慮という問題の重要性を国際法や慣習，あるいは道義的観点から認めたものの，難民によるテロ事件が頻発し，庇護申請者の急激な増加が受け入れ地方自治体の行政システムを破綻させるなど受け入れ社会の不安定化につながったことを受け，人の越境移動を安全保障問題ととらえることで移民外交を正当化した。この傾向は2023年現在まで続いている。

　しかしながら，移民外交を推し進めようとする側にとって，新たな問題も浮上している。それは，この種の外交の構造的な問題，言わば囚人のジレンマ的な状況に起因している。例えば，EU は他国に受け入れ負担の分担を要請するが，他国は本来協力したいわけではない。このため，EU は他国への資金援助や経済援助を約束することになるが，他国は EU からの資金援助を受けた後に非協力を選択することもできるし，EU からの経済援助を断ることもできる。したがって，他国との信頼醸成を達成するためには EU からの説得が必要になるわけだが，これが一定期間有効であるためには相当の外交的な努力が必要になるということである。

　この構造的な問題は実際に外交上の課題として浮上している。例えば，2016年の「EU＝トルコ声明」において，EU はトルコ政府へ30億ユーロ（加えて，2018年末までに追加で30億ユーロ）の資金援助を行うという約束に加えて，トルコ人へのビザ（査証）自由化を将来的に目指すという案を交渉のアジェンダに据え，EU 域内に非合法に滞在していたシリア避難民をトルコに送還するための合意を取り付けた。しかし，その後トルコのエルドワン首相は EU による約束が反故にされているという理由で，シリア避難民の受け入れを躊躇するジェスチャーを示した。同時に，当時シリア紛争をめぐって関係が悪化していたロシアとの関係修復に乗り出し，EU 側を牽制しようともした。このように，避難民の受け入れ負担分担は，協力相手側にとって外交上の切り札として利用される場合もある。

　実際に，権威主義国家の独裁的リーダーは，大量の難民移動を外交上の駆け引きに好んで利用してきた。2009年，リビアのカダフィ政権はイタリアのベルルスコーニ政権との間で二国間協定を締結し，イタリアからの経済連携の強化を約束させた。また，2021年11月，ベラルーシのルカシェンコ大統領は，中東からの難民希望者をリトアニアやポーランド国境に集結させ，EU による自身への経済制裁の解除を要求するための外交上の脅しに利用した。いずれも，独裁者に決定的に利するような結果には至らなかった。しかし，人の越境移動が意図的に，一時的であっても対応する国家への脅威となりうる，という悪しき前例となったことは確かである。

2　シリア難民危機（2015年）と「リロケーション案」をめぐる加盟国間攻防

　EU が志向する移民外交の脆弱性は，１つには，それが難民受け入れをめぐる責任転嫁システムであることに起因する。これについて，ダブリン体制そのものが同様のシステムであり，それが EU 域外に展開されているという見解がある。

　特に，シェンゲン体制やダブリン体制への参加を義務づけられることになった第５次拡大以降の加盟国である東欧諸国は，EU の共同体政策として難民政策の共通化が進められることに反発を抱くようになった。

　東欧諸国と EU との衝突が最も顕在化したのは，2015年のシリア難民受け入れの負担分担をめぐる議論においてであった。実は，この議論はダブリン体制の４回目の改正案を協議するものであった。前述の通り，1990年ダブリン条約は2003年に EU 規則となったが（ダブリン規則），この時点ですでに，庇護審査の責任分担を EU の権限で行うことへの限界が指摘されていた。具体的には，庇護責任国に対してどこまで法的責任を求めるのか，違反した国への罰則規定を設けるのか，などが争点となっていた。そして，2013年に，欧州委員会の発議による改正案（ダブリン III）が提示され，当時すでに問題となっていたギリシャやイタリアの庇護審査システム不備を理由に，第一次審査国ではない国での庇護審査を可能とするかが協議されていた。もともと，UNHCR や人権NGO などから，特にギリシャでの庇護審査体制が非人道的であるとの非難を受けていたが，欧州人権裁判所と欧州司法裁判所の相次ぐ判決を受け，十分な保護体制がない移送先に移送を試みようとすること事態が難民保護に関わる義務違反となることになった。

　この状況のもと，2015年９月にドイツのメルケル首相の受け入れ決断を契機に，ヨーロッパには130万人余のシリアからの難民が入国した。そして，彼らの庇護審査および保護の分担システムの確保が，次のダブリン改正案（ダブリン IV）として2016年に提示された。これは，従来のダブリン体制の原則を覆し，一度 EU 域内に入国した難民（申請者）を第一次審査国ではない国が審査するシステムを構築しようとする目的を持つ案であったため，「リロケーション案」と呼ばれている。

　リロケーション案は多くの加盟国，特に東欧諸国からは従来のダブリン体制

からの明らかな逸脱であるとみなされた。また，この改正案は加盟国による全会一致ではなく，理事会が大きな決定権を持つ特定多数決により理事会決定（Council Decision）として成立した。2007年のリスボン条約以降，EU 法の採択手続きは原則として通常立法手続き（特定多数決での票決を行う理事会と欧州議会の権限が比較的大きいもの）ではあったものの，国益に死活的に影響する事案については，全会一致の採決が例外的に行われるという不文律があった。したがって，リロケーション案は結果的に，規則（Regulation）や指令（Directive）といった EU 法に比べて法的拘束力の弱い決定（Decision）となったものの，ハンガリーなどの東欧諸国はその意思決定のあり方に大きく反発した。

　一連の攻防は，第 5 次拡大後の加盟国である東欧諸国が EU 内における影響力を行使するきっかけになった。それは，例えば EU 法秩序のあり方をめぐる EU とポーランドとの論争や，ポーランド，ハンガリー，チェコ，スロバキアの 4 カ国で構成するヴィシェグラード諸国（V 4）と呼ばれるサブグループが EU 決定に対して共同声明を発出する中で焦点化された。

　他方で，東欧諸国との対立は，連帯の危機に直面したときの EU のガバナンスの脆弱性を浮き彫りにした。当時欧州委員長であったユンケルは元ルクセンブルク首相であったことも関係して親欧州統合路線が際立った。また，ユーロ危機の克服に際して半ば強引な制度化を断行したが，同様の手法を難民受け入れ分野にも適用させようとしたことが，連帯の危機を招いた一因であるともいえる。他方で，2019年から欧州委員長を引き継いだライエンは，2020年のリロケーション案改革案において，東欧諸国に一部妥協する姿勢をみせた。しかし，この妥協案は，受け入れ負担分担を EU への支払いにより免除するという内容であったため，難民保護の人道的観点から NGO に批判された。

第 4 節　ポスト・ウクライナ危機における難民保護の展望と課題

　ウクライナ難民危機を受けて，ヨーロッパでは，ウクライナ人以外の強制移住の被害者に向けた受け入れ体制をあらためて構築できるかが議論されている。道義的観点からは，イスラーム文化圏やアジア・アフリカなど世界各地からの避難民を受け入れる体制の整備が望ましい。しかし，大量の移住者が流入

することにより社会が混乱することへの一般市民の恐怖や，潜在的な外国人労働者の流入が，失業率の上昇や賃金の低下など，国内労働市場に与えるであろう悪影響も度外視できない。中央政府は，国民生活の安定的確保と人道支援とをいかに両立するかといった難題に直面している。

　これまで，EU の主要加盟国における国民の社会不安は，しばしば新興の極右政党など外国人排斥を唱える政党への支持に向かい，中にはそのような政党が政権を獲得する国も生まれている。他方で，明白な外国人排斥を意図しないものの，EU が推し進める人の越境移動管理の共通化は，移民外交の促進を受け入れ負担分担の責任転嫁のための手段として利用する方向に進んでいる。しかしながら，ウクライナ難民（避難民）危機を経て，EU が難民保護の領域においても連帯する可能性が示されたことは望ましい兆候である。これを契機として，世界に 1 億人近くいると言われる避難民問題の解消に EU がリーダーシップを発揮することが期待されている。

(推薦図書)

安藤研一，2017，「『ヒトの自由移動』と EU 統合理念の動揺」『ロシア・ユーラシアの経済と社会』第1014号。

池本大輔・板橋拓巳・川嶋周一・佐藤俊輔編，2020，『EU 政治論——国境を越えた統治のゆくえ』有斐閣。

伊藤武・網谷龍介編，2021，『ヨーロッパ・デモクラシーの論点』ナカニシヤ出版。

岩間陽子・君塚直隆・細谷雄一編著，2022，『ハンドブック　ヨーロッパ外交史——ウェストファリアからブレグジットまで』(Minerva KEYWORDS 10) ミネルヴァ書房。

岡部みどり編，2022，『世界変動と脱 EU／超 EU——ポスト・コロナ，米中覇権競争下の国際関係』日本経済評論社。

岡部みどり，2020，「『欧州難民・移民危機』再考——EU における人の移動研究への問題提起」『上智ヨーロッパ研究』12号（特集「欧州難民・移民危機の再検討」）。

岡部みどり編，2016，『人の国際移動と EU——地域統合は「国境」をどのように変えるのか？』法律文化社。

川村真理，2003，『難民の国際的保護』現代人文社。

中井遼，2021，『欧州の排外主義とナショナリズム——調査から見る世論の本質』新泉社。

中坂恵美子，2010，『難民問題と「連帯」——EU のダブリン・システムと地域保護プロ

グラム』東信堂。

田所昌幸，2018，『越境の国際政治——国境を越える人々と国家間関係』有斐閣。

注

（１）　Council Directive 2001/55/EC of 20 July 2001

（２）　アイスランド，イタリア，エストニア，オーストリア，オランダ，ギリシャ，クロアチア，スイス，スウェーデン，スペイン，スロバキア，スロベニア，チェコ，デンマーク，ドイツ，ノルウェー，ハンガリー，フィンランド，フランス，ベルギー，ポーランド，ポルトガル，マルタ，ラトビア，リトアニア，リヒテンシュタイン，ルクセンブルグ。（地図参照）

（３）　一連のテロ事件を受けて，域外からの人の往来を管理するための規則である「シェンゲン国境コード（Schengen Border Code:（Regulation（EC）No562/2006））」が2016年に改正された。

（４）　米国の「グリーン・カード」プログラムにならったもの。「ブルー・カード」保持者は一定期間内において域内自由移動／居住の権利などが与えられる（Directive 2009/50/EC）。

（５）　それぞれ，「季節労働者指令（Directive 2014/36/EU）」，「企業内転勤にかかる指令（Directive 2014/66/EU）」，「単一申請手続き指令（Directive 2011/98/EU）」。

（６）　欧州統計局（Eurostat）によると，2021年の時点で，EU全加盟国中20カ国において，非EU市民の占める割合がEU市民（他のEU加盟国出身者）の占める割合を上回っている（https://ec.europa.eu/eurostat/web/products-eurostat-news/-/ddn-20220330-2）。

（７）　英国統計局資料（https://www.ons.gov.uk/peoplepopulationandcommunity/populationandmigration/internationalmigration/bulletins/migrationstatisticsquarterlyreport/august2019）

（８）　詳細は，「リロケーション」案についての説明として後述する。

（９）　欧州警察機構（ユーロポール），欧州検察機構（ユーロジャスト）などの機関の成立，また，欧州逮捕状といった共通の摘発制度の成立までにはこぎつけたが，それ以上の共通化には至っていない。

（10）　ダブリン規則においては，申請者が最初に上陸した国が審査責任を負う（第一次審査国）ことは前述の通り。また，2013年改正（案）の略称（ダブリンⅢ）は，ダブリン条約（ダブリンⅠ），ダブリン規則（ダブリンⅡ），に続くもの。

（岡部みどり）

第7章

多様化する欧州懐疑主義，岐路に立つ EU

——リベラリズムが揺らぐとき——

■Graphic introduction■ 各国に定着する欧州懐疑主義政党（主要なものを抜粋）

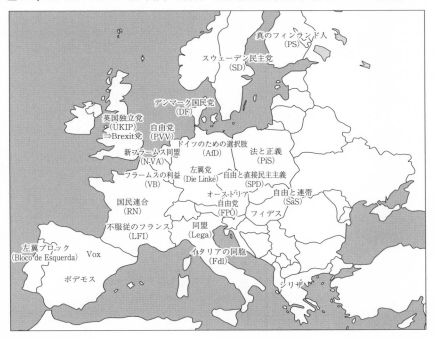

■本章の問い■

・欧州懐疑主義とはどのような政治的主張だろうか。

・欧州懐疑主義が勢力を伸ばしてきた要因は何であろうか。

・欧州懐疑主義はヨーロッパ国際政治にどのような影響を与えているのだろうか。

第1節　欧州懐疑主義はなぜ重要か

　EU（欧州連合）の存在は間違いなく，ヨーロッパ国際政治に安定をもたらす

一因である。NATO（北大西洋条約機構）やCoE（欧州評議会）あるいはOSCE（欧州安全保障協力機構）がそれぞれになくてはならない役割を果たしているにせよ，加盟27カ国を擁するEUが揺らいでしまえば，その反響は加盟国内にとどまらず，ヨーロッパ国際政治全般に波及していく。EUに批判的スタンスを示す欧州懐疑主義（Euroscepticism）が勢力を増している現在，その特徴や動向について理解を深めておくことは，ヨーロッパ国際政治の現状を把握する上で，必要な課題の1つだと言える。本章では，欧州懐疑主義が発生する構造的要因や歴史的文脈を整理しつつ，その多様性を把握しようとする現在の研究状況に触れながら，欧州懐疑主義がヨーロッパ国際政治に与える影響について，考えてみたい。

　欧州懐疑主義について学習を進めていくと，多様な政治イデオロギーに触れることになる。第二次世界大戦後，ヨーロッパの西側に関しては，キリスト教民主主義と社会民主主義の2つの政治イデオロギーが対抗し合いながらも，ともにヨーロッパの建設では合意があり，国家を超えた共同市場の創出が，多国間制度の創設を通じて目指されていった。現在のEUに結実するこうした取り組みに対する異議申し立てが，欧州懐疑主義である。ただし，その内実は極めて多様である。政党や世論の党派性を測る政治的スペクトラムに即していうと，欧州懐疑主義は，急進左派（ラディカル・レフト）から急進右派（ラディカル・ライト），またGAL（グリーン・オルタナティブ・リバタリアン）からTAN（伝統主義・権威主義・民族主義）に至るまで，あらゆるところに拠点を持つ。ハードな懐疑主義もあれば，ソフトなものもある。EU脱退を強く主張する場合もあれば，特定の政策にのみ反対することもある。本章冒頭のヨーロッパ地図に主要な欧州懐疑主義政党を書き込んでおいたが，そこにはシンプルな反EU的色彩だけでなく，政治的多様性が読み込まれなければならない。欧州懐疑主義について知ることは，現代ヨーロッパ政治のモザイク模様を把握することにもつながる。本章では，ヨーロッパ国際政治の現代的状況を理解する上で必要な範囲に記述をとどめるが，本章を読み関心が深まったとすれば，章末の文献を紐解いてほしい。

第 2 節　欧州懐疑主義の展開

1 欧州懐疑主義とは？

　欧州懐疑主義とは，EU によるヨーロッパ統合を批判する政治的主張である。さしあたって注意すべきは，これがあくまでも EU に対する批判であって，ヨーロッパという政治の枠組みを否定するものではない，という点である。CoE や OSCE が拒否されるわけではなく，NATO についても反戦・反米のイデオロギー的な非難はあるものの，欧州懐疑主義の対象にされるわけではない。加盟27カ国，人口 4 億5000万人を擁し，アメリカ，中国と並ぶ経済規模を誇り，中進国レベルの予算と加盟国法に優位する EU 法により加盟国内外に無視し得ぬプレゼンスを示しつつ，域内ではリベラルデモクラシーを，域外ではリベラル国際秩序を目指す規範パワー EU[1] こそが，欧州懐疑主義のターゲットである。ヨーロッパ統合には， 2 回もの世界大戦の反省の上に開始された，平和と和解のプロジェクトであるとする大義がある。その成果である EU には，ヨーロッパにおける大規模戦闘行為の最終的かつ絶対的な放棄により，真の本来的ヨーロッパ文明を取り戻すという歴史的使命がある。いったいなぜ，EU への根深い懐疑が，加盟各国に浸透していったのだろうか。

2 欧州懐疑主義発生の構造的要因

　その直接的な要因としては，後述のように2010年代の実存的危機[2]の到来が大きいが，それに触れる前に，構造的な要因について把握しておきたい。

　 1 つは，政治イデオロギーの問題である。EU に帰結したヨーロッパ統合は，本質的には，市場統合のプロジェクトである。したがって，左派特に急進左派からは，ネオリベラリズムを推進する EU が労働者を抑圧している，という政治的な主張が生まれる。この勢力にとって EU とは，国際大資本のための政治連合に過ぎない。また他方で，ヨーロッパ統合とは，冷戦期にアメリカがソビエトを封じ込めるために作り出した西側・大西洋同盟であり，アメリカのヘゲモニーが EU の背後に存するという理解が，急進左派，急進右派双方にみられる。この構図は冷戦後も本質的には変わらず，アメリカがロシアを封じ込

めるための補助機関が EU である，とする批判もある。2010年代実存的危機の時代には，急進右派も急進左派もともにポピュリスト政党と化して，EU 加盟国の国政に一定の勢力を築き，硬軟織り交ぜつつ，EU はネオリベラリズムの推進機関だとして，またアメリカの国益に奉仕するだけだとして——例えば EU・アメリカ間の貿易投資協定（この TTIP〔大西洋横断貿易投資パートナーシップ〕交渉は頓挫する）などをやり玉にあげつつ——批判的論調を強めていった。こうしたイデオロギーに突き動かされる政治勢力は，EU 各国に一定数存在する。

　2つ目に，EU の制度上の問題があげられる。EU を生み出したヨーロッパの建設は，何よりもエリートによる政治プロジェクトであった。特に EC（欧州共同体）時代は，統合が加盟国内で大きな政治の争点となることは少なく，一般有権者が意識しないうちに統合が進められてしまうため，「ステルスの統合」とも批判された。しかし，統合が深化していくにつれ，民主主義の不十分さが問題にされていく。総選挙による政権交代のない EU 政治に批判の目が向けられ，「国家主権を侵害するブリュッセル官僚（ユーロクラット）」との反発が高まっていった。これは EU における民主主義の赤字と呼ばれる問題でもある。それは統合が進み EU の権限が増すほどに，加盟国が EU 法の実施機関に過ぎなくなり，民主的統制が効かなくなっていくという見方であり，急進左派や急進右派のみならず，中道左派，中道右派の主流派政党にも広くみられる批判である。

　3つ目として，アイデンティティ政治の展開を指摘できる。統合が深化するにつれ，EU は加盟国内世論の強い反応を受けるようになり，その世論がどのように EU に影響していくかが，理論的にも重要な研究課題となっていった。この課題に取り組んだのが，ポスト機能主義の研究であった。⁽³⁾それによると，ヨーロッパ統合の深化は政策分野ごとに，EU が行うのか，加盟国が担当するのか（さらには加盟国内の地方政府が実施するのか，それとも民間に委ねるのか），絶えず競合する方向に進んだため（これをガバナンス・システムのマルチレベル化という），政策実施次元の選択に関して，純粋に技術的機能性だけでなく，加盟国内有権者のアイデンティティ感覚も重要になっていった。

　それにより，EU が実施する政策について，分配を求める左派と自由化を進

めたい右派が対立する利益政治と並んで，帰属意識が問題になるアイデンティティ政治が前面に出てくるようになる。難民や移民に対応する政策措置の採択が典型であるが，どの次元で決定する方が機能的か，ではなく，誰が決定するのが正統かが，各国の政治世論において，重要視されていく。こうして，ヨーロッパ・アイデンティティとナショナル・アイデンティティのどちらが強いかに応じて，EU と加盟国のいずれが政策を主導すべきかが決定される傾向が強くなっていった。EU を運営する政治エリートとは異なり，加盟国の一般有権者にとっては明らかに，ナショナル・アイデンティティの方が強い。これが政治的に利用されることに，ポスト機能主義は注目したのである。

　その具体的文脈を確認しておきたい。EU の権限や決定が国内政治の争点にされる場合，それはヨーロッパ統合の政治化（politicization）と呼ばれるが，これを意図的に引き起こし，有権者のナショナル・アイデンティティに訴えかけるという選挙戦術が，1992年の EU を誕生させたマーストリヒト条約以来，加盟各国でみられるようになる。急進左派や急進右派が反 EU ポピュリスト政党と化して，国内総選挙で EU をスケープゴートにした批判を展開し，EU を支持する中道左派・中道右派の主流派政党を責め立てていくという場合もあれば，その主流派政党がみずからの EU 支持への正統性を調達するために，EU 関連の国民投票を実施し，その結果，国民投票がかえってアイデンティティ政治の格好の舞台となり，ナショナルなものを強調する欧州懐疑主義が勢力を伸ばしてしまった，という場合もある。こうした経験を EU 各国はこれまでに何度も繰り返してきたのである。

　このように，ポスト機能主義は，エリート主導のヨーロッパ統合が加盟国内有権者に黙認されていた状態から，加盟国内世論によって抑制される段階へ変化してきた過程に注目する。この過程で生じてきたアイデンティティ政治に対応して，欧州懐疑主義が発生していったのである。

3　欧州懐疑主義発生の歴史的文脈

1）EU 誕生以前

　欧州懐疑主義の前史は，1970年代に遡るとする理解が一般的である。72年にはノルウェーが国民投票で（EU の前身の）EC（欧州共同体）非加盟を決め（加

盟反対が53.5％），20年ほど後の1994年に再び，国民投票で加盟が否決された（同52.2％）。同じく72年に加盟したイギリスにあっても，国内には根強い加盟反対勢力が存在した。1975年に実施された EC 加盟継続の是非を問う国民投票では，イギリス国民の32.8％が離脱を望んでいた。以来40年ほどのちにイギリスは２度目の国民投票を実施（2016年），EU 反対票は51.9％に達し，４年にもわたる交渉の末，イギリスは混乱のうちに EU を脱退する。ブレグジットと呼ばれるこの事態が，欧州懐疑主義の転換の時となった。というのも，この離脱過程で大国イギリスが被った貿易・投資の大きなマイナスが周知のものとなり，大陸ヨーロッパ諸国の欧州懐疑主義勢力は EU 離脱政策から距離を取りはじめ，内部から EU のあり方を変革しようと，その方針を転換しだしたからである。

２）EU 誕生後

EU 政治の研究が欧州懐疑主義に強い関心を持ちはじめたのは，EU を設立するためのマーストリヒト条約（1992年調印）批准をめぐる動きからである。デンマークでは一般市民による手弁当の反対運動もあり，国民投票で一度は同条約批准を拒否（批准反対は50.7％），ユーロ導入を義務づけないといった条件が提示され，２度目の国民投票が実施された（結果，賛成56.7％で批准）。フランスは僅差でなんとか批准を達成するが（批准反対は48.9％に上った），事前の予想をはるかに上回る反 EU 票に，ヨーロッパ統合の牽引役を自負していた当時のミッテラン政権は打撃を受けた。

その13年後の2005年に，再びフランスで，またオランダにおいても，EU の制度を改正し統合を進めるための欧州憲法条約の批准が，国民投票で否決される（批准反対はフランスで54.7％，オランダでは61.8％にも及んだ）。欧州将来像会議を２年近く開催し，各国の与野党および市民社会団体にも開かれた欧州憲法条約の民主的創出過程は，フランスとオランダの EU 市民の手によって葬られてしまった。この衝撃が，欧州懐疑主義の存在を，ヨーロッパ公共圏に強く認知させていく。

３）実存的危機の時代

そうして2010年代の，EU の実存的危機の時代が到来する。ユーロ危機，難民危機，テロの危機，ブレグジット国民投票と続く難局の中で，欧州懐疑主義は勢いづき，その勢力は欧州各国および EU レベルの政治シーンにあって，存

在感を強めていく。この危機の中で，欧州懐疑主義研究には特別な重要性が意識されるようになる。欧州懐疑主義のメインストリーミング（主流化）が生じているとも指摘された。[(4)]ユーロ危機にあって EU は緊縮財政を押しつける圧迫者と批判され，難民危機にあっては多文化社会を強制する破壊者だと弾劾される。人民の味方を僭称し，既存政党を弾劾する欧州懐疑主義政党のリーダーたちがポピュリストと呼ばれ，それが急進左派にも急進右派にも目立ってみられるようになり，EU の存在はいよいよ加盟国内で政治の争点にされ，上述の政治化がさらに激しくなっていく。

　特筆すべきが，ユーロ危機の際の南欧諸国と，2004年に加盟した旧東欧諸国である。南欧諸国では，国家財政の緊急事態にあって，欧州懐疑主義政党が EU を激しく批判，支持を獲得していく。大銀行の貸し手責任ではなく，借り手側の国家の責任を問う EU は，大企業エリートの債権回収を市民の生活救済よりも優先している，というのである。急進左派では，ギリシャでチプラス率いるシリザが政権を奪取（2015年），スペインではポデモスが[(5)]勢力を拡大していった（2016年）。急進右派では，ギリシャで黄金の夜明け（Golden Dawn）が勢力を拡大し（この政党はやがてギリシャ当局から犯罪団体として認定される），イタリアではサルヴィーニ率いる同盟（Lega）が連立政権に参加するまでに支持を集めた（2018年）。東欧諸国については，2010年にハンガリーでオルバン率いるフィデスが政権を奪取，ポーランドでは2015年にカチンスキ率いる PiS（法と正義）が総選挙に勝利する。この両党はメディアの自由や司法の独立に対する政治の介入を進め，EU の基本規範である表現の自由や法の支配を否定するかのような行為に出る。EU の超国家主義やリベラリズムに対して，主権と国民共同体を重視したイリベラリズムを主唱しはじめる（以上の南欧および東欧の動きについては表7-4を参照）。

　以上のように，2010年以降の実存的危機の時代にあっては，EU 内の分断線が南北と東西に引かれるようになり，緊縮財政に反発する南欧諸国と，EU 法の支配に対抗する東欧諸国において，欧州懐疑主義政党が目立って力をつけていくようになる。これまでに例のない強さと広がりを持った欧州懐疑主義が，加盟国内で政治の力を持ちはじめる。ヨーロッパ統合を支えてきた各国の中道右派（キリスト教民主主義系政党）および中道左派（社会民主主義系政党）は，そ

表7-1　加盟各国における欧州懐疑主義政党の躍進

2007年11月	デンマーク総選挙	：デンマーク国民党
2010年 4 月	ハンガリー総選挙	：フィデス政権獲得（2014年，2018年，2022年にも勝利）
6 月	ベルギー総選挙	：新フラームス同盟（N-VA），フラームスの利益（VB）
	オランダ総選挙	：自由党（PVV）
9 月	スウェーデン総選挙	：スウェーデン民主党（2018年に躍進）
2011年 4 月	フィンランド総選挙	：真のフィンランド人（PS）
2012年 5 月	ギリシャ総選挙	：シリザ（2015年も勝利，政権獲得）
		黄金の夜明け（Golden Dawn）
2015年 5 月	ポーランド総選挙	：法と正義（PiS）政権獲得（2019年も勝利）
2016年 6 月	スペイン総選挙	：ポデモス
6 月	Brexit 国民投票	：UKIP，保守党内欧州研究グループ（ERG）
2017年 4 月	フランス大統領選挙	：国民連合（RN）党首ルペンが第 2 回投票へ（2022年も同じ。
		得票も増）
9 月	ドイツ総選挙	：ドイツのための選択肢（AfD），左翼党（Die Linke）
10月	オーストリア総選挙	：オーストリア自由党（FPÖ）
2018年 3 月	イタリア総選挙	：同盟（Lega）
2022年 2 月	スペイン地方選挙	：VOX
9 月	イタリア総選挙	：イタリアの同胞（FdI）

（注）　それぞれの政党の欧州議会内政治グループの所属について，表7-3を参照のこと。

　の支持を相対的に縮小させてしまう。実存的危機の10年のうちに，EU を支え
てきた政治勢力の足腰は，確実に弱まっていったのである。

4）欧州懐疑主義勢力の規模

　ただし，ここで注意しておくべきは，欧州懐疑主義勢力拡大の規模である。
決して，EU 加盟を好意的にとらえる世論が激減し，EU 批判が圧倒してきた
わけではない。EU の大規模世論調査（ユーロバロメーター）によると，EU に
帰属意識を感じている市民の割合は，2022年 1 月から 2 月の調査では，58％で
あった。決定的な高さだとは言えずとも，明らかに EU の停滞が予想される数
値ではない。同じ調査で，EU 加盟諸国民が EU を信頼しているかどうかをみ
ると（表7-1），確かに EU への信頼は50％を下回っているものの，自国政府
や自国議会への信頼度と比べれば，10ポイントほど高く，NATO や UN（国連）
への信頼度とほぼ変わらない。欧州懐疑主義は，ヨーロッパ各国に広がる根深
い政治不信をベースに考える必要がある（表7-2）。

　では，欧州懐疑主義政党の勢力はどうであろうか。その大きさは，EU の欧
州議会内政治グループを基に観察可能である。欧州議会選挙は， 5 年に 1 度，

表 7 - 2　公的機関への政治不信

	信頼する	信頼しない	分からない
EU	47%	44%	9 %
NATO	45%	40%	15%
UN	48%	39%	13%
自国政府	35%	60%	5 %
自国議会	36%	58%	6 %

（出所）　Public Opinion in the European Union, Standard Eurobarometer 96, Winter 2021-2022より筆者作成。

表 7 - 3　欧州議会内の欧州懐疑主義政治グループ議席数

2014年欧州議会選挙

欧州保守改革グループ（ECR）	77議席　（9.3%）
欧州統一一左派／北欧グリーンレフト（GUE/NGL）	52議席　（6.9%）
自由・直接民主主義グループ（EFDD）	42議席　（6.4%）
民族と自由のヨーロッパ（ENF）	36議席　（4.8%）
	合　計　27.4%

2019年欧州議会選挙

アイデンティティと民主主義（ID）	73議席　（9.7%）
欧州保守改革グループ（ECR）	62議席　（8.3%）
欧州統一左派・北欧グリーンレフト（GUE/NGL）	41議席　（5.5%）
	合　計　23.4%

（注）　EFDD と ENF，および ECR の一部は，ID に合流した。
　　※　なお，選挙のあと，イギリスの EU 離脱があり総議席数が削減され，また政治グループ内の変化もあったため，本稿執筆段階（2023年6 月現在）での議席数とはズレがある。
（出所）　欧州議会の Web サイト（https://www.europarl.europa.eu/election-results-2019/en/tools/widget-country/2019-2024/）より筆者作成。

EU 加盟国を選挙区として実施される。その選挙に際して，また選挙後の議会内活動のために，類似の政治イデオロギーを持つ各国の政党が国を越えて集い，政治グループを作っている。EU はこの欧州議会内の「ユーロ政党」に政党助成金を与えている。**表 7 - 3** に，欧州懐疑主義系のユーロ政党の議席数を，また**表 7 - 4** にそのユーロ政党を構成する各国レベルの政党を，まとめておいた。掲載したユーロ政党の構成各国政党すべてがハードな欧州懐疑主義をとるわけではなく，後述のような差異がみられるものの，全体の趨勢は把握できるだろう。2014年の欧州議会選挙で27.4%を占めたのち，2019年では23.4%に微減した。この2019年選挙では，2014年選挙にもまして欧州懐疑主義政党の

表7-4　欧州議会内欧州懐疑主義政治グループを構成する政党

アイデンティティと民主主義 （ID）	欧州保守改革グループ（ECR）	欧州統一左派・北欧グリーンレフト（GUE/NGL）
＊ラディカル・ライト系	＊ライト，ラディカル・ライト系	＊ラディカル・レフト系
・同盟（Lega）（イタリア） 　　　　　　　　　24議席	・法と正義（PiS）（ポーランド） 　　　　　　　　　24議席	・不服従のフランス（La France Insoumise）　6議席
・国民連合（RN）（フランス） 　　　　　　　　　18議席	・イタリアの同胞（FdI）9議席	・シリザ（SYRIZA）（ギリシャ） 　　　　　　　　　5議席
・ドイツのための選択肢（AfD） 　　　　　　　　　9議席	・VOX（スペイン）　4議席	・左翼党（Die Linke）（ドイツ） 　　　　　　　　　5議席
・オーストリア自由党（FPÖ） 　　　　　　　　　3議席	・市民民主党（ODS）（チェコ） 　　　　　　　　　4議席	・ポデモス（Podemos）（スペイン）　2議席
・フラームスの利益（VB）（ベルギー）　3議席	・新フラームス同盟（N-VA）（ベルギー）　3議席	・統一左翼（Izquierda Unida）（スペイン）　2議席
・自由と直接民主主義（SPD）（チェコ）　2議席	・JA21（オランダ）　3議席	・左翼ブロック（Bloco）（ポルトガル）　2議席
・エストニア保守人民党（EKRE）　1議席	・スウェーデン民主党（SD） 　　　　　　　　　2議席	・ポルトガル共産党　2議席
・デンマーク国民党（DF） 　　　　　　　　　1議席	・ブルガリア国民運動（IMRO-BNM）　2議席	・労働人民進歩党（AKEL）（キプロス）　2議席
	・ポーランド連合（SP）　2議席	・独立のための変化（Independents 4 Change）（アイルランド）　2議席
	・真のフィンランド人（PS） 　　　　　　　　　2議席	

（注）　ID以外は，2議席以上の政党を抜粋した（2023年6月4日現在）。
（資料）　下記グループのWebサイトより筆者作成。
　　　　https://www.idgroup.eu/members；https://ecrgroup.eu/；https://left.eu/

勢力拡大が予想されていただけに，親EU勢力のレジリエンス（打たれ強さ，強靱さ）が指摘された選挙であった。20％強という数字は，EUを崩壊させるにはほど遠い。だが，EUの中にあってEUの足を止めるには十分な規模であることにも，留意しておきたい。

　なお，親EUのユーロ政党が2014年も2019年もともに70％前後の議席を獲得しているものの，その構成には変化があった。キリスト教民主主義（中道右派）系のEPP（欧州人民党）と社会民主主義（中道左派）系のS&D（社会民主進歩同盟）の二大政党が占める割合が低減し，代わりにリベラル（中道）系のRE（欧州刷新）およびGreens/EFA（緑の党・欧州自由連合）が勢力を拡大している。つまり，欧州懐疑主義政党の伸びを抑えたのが，このリベラルとグリーンであったのだが，それにより，親EUの構成は多様化することとなった。20％を超える欧州懐疑主義政党と，多様化してコンセンサスの難しくなった親EU政党という構図が，実存的危機の10年の最後に登場したのである。

第 3 節　欧州懐疑主義の多様性

1 欧州懐疑主義政党の特徴

　欧州懐疑主義を主唱する政党には，次のような特徴が指摘されている[6]。従来から反ヨーロッパ統合レトリックを弄してきた過激な民族主義や排外主義もしくは極左の暴力的犯罪集団とは一線を画し，欧州懐疑主義政党は各国の国政レベルで政権を担いうる存在になろうとしてきた。上述のように，欧州懐疑主義は古くは1970年代にも遡る動きであり，この主義の政党は急進右派，急進左派のいずれにも存在する。ただ，組織化された支持団体が存在しないため，支持不支持は世論の動向次第で容易に変化する。それゆえ，著名な個性的リーダーが顔となり（ルペンやウィルダース，サルヴィーニ，またオルバンやカチンスキなど），ポピュリスト政党のスタイルを採用し，エリート批判を欧州懐疑主義に絡め大衆煽動を図り，支持を集めようとする。このスタイルはかなり共通してみられるものの，政党としての主張内容は変化しやすい。例えば AfD（ドイツのための選択肢）は，結党当初は単一通貨ユーロへの批判を中心としていたが，党首交代が相次ぐ中で，ナチズムの要素が滲み出ることもあれば，EU 残留による内部からの改革を主張することもある。フランスの RN（国民連合）も当初の EU 離脱，単一通貨ユーロ放棄から変化し，EU 内部の変革を訴えるようになっていった。

　注目すべきは，欧州懐疑主義政党がトランスナショナルに連携していく傾向である。これは上述の欧州議会内政治グループつまりユーロ政党として大同団結していこうという動きである。欧州懐疑主義政党は，決して，ナショナルに閉じているわけではない。

　事例として，2016年に誕生した PlanB と呼ばれる左派勢力の連携をあげられる。これはギリシャのユーロ離脱さえ予想された，激しい財政危機に起因する動きであった。当時のチプラス政権は破綻間際まで追い詰められた財政危機から脱するため，EU・ECB（欧州中央銀行）・IMF（国際通貨基金）のいわゆるトロイカと交渉する。トロイカは金融支援の見返りに緊縮財政を求めた。これを受け入れるかどうか。チプラスは国民投票を実施する。その結果は受け入れ

拒否であったが，チプラス政権はその結果を覆して，厳しい条件に基づく支援策を受諾してしまった。左派にとって，トロイカのこの方策は許し難いエリート的やり口であった。なんといっても，ヨーロッパの大銀行の貸し手責任を問わずに，借り手となった国家の国民のみを苦しめるからである。チプラス率いる急進左派政党シリザも，内部に強い反発があった。しかし，トロイカには抵抗できなかった。

そこで，この裏切りとも呼ばれた動きに反応して，フランスの左翼急進党（Parti de Gauche），ドイツの左翼党（Die Linke），デンマークの赤緑連合，スペインの統一左翼（Izquierda Unida），ギリシャの人民連合（Popular Unity），アイルランドの社会党（Socialist Party），ポルトガルの左翼ブロック（Bloco），スロベニアの民主社会主義イニシアティブ（IDS），イタリアの共産主義再建党が集い，PlanBという名称の左派ネットワークが形成された。このPlanBを基に，2018年には「今こそ人民のために」（Maintenant le people!）というネットワーク組織が結成される。この組織はEUの拡大とヨーロッパ大の所得再分配を志向しており，この方向に進まない限り，EUには不服従すべしと主唱している。[7]

同様の動きは急進右派にもみられる。2021年9月にオルバン（フィデス），ルペン（国民連合），サルヴィーニ（同盟），カチンスキ（法と正義）が，欧州議会選挙へ向けた協力を協議している。しかし，2022年2月のロシアによるウクライナ侵略後，親ロシアのオルバンと親ウクライナのカチンスキは反目し合い，オルバン率いるフィデスの参入は難しい状況にある。

［2］ 欧州懐疑主義の多様な類型

以上のように欧州懐疑主義政党にはトランスナショナルな連携がみられるにしても，対EU批判の中身については多様であり，変容もしている。最近の欧州懐疑主義研究の中心的な課題が，この多様性の把握方法であった。代表的な概念枠組みをここで紹介しておこう。[8]

欧州懐疑主義は，大きくはハードなものとソフトなものに区分されるが，急進右派の場合，それはシンプルに，EU脱退かそれ以外かに対応する。EUの体制も価値も根本的に拒否し，脱退を志向するハードな懐疑主義に対して，EU内部から国家主権を回復する方向で改革を目指すソフトなタイプの懐疑主

表 7 - 5　ラディカル・レフトの欧州懐疑主義政党に関する類型

EU の拒否 (Rejectionist)	条件付き EU 支持 (Conditional)	EU 統合深化を志向 (Expantionist/Integrationist)
ポルトガル共産党（PCP） 赤緑連合（デンマーク） 左翼党（Vänsterpartiet）（スウェーデン） ギリシャ共産党	労働人民進歩党（AKEL） （キプロス） シン・フェイン党（アイルランド） 社会党（SP）（オランダ） 動物党（オランダ） ボヘミア・モラヴィア共産党（KSČM）（チェコ）	シリザ（ギリシャ） 左翼戦線（Left Front）（フランス） 左翼同盟（VAS）（フィンランド） 左翼党（Die Linke）（ドイツ） 統一左翼（Izquierda Unida）（スペイン） ポデモス（スペイン） 人民の決定（People Decide）（スペイン） 共産主義再建党（PRC）（イタリア） 左翼ブロック（Bloco）（ポルトガル）

（出所）　Keith, Dan., 2018, Opposing Europe, Opposing Austerity: Radical Left Parties and the Eurosceptic Debate. In Leruth, B., et als, *The Routledge Handbook of Euroscepticism*, pp.86-99, Routledge, Table 8.2 より筆者作成。

義が，上述のようにブレグジット（イギリスの EU 離脱）を契機に浮上している。EU 離脱の経済的コストが計り知れないことがブレグジットによって明確となり，離脱をストレートに主張したのでは自国の総選挙で得票を拡大できないと認識したためである。

　以上の急進右派に対して，急進左派の場合は，EU の根本的拒否・離脱志向および社会政策を充実させる方向での内部改革に加えて，急進右派の主張とは真逆に，EU 統合を深化させ，EU レベルで大規模な所得分配を実現しようという主張が特徴的である（表 7 - 5 ）。EU がその方向で動かない限り，EU 法への不服従を訴えるという過激な戦略も掲げられる[9]。

　全体の傾向としては，実存的危機の10年で欧州懐疑主義の過激性は低減し，批判は EU の個別の政策に限定され，条件つきで EU に妥協する場合も増えていると，整理することができる。

　では，欧州懐疑主義世論の方はどうであろうか。これについては，デ・フリースの研究が 1 つの到達点を示している[10]。まず，政党政治にみられる反 EUと，世論調査や国民投票，国政選挙に現れる反 EU は，同一ではないという認識が重要になる。この研究は，各国の有権者が自国政府と EU を比較する際の主観的認識に着目する。欧州懐疑主義政党への投票行動が，必ずしもシンプルに EU 不支持の世論と関係しているわけではなく，自国政府への支持との関係で，EU 支持不支持が決まってくる，というのである。それゆえ，EU を支持

図7-1　EU懐疑主義世論の類型

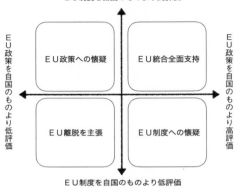

ＥＵ制度を自国のものより高評価

ＥＵ政策を自国のものより低評価

ＥＵ政策を自国のものより高評価

| ＥＵ政策への懐疑 | ＥＵ統合全面支持 |
| ＥＵ離脱を主張 | ＥＵ制度への懐疑 |

ＥＵ制度を自国のものより低評価

（出所）　De Vries, C. E., 2018, *Euroscepticism and the Future of European Integration*. Oxford University Press, Figure 0.1より筆者作成。

していないとしても，自国政府への不支持にいっそう根深いものがある場合，この有権者層は，EU支持の世論を形成するという。これは難しい問題を引き起こす。実態的に反EU世論が拡大していたとしても，表7-2で示したように，自国政府への不信が反EUを上回る深刻さを示している場合，この反EU有権者層は，欧州懐疑主義政党に投票しようとはしない。自国政府に頼れない以上，EUに自分たちの生活をかけるしかない，ということになる。

　このような自国政府への支持不支持との関係でEU支持不支持をみていくにあたって，デ・フリースは図7-1に示した類型化を提案している。EUへの支持不支持は，その政策と制度に分けて考えるべきだ，という見立てである。EUの政策の目的や手段についても，またEUの制度つまり立法・司法の手続きやEUの権限についても，ともにEUを支持しないと考える有権者は，EUからの脱退を主張するであろう。逆に政策も制度もともに支持するとなれば，EU統合は全面的に賛成となる。この両極の中間に，政策（もしくは制度）は支持するものの，制度（もしくは政策）は支持しない，という立場の有権者が存在しうることになるが，これを大規模世論調査の数量分析により実証的に明らかにしたのが，デ・フリースの研究である。それは2014年段階の分析である

が，それによると，EU統合全面支持はポーランド・スロベニア・スペインで，EU政策への懐疑はチェコ・アイルランド・ハンガリーで，EU制度への懐疑はドイツ・フィンランド・フランスで，EUから脱退主張はオランダ・スウェーデン・イギリスで，それぞれ比較的高い世論を示していたという。政党支持と世論の関係を適切に把握するには，さらに突き詰めた検討が必要であるものの，こうしたデ・フリースの研究からは，すべての加盟国に適合する欧州懐疑主義対策は存在し得ない，柔軟で政策分野ごとに差異化された統合政策を進める以外にない，という結論が導かれる。

第4節　欧州懐疑主義がヨーロッパ国際政治に与える影響

┌1┐ 欧州懐疑主義の影響：3つの場合

　すでに述べたように，EUは域内ではリベラル・デモクラシーを，域外ではリベラル国際秩序を追求している。基本にある価値は，リベラリズムである。欧州懐疑主義が，急進右派も急進左派も，必ずしもEUの価値をすべて否定するものではないが，一方では民族主義の大義から，他方では反資本主義の追究のために，現在のEUのあり方に変容を迫っている。上記のように欧州懐疑主義の主張は多様であるが，その勢力拡大はEUを弱体化させ，ヨーロッパ国際政治を不安定化させていくと考えられる。

　第1に，欧州懐疑主義の勢力拡大はEU共通政策の停滞要因となる。自国の政府に対して，また欧州議会を通じて，懐疑主義政党はEUのさまざまな個別政策に，拒否・反対・不服従の立場を示してくる。加盟国政府が欧州懐疑主義政党や世論に引きずられ，EU政策に停滞がみられるとすれば，それはEUの問題解決能力のみならず，加盟国の政策パフォーマンスにも，ネガティブに波及する。EUが構築してきたマルチレベル・ガバナンスのシステムのもとでは，EUレベルと加盟国レベルは切り離せない。

　第2に，欧州懐疑主義の勢力拡大は，EU基本制度の毀損要因となる。急進左派も急進右派も，上述のようにEU離脱よりもEUを内部から改革しようとする傾向が強まってはいるが，急進左派はEUのシングル・マーケット阻害要因となりうるような，介入・分配を可能とする制度改革を目指すであろうし，

急進右派は，EU法の優位性やEU司法の管轄権を攻撃対象とすることで統合を後退させ，多国間制度の不安定化をもたらす恐れがある。

　以上の第1の要因も第2の要因も，加盟国の時々の政権がみずからの支持率を上げるべく，欧州懐疑主義世論にいわば日和る形で，また欧州懐疑主義政党の政策案を奪取するように政治行動を選択した場合，いっそう強化されていくといえよう。実際に，例えば難民政策や開発援助政策に関して，ヨーロッパへの移民を減少させる方向が模索されている。また欧州懐疑主義勢力の存在が圧力となり，どの加盟国もEU条約の改正を提案できない情勢が継続している。欧州懐疑主義の影響は，すでに生じているとみるべきであろう。

　第3に，欧州懐疑主義の勢力拡大は，ヨーロッパ国際政治の攪乱要因となる。すでに触れたように，ヨーロッパ統合はこれまで，キリスト教民主主義系の中道右派政党と社会民主主義系の中道左派政党の2つの勢力が，大西洋同盟を軸にしたEUとアメリカの密なパートナーシップに合意していることを，絶対の条件としてきた。欧州懐疑主義勢力の拡大は，この構図に変更を迫るものとなる。そもそも急進右派も急進左派も，民族主義か反資本主義かで強調点に相違はあっても，ヨーロッパのアメリカ依存に対して，拒否感を示している。ヨーロッパ国際政治への潜在的な影響力は大きい。

２ ロシアのウクライナ侵略以降の焦点

　最後に，2022年2月24日のロシアによるウクライナ侵略との関連に触れておきたい。侵略戦争勃発後，EUによる統合気運は一気に高まったが，これにより，EU内の分断線が消えてなくなったわけではない。経済格差に関して南北で，法の支配をめぐって東西で，変わることなく，対立軸は存在している。欧州懐疑主義勢力はかねてより，このEU内の分断線をいっそう深刻化させる方向で活動してきた。ロシアのウクライナ侵略が呼び起こした甚大なる危機意識ゆえに，EUの一体性感覚が向上したことは確かであるが，それが分断線の解消に帰結したわけではないし，ましてや，欧州懐疑主義勢力を消滅させたわけでもない。むしろ，戦争が長期化の様相を示しはじめている中，欧州懐疑主義勢力は，EUの一体性を脅かす存在であり続けている。この侵略まで，サルヴィーニやルペン，オルバンといった欧州懐疑主義者たちは，プーチンとの親

しい関係を公然と誇ってもいたが，侵略勃発後は，沈黙を強いられている。ところが，EU の対ロシア制裁に関しては，EU 市民の生活を守るという理由から，批判的な構えをとっていった。欧州懐疑主義勢力が EU 内部で力を増していけばいくほど，EU 内部はイリベラルなものに浸食され，外部でリベラル国際秩序を保守するプレーヤーであるための基礎は崩れていく。

　その点で，ロシア侵略後の2022年選挙の動きが注目されたが，フィンランド，フランス，イタリア，スウェーデンで欧州懐疑主義政党が勢力を拡大している。4 月のフィンランド総選挙では急進右派・真のフィンランド人（PS）が第 2 党に躍進，右派連立政権入りを果たしている（政権成立は 6 月）。6 月のフランス国民議会選挙では，メランション率いる急進左派・不服従のフランスおよびルペン率いる急進右派・国民連合（RN）が躍進，与党のマクロン大統領率いる与党連合が大敗を喫する事態となった。9 月には急進右派のスウェーデン民主党が総選挙で第 2 党となり，政権参加は見送ったものの，閣外協力により影響力を保つ形をとっている。イタリアでも 9 月に総選挙が実施され，メローニ率いる急進右派・イタリアの同胞（FdI）が25％の得票を獲得，これに，同じく急進右派のサルヴィーニ率いる同盟が，ベルルスコーニ率いる右派フォルツァ・イタリアとともに加わり，急進右派・右派連立政権が誕生している。メローニは政権を勝ち取ったのち，親 EU の姿勢をみせてはいるものの，移民や性的平等などの政策については，EU リベラリズムに反する方針を，国内で明確にしている。こうした主要な欧州懐疑主義政党が一定の発言力を確保した状況の成立は，ロシアとの戦いの中で生じたエネルギー危機そして急激なインフレ圧力の中で，EU に暗い影を投げかけている。ヨーロッパ国際政治秩序が質的な変化を遂げてしまうのかどうか。欧州懐疑主義勢力の動向は注視し続けなければならない。

推薦図書

クラステフ，I.／庄司克宏監訳，2018，『アフター・ヨーロッパ——ポピュリズムという妖怪にどう向きあうか』岩波書店。
徐燁翎，2021，「欧州懐疑主義の起源と展開について」『東北法学』第55号。
中井遼，2021，『欧州の排外主義とナショナリズム——調査から見る世論の本質』新泉

社。

De Vries, C. E., 2018, *Euroscepticism and the Future of European Integration*. Oxford University Press.

Hooghe, L. and Marks, G., 2008, "A Postfunctionalist Theory of European Integration: From Permissive Consensus to Constraining Dissensus," *British Journal of Political Science*, Vol.39, pp. 1 -23.

Zielonka, J., 2018, *Counter-Revolution: Liberal Europe in Retreat*, Oxford University Press.

注

（1）　規範パワーとは，2002年にイアン・マナーズが提唱した概念であり，EU に特徴的なパワーのあり方であると主張される。それは軍事パワーとも民生パワーとも異なり，自らの規範を国際社会に浸透させていく（EU 規範のフォロワーを増やしていく）パワーのことをいう。Manners, I., 2002, "Normative Power Europe: A Contradiction in Terms?" *Journal of Common Market Studies*, Vol.42, No. 2 , pp.235-258.

（2）　実存的危機（existential crisis）という用語は，2010年代の危機の際に，当時の欧州委員会委員長バローゾ（任期は2009〜14年）およびユンケル（同2014〜19年）によって用いられ，2016年の EU 世界戦略の冒頭にも盛り込まれている。EU の存在そのものをかけた危機だとする認識が，この言葉の使用に表れている。EEAS, 2016, A *Global Strategy for the European Union's Foreign and Security Policy: Shared Vision, Common Action: A Stronger Europe*. June 2016.

（3）　Hooghe, L. and Marks, G., 2008, "A Postfunctionalist Theory of European Integration: From Permissive Consensus to Constraining Dissensus," *British Journal of Political Science*, Vol.39, pp. 1 -23. ポスト機能主義とは，下記の説明にもあるように，加盟国の世論がヨーロッパ統合の進展にストップをかけるという事態に注目した理論枠組であり，新機能主義に対して批判的構えをとるものである。その新機能主義では，ある政策分野の統合が他の分野の統合を誘発するという波及効果（スピルオーバー）が生じる過程で，各国の政治エリートにアイデンティティチェンジが生じて，出身国よりもヨーロッパ次元に忠誠（ロイヤルティ）の対象を見いだすようになっていくとみる統合理論枠組であった。ポスト機能主義はこのメカニズムが生じつつもなお，統合が停滞さらには後退する状況を，加盟国国民のナショナル・アイデンティティの不変性から説明しようとしたのであった。

（4）　Leruth, B., Startin, N., and Usherwood, S. eds., 2018, *The Routledge Handbook of Euroscepticism*. Routledge.

（5）　ポデモス（podemos）という語はポルトガル語であるが，英訳すれば We can となる。この名称には，われわれには改革が可能だというメッセージが込められている。

（6）　Kaeding, M., Pollak, J., and Schmidt, P., 2021, *Euroscepticism and the Future of Europe: Views from the Capitals*. Palgrave Macmillan の序文を参照。

（ 7 ）　Bortun, V., 2022, Plan B for Europe: The Birth of 'Disobedient Euroscepticism'? *Journal of Common Market Studies,* Vol.60 （ 5 ）, pp.1416-1431.

（ 8 ）　以下基本の視座については Szczerbiak, A., and Taggart, P., 2018, Contemporary Research on Euroscepticism: The State of the Art, in Leruth, B., Startin, N., and Usherwood, S., eds., *The Routledge Handbook of Euroscepticism,* pp.11-21, Routledge. 急進左派については Keith, D., 2018, Opposing Europe, Opposing Austerity: Radical Left Parties and the Eurosceptic Debate, in Leruth, B., et als, *The Routledge Handbook of Euroscepticism,* pp.86-99, Routledge および Bortun, *ibid.*

（ 9 ）　この不服従という類型が Bortun によって明らかにされている。Bortun, *ibid.*

（10）　De Vries, C. E., 2018, *Euroscepticism and the Future of European Integration.* Oxford University Press.

（11）　De Vries, *ibid.,* figure 9.1.

（臼井陽一郎）

第 8 章

ヨーロッパの少数民族問題とガバナンス
——EU 統合と地域自立の関係性——

■Graphic introduction■ EU／加盟国／民族地域の関係性

——EU：地域の独立反対で加盟国を支持，しかし加盟国の権限の相対化を企図
——加盟国：地域の独立阻止，現状維持についてEUからの支持を期待

——EU：地域の独立は認可できないが，加盟国の権限の相対化では地域と利害は一致
——民族地域：独立（ないし自治強化）の支持と，EUとの関係強化を求める

EU

加盟国（スペイン，ベルギー，フランスなど）

民族地域（カタルーニャ，フランドル，アルザスなど）

——加盟国：地域の独立反対
——民族地域：独立（ないし一層の自治強化）を求める

■本章の問い■

・EU 統合は，カタルーニャのような地域の自立の動きに，どのような形で影響を与えたのだろうか。

・地域によっては自立運動が急進化しないこともあるが，急進化するケースとしないケースの背景には，どのような違いがあるのだろうか。

・EU，加盟国，地域の 3 者が利益を得る仕組みは可能なのだろうか。

第 1 節　EU 内で高まる地域自立の動き

⬛1⬛ なぜ地域の自立運動が高まるのか

　EU（欧州連合）は2020年にイギリスが脱退したものの，将来的にはバルカン半島の旧ユーゴ諸国の加盟も視野に発展を続け，経済面，政治面，社会面と幅

広く統合の深化を進め，強固で安定した政治体の構築を進めている。ところが近年，カタルーニャ（スペイン），フランドル（ベルギー）などの地域で，帰属国家を離れて自立・独立を目指す動きが高まってきている。EU 統合の深化により，加盟各国でさまざまなメリットを享受し，国レベルでも EU 全体としても安定・繁栄がもたらされていると考えられるが，そうした中で，なぜカタルーニャのような自立運動が出てくるのだろうか。

2 EU 統合に内在する地域自立への追い風

ECSC（欧州石炭鉄鋼共同体）にはじまり EU へとつながる欧州統合の当初の目的は，第 2 次世界大戦のダメージから立ち上がり，平和を維持し，経済発展を促すことにあった。そのためには，仏独の衝突にみられたようなナショナリズムの克服が不可欠であった。各国で進んだ1970年代からの地方分権化の流れは，ヨーロッパ統合の進展と背中合わせで，分権化が進展すると，エスニシティ（民族性）を基盤とする地域自立の動き（民族〔エスノ〕地域主義／ethno-regionalism）が存在感を増した。例えば EU 加盟国の中でもとりわけ中央集権が強いフランスでも，1980年代に入り急速に地方分権化が進み，東部のアルザス地域ではアルザス語の教育推進に道がひらかれ，地域の文化的アイデンティティを重視する施策が強化された。[(1)]

しかし，アルザスは穏健な自治主義にとどまるが，カタルーニャでは急進的な動きをみせる。地域ごとのこうした違いをどう説明すればよいのだろうか。

第 2 節　EU における民族的多様性の扱われ方

1 EU における多様性の追求

冷戦後，ヨーロッパでは民族的多様性を守るガバナンスの強化が急速に進んだ。1991年のクロアチア独立をきっかけとする旧ユーゴスラビアの民族紛争に苦しんだヨーロッパでは，マイノリティを保護し，民族的多様性を保持することで地域の安定を守るルール形成が進んでいった。

EU においては，多様性の中の統合（united in diversity）の原則に立ち，また人権擁護の立場から，1980年代から欧州議会を中心に言語的・民族的多様性を

人権の1つの文化権として尊重し，これを守る枠組みの整備を進めた。2004年発足の欧州委員会（バローゾ委員長）では，多言語主義担当委員が新設（教育・文化担当委員が兼務）され，「母語に加えて2言語習得」を基本とするEUの多言語化が推進された。「EU生涯学習プログラム」（2007～2013年）では「少数言語を含むすべての言語」の擁護が強調された。このように，EUにおける「多言語」が，国家語だけでなく少数言語を含む多様性へと変化した。

　公用語の観点からみてみると，EUでは，いずれかの加盟国で公用語となっている言語をEU公用語としている（1958年規則第1号）。このルールによると，少数言語の場合，帰属する加盟国において公用語の地位を得ているかどうかが問われる。例えばスペインにおけるカタルーニャ語やバスク語の地位をめぐっては，スペイン憲法（1978年）の規定でこれらの言語は「各自治州における公用語」（第3条）とされている。カタルーニャ州からは，1987年にカタルーニャ語のEU公用語化の誓願がなされ，EUは当該加盟国の全域でなく特定の地域での公用語となっている地域語も，1958年規則第1号に適用するとの決定を2005年に下した。スペイン政府の同意も得て，カタルーニャ語，バスク語がEU公用語に準ずる地位を得ている。

　2009年発効のリスボン条約は，EU条約第2条にマイノリティに属する者の権利の擁護を明記し，同第3条で言語的多様性を守ることを定めている。また，2000年に策定され，2007年に改訂された欧州連合基本権憲章が，EU条約第6条により基本条約の中に盛り込まれ，同憲章第22条「欧州連合は，文化的，宗教的，言語的多様性を尊重する」の条文は，EUとしての地域・少数言語保護政策の法的根拠になった。このように，冷戦後のヨーロッパでは，EUのみならずさまざまな国際機構の制度を併用しながら，民族的マイノリティの擁護，その言語や文化を尊重することで多様性を保護する仕組みが強化されてきた。では，国際社会はなぜ民族的マイノリティを保護しようとするのだろうか。

2 国際社会が民族的マイノリティを擁護する理由

　第一次世界大戦，第二次世界大戦，および冷戦の終結時の国際平和会議の際には，民族問題に関する国際原則の確立が常に重要な課題であった。民族問題

に関する国際原則の確立が，戦争予防，国民統合，国家安全保障の政策形成において鍵を握ると考えられてきたからである。また国際社会は，国家の安全保障を強化し，国民統合を優先し，民族ジェノサイド，民族マイノリティの強制移動，住民交換を許容してきた。第二次世界大戦後には，民族問題に蓋をし，同化政策を許容してきたことも看過できない。このように，国際社会の取り組みは，国際平和，平和維持の観点からのものであって，マイノリティの安全の観点からのものとは決して言えなかった⁽²⁾。

　民族地域の自立に関して，歴史的経緯から国際社会のリアリズム的な国際平和の論理が確認できる。しかし，EU の意義・役割を考えると，必ずしもマイノリティ軽視とは言えない。第二次世界大戦以後のヨーロッパでの平和・安全保障のレジームに加え，人権レジームの制度化と併走して発展してきた EU は，「規範力」（Normative Power）⁽³⁾をその力の源泉として国際政治における影響力を強化してきた。

　第二次世界大戦後の国際規範においても，冷戦後のそれにおいても，ヨーロッパの強国の主権国家としての安定が最大限優先されてきたことは間違いないが，そのためにも国際平和を実現する必要があり，平和を構築していくために民族マイノリティをないがしろにできない現実があった。1960年代後半から西欧各地で高揚した民族地域の自立運動は，EC（欧州共同体）統合のもとで域内での戦争が生じることはもはや考えられない平和的な状況を実現し著しい経済発展を成し遂げてきたヨーロッパ諸国に，かつては戦争の引き金となってきた民族問題の火種が域内に多数存在している事実を想起させることになった。冷戦終結から間もなく発生・激化していったユーゴ紛争は，ヨーロッパで起こった紛争であり，EC から EU へと進化を遂げるヨーロッパにとって，極めて深刻な事態として認識されていく。上述の OSCE，欧州評議会，EU における1990年代以降の民族マイノリティへの対応の進展は，こうした危機認識に裏打ちされていたと言えるだろう。

第3節　EU統合下での民族地域の自決

［ 1 ］ 地域自立の要因と過程：カタルーニャのケース

　では民族地域の自決の動きが高揚するメカニズムは，どのように理解できるのだろうか。

1 ）民族地域の自立要求が高まる要因

　民族地域の自立要求が高まる要因として，構造的要因，政治的要因，経済的・社会的要因，文化的・認識的要因に分けて理解することができる[4]。第1に構造的要因は，国家の脆弱さ，国内の治安不安，エスニック集団の分布状況を指す。第2に政治的要因としては，差別的な政治制度，排他的なナショナル・イデオロギー，利益集団間での政治均衡が安定的に維持できない状況，戦略性を欠いた政治家によるエリート政治があげられる。第3の経済的・社会的要因は，不況，雇用，インフレなど経済問題，さらに差別的な経済システム，経済開発と近代化の相克などを指す。帰属している国家の中でマジョリティ集団と比べて経済的に不利益を被っており，その度合いが著しい場合，経済要因は地域の自立を指向する要因となりうる。ただし，その国家に帰属していることで生じているさまざまな既得権益が果たす抑止効果も無視はできず，分離独立とは逆方向の力を発揮することも考えられる。例えばイギリス帝国の植民地支配から利益を得ていたスコットランドが，脱植民地後に分離の動きが加速したことは，こうした文脈から理解できよう[5]。第4の文化的・認識的要因については，マイノリティへの文化的差別，各集団の保有する歴史意識のありようと，集団間の相互認識がもたらす摩擦，対立が指摘される。

2 ）カタルーニャの事例

　カタルーニャのケースでは，第3と第4の要因が主に作用し，第1と第2の要因が副次的に働いていると考えられる。カタルーニャ州政府は，社会労働党（PSOE）のサパテロ政権との交渉，国会での審議，そしてカタルーニャの住民投票を経て，2006年に自治憲章の改定を行い，その際に前文でカタルーニャを「ネイション」（nació）と規定した。ところが野党国民党（PP）のラホイ党首がこの規定に反発し憲法裁判所に提訴すると，同裁判所は2010年に自治憲章の一

部を違憲と判断した(6)。これに対し，2010年に首相に就任したマス率いるカタルーニャ州政府は，中央政府と財政自主権について交渉する要求を進めた。

　しかし2011年発足のラホイ政権がカタルーニャの交渉呼びかけを拒否したことが，カタルーニャの独立機運に火をつけることになった。2012年9月27日，カタルーニャ州議会は「民衆による平和的手段によって［カタルーニャ］市民が表明する願望を実行，発展させる」用意ができていると宣言した。その宣言は，州政府がカタルーニャをヨーロッパにおける独立国家とすることを目指すプロセスの端緒となった(7)。そして2013年1月に州議会が「カタルーニャ人民の主権と自決権宣言」を発出し，独立を目指す動きが加速した。ただしここでは，「ヨーロッパ」の枠組みを最重要視している点について留意しておきたい（地域の自立とEU統合との関係性については後述する）。

　2017年10月1日に実施されたカタルーニャ州住民投票では，「独立国家となることを望むか」という問いに対し，州政府によると有権者の43％が投票し，賛成が90.2％を占めた(8)。この結果を受けて10月10日にプッチダモン州首相は独立宣言に署名，しかしすぐに署名を凍結して中央政府との対話を求めた。ところが中央政府は一貫してこれを拒否すると，州議会は10月27日にカタルーニャ共和国の宣言を承認した。スペイン政府はこの投票自体が違憲だと主張し，10月28日にプッチダモン首相を解任，警察力を行使して介入し州政府の閣僚の逮捕に動き，プッチダモン首相のほか州政府幹部数名はベルギーへ逃れ，カタルーニャの独立運動は事実上頓挫した。

　住民投票の実施とそれに基づく独立宣言を急いだ過程は，スペイン憲法に抵触しただけでなく，カタルーニャ自治憲章をも損なうことにつながった。なぜなら同憲章の改定には，カタルーニャ州議会で3分の2の賛成，スペイン国会の承認，その上でカタルーニャ州での住民投票が必要とされ，一方で独立宣言は同憲章の改定を伴うことになるが，このためには州議会で90票以上の賛成が必要であるところ，72票にとどまっていたからである。「こうした法的な緻密さがカタルーニャ独立派には欠けていた(9)」との指摘もなされている。

2 地域の自立と EU 統合：欧州化の両義性

1）欧州化とは

　では，カタルーニャにみられる民族地域の自立の動きは，EU 統合の進展とどのような関係にあると理解できるだろうか。ここでは EU 統合推進のメカニズムと，地域の自立の動きとの関係性を理論的に整理していきたい。

　EU 統合のプロセスを分析する概念として，近年は「欧州化」（Europeanization）が多く用いられている。欧州化とは，EU の政治，政策，制度，規範が加盟国に浸透していく現象と理解される。欧州化は，EU，国家，その他のステイクホルダーの間の作用の向きによって「垂直的欧州化」（Vertical Europeanization）と「水平的欧州化」（Horizontal Europeanization）に大別される。

　垂直的欧州化と水平的欧州化の分類についてブルヌは，地域の自立運動との関係から次のように説明している。まず，垂直的欧州化において，EU は加盟国内の地域の独立をめぐる政治において，独立後の EU 加盟の実現可能性，そのためのコストについての情報を与えることで影響力を行使する外部アクターである。つまり EU が有するリソースを享受できる可能性を各地域が理解することで，EU 内各地の地域の自立運動を後押しする作用ということである。一方，水平的欧州化においては，EU 諸国間での政策の相互理解，経験の共有が進む過程で，他国での事例が模範として援用される。とりわけ独立推進派は，国内での独立運動への動員，敵手の議論の正統性を貶めるストーリーの構築につなげていく。つまり EU 内の他の地域での自立運動の有効な戦略を相互に知ることで，自立運動を発展させていくということである。

2）欧州化とカタルーニャ

　カタルーニャの事例に目をやると，地域の戦略としては，平和的で民主的な運動であり，すべてのヨーロッパ人に付与されているはずの表現の自由と自決権の行使であるとの論理が展開される。これに対してスペイン政府は反発し，住民投票が違法である点を強調する。ここで EU および他の加盟国はスペイン政府を支持し，国内問題に介入する国際的な調停の表明もなされなかった。ここで展開した政治は，地域が欧州化を利用しながら独立を正当化する戦略をとるのに対し，EU としては欧州化を逆手にとって帰属国家の枠内で地域が利益を最大化する戦略を支援し，そうした戦略の欧州化（トップダウンの垂直的欧州

化であるとともに，水平的欧州化としても作用）で対応するものである。

　しかし，司法を通じた国内運動の国際化（欧州化）の観点を加えると，また違った側面が浮かび上がる。注目すべきは EU 法の番人たる ECJ（欧州司法裁判所）の役割である。ECJ は2019年12月，カタルーニャ州副首相であったジュンケラスが2019年5月の欧州議会選挙で議員に当選すると，2017年のカタルーニャ独立行動をめぐる議員不逮捕特権を認めた。同様に州首相のプッチダモンもこの選挙で当選し，不逮捕特権を享受した。(13) ECJ の法的判断を通じ，加盟国内の地域の自立運動のリーダーの政治的「自由」が保障されることとなった。EU の一機関である ECJ が，国内争点とみなされうる問題を欧州化させる役割を担った形になる。欧州化が地域に有利に作用するか，不利に働くのかは一概には言えないが，カタルーニャの事例においては，政治アクターのみに着目すると地域の自立にとって逆風となった面が強いが，司法アクターの役割も含むなら，地域の自立を間接的であれサポートする力学も働いていたことが見て取れる。換言すると，司法判断を含んで欧州化は進み，国家・EU レベルでの行政行動を抑制し，地域の自立に有利にも働く要素が創出されてきているということである。

　一般的に地域の独立と EU 統合の関係性をとらえるならば，帰属国家を離れる独立により，地域は経済や安全保障上の不安定化のリスクを負う。EU 圏においては，国家を離れて EU に独立国家として加盟することが，そうしたリスクの軽減となる。しかし EU 加盟には，全加盟国の合意が必要であり，現帰属国家からの円満な離脱でない場合，その合意を得ることは難しい。カタルーニャはこの事態が想定されるが，他にもベルギーからの独立志向のある北部オランダ語圏フラマン地域についても，残されることになる南部フランス語圏ワロン地域が，「ベルギー」として新興国フラマンの EU 加盟を阻止することも想定できる。(14) EU 統合下の地域の自立をめぐる政治過程において，地域は不利な側面が多々ある。ただし，少なくともカタルーニャの事例からは，司法判断を含めた広範な欧州化の観点で考えた際，欧州化が地域に有利に働く可能性があることも確認しておきたい。

第4節　地域の自決と EU 政治の課題

⎯1⎯　自決の原則と EU における地域

　民族地域が，その帰属や進路をみずから決定する過程は，自決（self-determination）を実行していると理解できる。自決の原則は，19世紀後半のネイション（nation）の自決から，20世紀初頭の少数民族の自決を経て，人類が共有すべき規範として広く世界に普及してきた。この背景には，特に20世紀初め，民族対立を覆い隠し，時に強権的な政治運営が第一次世界大戦の大きな要因の１つとなってきたことが指摘でき，戦争・紛争を回避するための行動原理として意義を高めていった。第二次世界大戦後には，アジア・アフリカでの脱植民地過程の中で，自決の権利が各地で行使されていった。[15]

　ではこうして確たる地位を築いてきた自決の原理，それを推進する運動は，現代の EU を舞台に，どのように位置づけられるだろうか。今日の自決追求の主体はさまざまなものがありうる。それは①帰属国家の中で少数言語・少数民族の地位に置かれている民族集団（固有の言語が集団のアイデンティティの核を形成することが一般的），②同様に少数派の地位からの脱却を目指す宗教・宗派集団，③特定の国家の中だけに限定されないジェンダーなどの社会的カテゴリーに基づく解放・地位向上運動などで，いずれも既存の国家や社会規範の文脈で弱者の地位に置かれ，そこから脱却してマジョリティと肩を並べる地位の獲得を目指すものである。カタルーニャの事例で考えると，それは①の言語・民族性の固有性に基づいて，既存の国家からの自立を目指す主体を想定することが適当であろう。

　EU は23の公用語を持っているほか，1990年代に欧州委員会が発表した報告書では，100近い少数言語があるとしている。その後，2004年，2007年，2013年に合わせて13カ国が新たに加盟したことを考えると，その少数言語（およびこれに基づく少数言語地域）はいっそう増えたと想定できる。EU を支える基本原理の１つは「多様性の中の統合」であり，27の加盟国からなる政治共同体である EU は，加盟国毎の文化的多様性を尊重し，多様な価値観を尊重し合うリベラルな行動準則を担保しながら，民主主義，法の支配，人権，市場経済に基

づく政治共同体の強化を進めている。言語的・民族的独自性は，尊重され，守られるべきものと位置づけられており，ここには人権の1つの現れとしての文化権の尊重という認識が作用していると言ってもよいだろう。しかし，他方で，EUは主権国家の集合体であるという現実から目を背けることもできない。主権国家としての一体性の保全は，17世紀ウェストファリア条約以降の国際社会で共有されるルールの柱であり，この点は主権国家の集合体であるEUとしても当然の前提となっている。

２　「多様性」を表象するカタルーニャとEUのレジリエンス

　すると，ここで課題となるのは，EUの基本的価値である「多様性」として，どこまでを容認するのかである。カタルーニャについて考えると，カタルーニャ語の地位はどのようになっているだろうか。カタルーニャ州は，1987年以降，EUに対してスペイン語と同等の公用語の地位を求めてきた。その要請に対し，EUとしては当該加盟国の全域でなく特定の地域での公用語となっている地域語も，当該国家の同意がある場合はEU公用語として扱うという規定を導入し，前述のようにスペイン政府の同意も得てカタルーニャ語を（そしてバスク語も）EU公用語に準じて扱う決定を行った。しかし，言語の地位に関する歩み寄りが行われたが，スペインという主権国家の枠組みを揺るがすところまでは踏み込んでいない。言うなれば，文化と政治を切り離すことで，事態の収拾を図ってきたという言い方ができよう。

　その後，さらに進展するカタルーニャやスコットランドなどでの自決運動強化の気運に対し，EUの対応としてどのような選択肢がありうるだろうか。カタルーニャは2012年の地方選挙によって自決・独立派への市民レベルでの広範な支持が得られた（独立を求める4つの政党が合わせて議会の3分の2を獲得）。しかし，中央政府はこれを容認していない。スペイン憲法は第2条で以下のように定めている。

　　第2条　憲法は，すべてのスペイン人の共通かつ不可分の祖国たるスペイン国の揺るぎなき統一に基礎を置き，これを構成する民族および地方の自治権ならびにこれらすべての間の結束を承認し，かつ保障する。

この規定に則って中央政府は，独立の是非を問う住民投票は憲法違反と主張し

た。カタルーニャ側としては，まずはスペイン憲法の改正実現が必要というこ
とになる。

　確かに EU およびスペインが，カタルーニャの自決（＝独立）を容認するこ
とは考えにくい。しかし，これを主権国家の保持という理由のみで拒絶するこ
とも難しい。多様性の尊重をモットーとする EU として，これを否定する政治
を進めることは望ましくない。それはリベラルな行動準則とアクター間の対話
に基づく問題処理を通じて数々の危機に対応してきた EU の評価，換言すれば
ソフト・パワーを大きく損なうことになりかねない。EU は危機に陥り，ある
いは大変動に直面した際，柔軟性を発揮して自己回復する対応能力（レジリエ
ンス）を備えている。それは政治の業であり，その根底にある政治文化の対応
力と言えよう。政治体としての EU の特長は，２つの世界大戦を招いた過去の
反省に立ちながら，国際政治の基本的ルール，価値観は遵守しながらも，状況
に応じた柔軟な対応をとりうるところにある。(16)

　3　自決の手段としての住民投票

　地域が自決を進めるにあたっては，構成員の意思を民主的に集約し，それに
基づいて決定を下すための手段として住民投票を経る。しかし，住民投票は，
その実施過程における政治的対立や非民主的な政治行動などの影響により，必
ずしも適切に運用されるとは限らない。また，仮に民主的な実施を経て正統性
ある結果が示されたとしても，それが必ずしも当該地域内部の政治の安定や，
近隣諸国との安定した関係を自動的に生み出す保証はない。

　住民投票は，理念としては民主主義の制度的ツールであり，その結果には正
統性が付与されるはずであるが，現実問題としては，選挙によって民族主義的
な投票結果が正当化されてしまうという，むしろマイナスの側面が多々見られ
る。(17)　ロシアによる2014年のクリミア併合，2022年のウクライナ軍事侵攻の際
に，ロシア系とウクライナ系の対立がくすぶる社会状況において，ロシアへの
併合を望むとのロシア系住民の声が「民主的な声」としてロシアに政治利用さ
れた事象も，民族対立が根深い地域における民主主義の脆弱性と両義性を示す
事例と理解することができよう。

　第二次世界大戦後の脱植民地化の流れの中，1960年12月の国連総会が採択し

た「植民地独立付与宣言」において人民の自決権が定められた。さらに1966年，2つの国際人権規約（社会権規約および自由権規約）の共通1条として自決権が規定された。そして冷戦が進行する中，東西陣営間の安全保障対話を促す役割を担った CSCE（欧州安全保障協力会議）の「ヘルシンキ宣言」(1975年) において，東西の対立を越えて国際原則の1つとして自決権が盛り込まれた。[18] こうした冷戦期に国際規範の，特に人権を守る重要な柱として，自決権は国際社会でユニバーサルな認知を得ていくが，その具体的な運用については必ずしもコンセンサスが得られてきたとは言い難い。自決権行使の主体，行使の方法，正統性を付与するアクターの定義などの曖昧さを残したまま，冷戦後につながっていった。

　この過程と並行して EU 統合は進展した。すでに1970年代にフランスやベルギーなどのいくつかの民族地域で自決の動きがみられたものの，当時は EC/EU の右肩上がりの経済発展と，各国政府のガバナンスが機能して政治問題化することは極力抑えられてきた。[19] しかし1990年代のバルカン紛争，アメリカ9.11同時多発テロ (2001年)，2004年以降の EU 東方拡大，ロシアによるクリミア併合 (2014年)，イギリスの EU 離脱 (2020年)，ロシアによるウクライナへの軍事侵攻 (2022年) といった，グローバルな政治経済変動やリスクの顕在化過程で，自決権をめぐるガバナンスにも変化が生じてきていると考えられる。

第5節　EU における民族地域をめぐるガバナンス

　民族地域の自決をめぐる動きにおいて，ステイクホルダーとなる当該民族地域，帰属している国家，そして EU を含む国際機構は，各々の論理を展開して多層的なガバナンスの形成を促す。各レベルでのガバナンスは，それらが相互補完的に機能して全体としての秩序を維持することもあれば，ガバナンス間の摩擦・対立を生むこともある。例えばカタルーニャの事例では，カタルーニャという地域レベルでのガバナンスと，スペインという国家レベルのガバナンスの間に大きな対立が生まれ，その対立を EU などの国際機構レベルでのガバナンスが緩衝材のように機能して持続的な安定構造を生み出すには至らず，全体としての不安定さを抱えたまま，かろうじて現状を維持していると言えるだろ

う。民族地域のガバナンスを，国家の暴力的手段で生み出すことは極めて困難であり，かえって長期にわたる憎悪の連鎖につながるなど，不安定化の要因にすらなりうる。例えばロシアとウクライナの関係の背後にも，こうした構図が見いだされよう。必要なのは暴力的な排除ではなく，利害の対立する複数アクターを包摂するベクトルを持ったガバナンスであろう。

　民族地域が構築を目指すガバナンスを生み出すには，地域住民個々人の権利の容認，地域が共有する文化的要素の保全，地域の自立を可能とする政治的枠組みの獲得が追求される。換言すれば，民族地域は自分たちにとっての人間の安全保障（個人の保護とエンパワーメント），文化の安全保障（独自の文化の保全），国家安全保障（自決を実質的に可能とする政治枠組みの獲得）のすべてを満たすことを追求する。帰属している国家としては，国家安全保障を脅かす要求（国家主権の及ばない領域を生み出す分離・独立による国力の低下）は拒絶の対象であり，人間の安全保障，文化の安全保障についても，それが国家安全保障を揺るがすことになるのであれば，少なくとも制限を加えようとする。こうした民族地域と国家の二項対立の中で，両者の論理を完全に充足する解を見いだすことは極めて困難であり，双方にとって３つの安全を最大限保障するための解の追求がなされることになる。[20]ここにEU統合の進展が絡むことで，どのような解の模索がなされているのかを明らかにすることが，本章の目的であった。

　EU統合の進展により，国家の相対化は進むが，分離独立運動への潜在的可能性は多くの加盟国が抱えており，いざそうした動きが出てきた場合は領土保全など国家主権の根幹に関わるところで歯止めがかかる。民族地域による分離・独立を目指す自決運動に対しては，加盟国はもちろん，加盟国家の利害を代表するEU理事会が「立法」権限（欧州委員会の政策提案の承認）を行使するEUとしても，同様のスタンスをとらざるを得ない。しかしながら，EUとしては，地域の自決を頭ごなしに否定することは，リベラルな価値観を体現する「規範パワー」としての自身のレゾンデートルを損なうリスクも大きいため，国家と地域の間のバランサーとしての役割を直接・間接に担うことが，現実的な解として想定される。

　こうした関係性が内在しているEU政治において，統合が進展する過程ではさまざまなステイクホルダーの間での欧州化（垂直的欧州化，水平的欧州化）が

せめぎ合っており，このせめぎ合いの過程で生じた民族地域にとって有利になる状況（あるいは逆に現時点での地位や経済状況を悪化させかねない状況）が顕在化することが，民族地域の自決という政治的営みを表面化させる要因となっていると言えよう。

推薦図書

Ronen, Dov, 1979, *The Quest for Self-Determination,* Yale University Press.
（ダヴ・ローネン／浦野起央・信夫隆司訳，1988，『自決とは何か——ナショナリズムからエスニック紛争へ』刀水書房）

牛島万編，2016，『現代スペインの諸相——多民族国家への射程と相克』明石書店。

奥野良知編，2019，『地域から国民国家を問い直す——スコットランド，カタルーニャ，ウイグル，琉球・沖縄などを事例として』明石書店。

吉川元，2015，『国際平和とは何か——人間の安全を脅かす平和秩序の逆説』中央公論新社。

岩崎正洋編，2021，『議会制民主主義の揺らぎ』勁草書房。

坂井一成，2014，『ヨーロッパの民族対立と共生〔増補版〕』芦書房。

吉井昌彦編，2021，『EU の回復力』勁草書房。

注
（1）　坂井一成，2014，『ヨーロッパの民族対立と共生〔増補版〕』芦書房，特に第 6 章参照。
（2）　吉川元，2015，『国際平和とは何か——人間の安全を脅かす平和秩序の逆説』中央公論新社，52，56-57，134，152-153，303頁。
（3）　Manners, Ian, 2002, "Normative Power Europe: A Contradiction in Terms?," *Journal of Common Market Studies,* Vol.40, No. 2 .
（4）　Brown, Michael E., 2001, "The Causes of Internal Conflict: An Overview," Brown, Michael E., et al., eds., *Nationalism and Ethnic Conflict,* Revised edition, The MIT Press, pp. 4 -13；坂井，前掲注（3），37-40頁。
（5）　力久昌幸，2015，「イギリス政治の分岐点—— EU 国民投票とスコットランド独立問題」『海外事情』拓殖大学海外事情研究所，第63巻第12号，70-71頁。
（6）　武藤祥，2021，「「遅れてきた民主主義」の動揺」岩崎正洋編『議会制民主主義の揺らぎ』勁草書房，129-130頁。
（7）　Guirao, Fernando, 2016, "An Independent Catalonia as a member state of the European Union? *Terra ignota*," Xavier Cuadras-Morató, ed., *Catalonia: A New Independent State in Europe? - A debate on seccession within the European Union,* Routledge, p.191. 強調は引用元。

（8）　Bourne, Angela K., 2021, "Catalan Independence as an 'Internal Affair'? Europeanization and Secession After the 2017 Unilateral Declaration of Independence in Catalonia," Oscar García Agustín, ed., *Catalan Independence and Crisis of Sovereignty,* Palgrave Macmillan, p.177.

（9）　Tortella, Gabriel, 2017, *Catalonia in Spain: History and Myth,* Palgrave Macmillan, p.294.

（10）　Radaelli, Claudio M., 2003, "The Europeanization of Public Policy." Kevin Featherstone and Claudio M. Radaelli, eds., *The Politics of Europeanization,* Oxford University Press, p.30.

（11）　Bourne, *op.cit.,* pp.179–180.

（12）　*Ibid.,* pp.182, 188.

（13）　*Ibid.,* p.193.

（14）　Duerr, Glen M., 2015, *Secessionism and the European Union: The Future of Flanders, Scotland, and Catalonia,* Lexington Books, p.154.

（15）　Ronen, Dov, 1979, *The Quest for Self-Determination,* Yale University Press.（ダヴ・ローネン／浦野起央・信夫隆司訳，1988，『自決とは何か——ナショナリズムからエスニック紛争へ』刀水書房）

（16）　EUのレジリエンスについては，吉井昌彦編，2021，『EUの回復力』勁草書房を参照。

（17）　吉川，前掲注（2），317-318頁。

（18）　吉川，前掲注（2），257-260頁。

（19）　坂井，前掲注（1）。

（20）　Sakai, Kazunari and Chopin, Olivier, 2021, "Diversification of Security and Possibilities for "Cultural Security": Focusing on the Cases of the EU and France," *International Relations and Diplomacy,* Vol. 9, No. 8, DOI: 10.17265/2328-2134/2021.08.002.

（坂井一成）

第 9 章

EU の安全保障
——経緯，仕組み，特性——

■Graphic introduction■ EU 共通安全保障・防衛政策概要

	軍事	文民
政軍機能	**政治・安全保障委員会（PSC）** 理事会と上級代表の責任の下で政治的統制と戦略的指揮をとる	
指揮命令 系統部外	**EU軍事委員会** 軍事面での執行状況をモニターするとともに，EUMC議長はEUミッション／オペレーション司令官との第1のコンタクトポイントとなる。	**危機管理における文民的側面委員会（CIVCOM）** PSCに助言するが，CSDPの指揮命令系統の一部ではない。
本　部	**作戦司令部** オプション1：NATO，オプション2：各司令部，オプション3：MPCC（軍事的計画行動能力）	**作戦司令部 文民計画行動能力（CPCC）** 文民的計画立案・執行能力はすべての文民的CSDPミッションのための常設作戦指令部として機能する
現　地	**部隊・ミッション司令部** EUアルテア，EU海軍部隊ソマリア，EU訓練部隊マリ等	**ミッション司令部** EU監視ミッション，EU司法ミッション，EU支援ミッション等

■**本章の問い**■

・なぜ NATO が存在するのに EU にも安全保障政策があるのか。

・EU の安全保障政策にはどのような特色があるのか。

・近年の EU 安全保障の変化にはどのようなものがあるか。

第 1 節　異次元多層のヨーロッパ安全保障

1 前代未聞のプロジェクト

　ヨーロッパでは，地域的に主権国家の統合を目指す前代未聞のプロジェクトが進行中である。この欧州統合というプロジェクトは，発足からおよそ70年を経て，疑いようのない政治的な現実として存在しているにもかかわらず，未だ

135

とらえどころがなく，見るものを惑わす。それでいて，国際政治の現場で，日々の問題に対処する中で交渉あるいは協力相手として姿をあらわす。

　本章では，そのような欧州統合の，特に安全保障政策を扱う。欧州統合は，上述のように法的，政治的，経済的な現実として存在しはじめてからすでに年月を重ね，それなりに付き合い方がみえてきた部分もある。しかし，安全保障政策は，他の政策部門とはとりわけ異質である。超国家的機関と言われるEU（欧州連合）だが，安全保障政策部門は依然として全加盟国の全会一致が必要な政府間協力であり，加盟国間の国際政治の色合いが強く残っている。だが，それと同時に，超国家的な統合を目指す欧州統合プロジェクトとの一貫性という問題を抱えている。さらに，現実政治の問題として，ヨーロッパの安全保障枠組みはEUだけではない。EUの安全保障政策は，特にNATO（北大西洋条約機構）という欧米軍事同盟と各国独自の安全保障・防衛政策との，三つ巴の共存ないし競争にもさらされている。EUの安全保障政策には，現実的な安全保障課題と底流的な欧州統合運動，そしてその中間層にEU外との関係，EU機構間関係，EU各国間関係という多様な変数がうごめいている。

2　EU安全保障を見る眼

　このようなEUの安全保障政策は，しかしながら，日本からみて他人事ではない。第1に，日欧はアメリカの東西両翼をなす主要同盟国である。そしてこの両翼は巨大なユーラシア大陸を抱擁する。第2に，冷戦後の新たな安全保障主体である。欧州統合プロジェクトは前身のEC（欧州共同体）ないしEEC（欧州経済共同体）の時代から経済中心で進展してきており，「経済的巨人にして軍事的こびと」とも呼ばれてきた。そのような路線の長年の蓄積はそれなりの正当性ないし正当化を生じており，路線転換には議論を伴う。あるいは，長年の非軍事的主体としての蓄積を正当化した上で，新たな安全保障主体としてのあり方を構築することも模索されており，この意味でも，日本を取り巻く情勢が想起されるだろう。同時に，EU安全保障政策には，冷戦後的な安全保障課題に最適化された新たな安全保障主体構築という側面があり，時代や課題を共有する観点からも強い関心を持ちうるだろう。

　さて，以上のようなポイントを踏まえながら，本章では欧州統合の安全保障

部門について，経緯，現状，論点について一通り学ぶとともに，2014年以降，特に2022年2月24日以降避けて通れないロシアによるウクライナ軍事侵攻との関連についても理解することを試みる。もちろん，事態は本章執筆時点で進行中であり，総括的な議論を示すことはできない。ただ，欧州安全保障統合の「来し方」を踏まえて現状の対応を整理することはできる。

3　本章の構成

　欧州安全保障統合について，日本国内で一冊にまとめて論じている書籍はほとんど存在しないが，当然ながら欧米各国では何冊か存在する。ハワースはEU が安全保障政策を構築した当初から，欧州安全保障統合について正面から扱った書籍を刊行し，かつ版を重ねて現在に至っている。特に2020年に出版されたEU についての教科書の中で執筆している一章は，包括的かつ簡潔な EU 安全保障案内となっている。[1]次節では，この内容を紹介しながら，主に EU 安全保障の経緯と制度についてみていこう。

　他方，EU 安全保障について論じる他の多くの書籍は，特定の課題や，特定の国々との関連について論じることで，独自の立ち位置を示そうとするものが多い。その中で，コイブラは，非軍事的主体であった EU が軍事力を扱うようになるに際しての議論や葛藤について，言説分析を軸に論じている。[2]これは，EU としての安全保障のありようそのものに正面から切り込むものである。そこで，第3節ではこの議論を取り上げて EU 安全保障の背景を掘り下げることとしたい。コイブラはフィンランド国防大学の研究者であって，同国が冷戦後に EU 加盟を果たしたこと，かなり独特の安全保障政策を採用していることもあってか，EU 安全保障政策を半ば外部的な立ち位置から俯瞰しているように読める。このことからも，日本の読者に EU 安全保障を説明するのに適しているであろう。

4　本論に入る前に

　本章は，以上のような2冊の内容を眺めた上で，直近の状況について検討するが，その前に，ヨーロッパの安全保障枠組み自体を俯瞰して全体像を確認しておこう。まず，ヨーロッパにおける国際安全保障枠組は EU のみではない。

そもそも，第二次大戦後のヨーロッパで共産主義諸国と軍事的に向き合ってきたのは，欧米同盟 NATO である。

その一方で，第一次世界大戦と第二次世界大戦は，ヨーロッパを主要な戦場として主に欧州諸国同士が戦ったという意味でヨーロッパ内戦であって，特にその中心には常にドイツがいたことから，対ドイツの安全保障枠組みをNATO に先立って構築していた。これは，のちにドイツ（西ドイツ）も加盟国に加えて WEU（西欧同盟）となり，冷戦期を通じて北米諸国を含まないヨーロッパ独自の安全保障枠組みとして存続したものの，NATO の影に隠れ，「眠れる森の美女」と揶揄された。WEU 本部は長年ロンドンに置かれていたが，「（本部では）電話番のおばあさんが膝に猫を置いて編み物をしているだけだ」というのが定番のジョークであった。これが，それまで経済分野を中心に進展してきた欧州統合が冷戦末期以降に安全保障政策までを視野に入れるようになると再活性化し，一時的にヨーロッパ独自の安全保障政策を展開する際に活用されたり，ヨーロッパ諸国としての安全保障政策のあり方を検討する舞台とされたりしたが，やがて2000年代以降に EU 条約の一部に取り込まれて発展的に解消された。

また，WEU よりも，さらには EU や NATO よりも広い枠組みとしてはOSCE（欧州安全保障協力機構）がある。OSCE は「バンクーバーからウラジオストクまで」の57カ国から構成される安全保障機構であり，冷戦期の1970年代前半に CSCE（欧州安全保障協力会議）として設立されたものが，冷戦後の1995年に常設の国際機構 OSCE となった。冷戦期において対立する諸勢力を包摂する枠組みであり，いわゆる「共通の安全保障」の観点から，対話や協力のフォーラムとして機能した（OSCE については第4章参照）。

ヨーロッパの安全保障秩序は，これらの次元の異なる枠組みが多層に重なり合って構築されている。さらに言えば，マクロ的なグローバルな枠組みとしての国連があり，ミクロ的な各国独自の安全保障政策も存在している。EU の安全保障政策は，長期的には EU 各国の安全保障政策を統合することを目指すものではあるが，現時点ではこのような異次元多層なヨーロッパの安全保障秩序の1つである。

第2節　歴史的経緯とEU安全保障の仕組み

1　EU安全保障政策の基本的な見方

　まず，EU安全保障の歴史的経緯と仕組みを理解するにあたり，定番の見方を参照する観点から，ハワースの教科書をみてみると，その構成はおおむね歴史的経緯，現在の機構的配置，最近の状況，現在の議論，事例研究としてのEU－NATO関係などとなっている。歴史と仕組みと近況というのが，EU安全保障政策を理解する際の基本的なポイントであることがわかるだろう。近況については本章として後で見るとして，まずここでは歴史と仕組みの整理を眺めてみよう。

1）欧州統合史に重ねたEU安全保障政策の歩み

　さて，歴史的経緯がどのように整理されているかだが，これが興味深い。一般に，教科書的記述をするなら，大まかに前史，冷戦期，冷戦後になるだろう。前史としては，前述のように19世紀から20世紀前半にかけての戦争や，冷戦のはじまりの中でヨーロッパ各国間の安全保障協力が試みられたことが論じられることになる。次いで，冷戦期には欧州統合の展開は米ソ間の対立構造の中に絡め取られ，ヨーロッパ各国間の不戦共同体の基盤としての役割を与えられつつも直接的には安全保障政策を構築しなかった，あるいは緩やかな政府間協力にとどまったことが指摘されることになる。その後，冷戦終焉と前後して，EU設立と同時にヨーロッパ独自の外交・安全保障政策の構築があらためて試みられるようになった，といった展開で論じられることが多い。特に1990年代以降については，ユーゴ危機を契機に1998年の英仏間のサン・マロ合意によってEUとしての軍事力行使を可能にすべく制度構築が開始されたことが述べられる。2000年以降は，2003年にEUとしての安全保障戦略文書採択と初のEUとしてのミッションの展開があり，その後多くのミッションが展開されるとともに，リスボン条約を経て2009年にはEUのさらなる組織改革も行われた，というところまでは概ね共通に論じられる。もちろん，それぞれの時期や出来事について，多くの議論が展開されることになり，理解や解釈には幅がある。

2）EU 安全保障政策構築過程の欧州統合史との微妙なずれ？

　だが，ハワースの場合，冷戦期までは，もはや歴史的経緯ではなく，その前のイントロダクションの中で論じてしまっている。歴史的経緯のセクションで論じられるのは，1980年代の米ソ間の INF（中距離核戦力削減条約）のエピソードからである。結果的に，冷戦終焉前後からの EU 安全保障政策構築期以降を歴史的経緯として論じることになるが，この論述の意図は「このようにベルリンの壁が崩壊する以前から，欧米間の関係を再定義する必要性はヨーロッパの課題となっていた」と論じるためである。つまり，必ずしも冷戦終焉があってEU 安全保障政策があるのではなく，冷戦終焉と EU 安全保障政策構築は時期的に近接するものの，それだけで因果関係を説明できるものでもないということである。

　他方，これは INF が CFSP（欧州共通外交安全保障政策）の生みの親であるという意味ではない。INF 問題とは，具体的には軍備管理の問題であったが，政治的には欧米間の安全保障政策に不一致な部分がありうるということを顕在化させた問題であった。ソ連領内に配備された INF は，アメリカ本土は射程圏外であったが，西欧を射程圏内にとらえていた。このため，INF について欧米間では明確な脅威認識の差があり，結果として，この問題への対応を通じて欧米間の摩擦が生じ続けた。これらにより，ヨーロッパ独自の安全保障政策の必要性が痛感させられつつあった，ということである。

2　EU 安全保障政策とヨーロッパの自律性

1）EU 安全保障とは欧米同盟からの部分稼働に過ぎないのか

　また，他にも興味深い点として，前項での引用からも読み取れるように，ハワースが論じているのはあくまでもヨーロッパの自律性の模索という観点からであり，それは何からの自律かといえば，欧米関係からの自律化ということである。そしてこれが EU について学ぶ教科書において，EU の安全保障政策について理解するときに，基軸になるという理解が読み取れるのである。

　EU 安全保障政策の推移については，NATO 内でのヨーロッパの主体性模索の時期，EU としての安全保障政策構築の時期，EU 安全保障政策の停滞の時期に区分して論じている。ヨーロッパとしての独自の安全保障政策展開が模

索されはじめた当初，NATOのみが実体的な西欧の軍事機構であったため，ヨーロッパ各国は十分な軍事展開能力を有していなかった。特に，ヨーロッパ各国軍は基本的にヨーロッパ防衛を主要任務としていたため，戦力の遠方展開能力を欠いていた。ヨーロッパの安全保障政策における主体性が問題になるとき，INFでみられたようなグローバルな米ソ冷戦の中でのヨーロッパの位置づけも問題ではあるが，冷戦終焉後のこの時期，注目されたのは周辺的な地域紛争などへの対応，いわゆる危機管理であり，その際に鍵となるのが戦力の機動的な展開能力であった。それを補うためまず試みられたのが，ヨーロッパが有していないが必要とする能力はNATO（実際問題としては米軍）から借りて活動を実施するというもので，これが「NATO内でのESDI（ESDI within NATO）」と呼ばれる方式であった。ESDI（欧州安全保障・防衛アイデンティティ）は，ヨーロッパの安全保障・防衛政策における主体性であるとされた。

　「NATO内でのESDI」では，NATO統合軍事機構の最高副司令官であるヨーロッパ人が独立的に最高司令官になり，NATO統合軍事機構の一部が部分稼働するというものであった。NATOとは別個の安全保障主体をあらためて構築することを回避するのが主眼であった。しかも，他方で「NATO内のESDI」を展開する主体は，EUではなくWEUであった。EUとして直接に軍事活動を展開することには，これまで非軍事に専念してきた経緯との乖離が生じることが認識されており，EU加盟国内でも十分に合意は得られていなかった。このため，EU加盟国の多くが加盟していたWEUという枠組みが活用されることとなったのである。欧州独自の安全保障は，NATOでもない，EUでもないところにひっそりと芽生えつつあった。

　2）「NATO枠外のヨーロッパ」

　このようなEUとしての軍事活動に非常に慎重であった展開の転機となったのは1998年の英仏サン・マロ合意である。イギリスのブレア首相とフランスのシラク大統領は，「同盟（NATOを指す：引用者注）が全体として関与しない場合に」EUが関与する軍事活動について，「NATOにおけるヨーロッパの柱（ESDIと同義：引用者注）のために構築される能力」と並んで，「NATO枠外の各国個別あるいは多国間のヨーロッパの手段」を構築すべきことに合意した。意思決定，意思決定を支援する能力，実施能力の全面において，EUとして自

律的に軍事活動を実施できるようになることを目指すとしたのである。時を同じくして，軍事的安全保障政策を含む EU の対外政策の「顔」として，EU 外相にもなぞらえられる CFSP 上級代表というポストが新設された。初代代表には NATO 事務総長を務めていたスペインの元外相であるソラナが着任した。

　この転機をもたらした要因については，「NATO 内での ESDI」が機能不全であったことが指摘される。長年休眠状態にあった WEU の機能不足や米軍の側の ESDI に対する消極的な姿勢などがその要因とされる。加えて，時系列的には旧ユーゴ紛争で NATO としての軍事介入が遅延し，さりとてヨーロッパ独自の軍事関与には能力不足が著しかった経験もそこには含まれる。

3）独自の EU 安全保障へ？

　その後，2003年12月の欧州安全保障戦略策定，バルカン半島や北アフリカを中心とする EU としての軍事活動の展開開始など，EU としての軍事活動は一時は活発に展開された。しかしながら，2008年以降，EU としての軍事活動は停滞期に入る。これは，2007年に合意され，2009年に発効した新たな EU 条約であるリスボン条約による EU の，特に CSDP（共通安全保障防衛政策）関係の機構改革と時期的に一致する部分である。停滞の要因として，この機構改革の消化に忙殺されたとの指摘も，新たに CFSP 上級代表に着任したイギリス出身のアシュトンが EU としての軍事活動に関心を持たなかったとの指摘もある。付言すれば，これまで4代の CFSP 上級代表のうち，安全保障戦略文書を策定しなかったのはアシュトンのみである。

　結局，前述のように2008年以後に EU の軍事活動が初期のような活発な展開をみせることはなくなって現在に至る。他方で EU は，特にリスボン条約による機構改革以降，文民的分野と軍事的分野を連携させたような包括的安全保障とも呼ばれる活動を展開することが増えている。これについて，ハワースは「少なくとも当初描かれたような CSDP ではない」として消極的に評価している。ただし，繰り返しになるがこれはあくまでも欧米同盟から自律的な軍事活動を EU が実施できるようになったかという観点からの評価であることには留意すべきである。

3　EU 安全保障の機構

　ここで，EU の安全保障に関わる現在の機構を眺めておこう。EU は創設以来ハイブリッドな機構で，EEC から EC を経て発展してきた超国家的な経済統合の部分と，EU 創設時に新たに設置された政府間主義的な外交・安全保障政策の部分からなる。リスボン条約によって EU は全体として超国家的とされたのちも，外交・安全保障政策は例外的に政府間主義的であるとされている。外交・安全保障政策部分では，加盟国首脳で構成される欧州理事会で大枠の方針が定められ，理事会で個別の決定がされた上で，委員会の外交政策担当副委員長を兼務する CFSP 上級代表が EEAS（欧州対外活動庁）を率いて実際の活動を行う。EEAS は理事会職員と委員会職員，それに各国からの出向者の混成である。こうしてみると，上級代表から EEAS のラインはいかにも超国家的な部門と政府間主義的な部門が融合したようにみえるが，一般的な外交政策や文民的活動はともかく，軍事活動に関して言えば条約の規定から EU の軍事活動には EU 予算があてられることはないため，緻密な区分が要求される。

　理事会での決定を採択する際には，大使級の各国代表で構成される PSC（政治・安全保障委員会）が支援する。PSC は各国の参謀総長で構成される EUMC（EU 軍事委員会）と各国代表から構成される CIVCOM（危機管理における文民的側面委員会）のサポートを受ける。実際のオペレーションは軍事面については EUMS（EU 軍事幕僚部），文民的活動については CPCC（文民的計画・行動能力）が取りまとめる。ただし，EUMS は展開準備などこそ行うものの，実際のオペレーションの指揮は行わないこととされている。

　2016年のイギリスの EU 離脱決定後に設置されたのが，MPCC（軍事的計画・行動能力）である。前述の欧州理事会から理事会のラインが政治的意思決定のラインである一方で，実際の軍事的な作戦展開に関しては PSC での意思決定と現地展開の間にミッシングリンクが存在していた。一般企業に例えるなら，役員会での基本的な決定を受けて，PSC で実際のオペレーションに関する決定がなされるも，支社や支店を統括する部署が本社に存在しなかったような状態である。その場合，支社長や支店長がいちいち本社に出張して報告したり支持を仰いだりする必要が生じる。文民的オペレーションの場合にはすでに2008年に構築されていた CPCC がその役割を担っていたが，軍事的側面では構築

されていなかった。理屈としては，上級代表や EEAS のような半ば超国家的ながら文民的な存在や，欧州理事会，理事会から PSC に至る政府間的な機構は存在を許されても，EU（直前の例えで言えば本社）としての統括的な軍事機構は NATO との重複の懸念などから設置を合意できなかったためである。そのような統括的な軍事機構は，基本的に既存の NATO の機能を活用するか，各国の国軍の司令部機能を利用することとされていた。結果，現実的には現場の司令官が直接意思決定部門と調整することも多くなっていた。そのような状況から，EU としての自前の軍事部門として設置されたのが MPCC である。だが，2022年時点では MPCC が扱えるのはあくまでも非執行型軍事展開，つまり教育訓練ミッションなどのみとされているとともに，EUMS の長が MPCC の長を兼ねるとされている。まだまだ制約がかけられていると言えるだろう。

第3節　EU 安全保障の特性

［1］ EU 軍事化に至る葛藤

　フィンランド国防大学のコイブラは，軍事化する EU の葛藤について言説分析を行っている。ハワースが比較的に軍事化「ありき」で論じるのに対し，そこに至る逡巡や葛藤が，結果的に，安全保障主体として姿を現しつつある EU の特性につながっているという観点である。

　紙幅の関係で，本節でその著書『EU と軍事力行使』の内容を全面的に紹介するわけにはいかないが，ここでは特に EU の安全保障の特性を理解するために有益と考えられる第3章「CSDP の神話」の内容を取り上げる。ここで，コイブラが「神話」（コイブラの説明によれば証明されていない集団的な信念）としてあげているのは，「平和のプロジェクトとしてのヨーロッパ」，「第三勢力としてのヨーロッパ」，「シビリアン・パワーとしてのヨーロッパ」，「規範パワーとしてのヨーロッパ」と「軍事パワーとしてのヨーロッパ」である。ただし，「軍事パワー」には疑問符がついている。

　まず，「平和のプロジェクト」は，欧州統合が第二次世界大戦の反省からヨーロッパ諸国間に平和を定着させるためのプロジェクトとして開始されたという認識である。「平和のプロジェクト」であることは，さらに欧州統合のアイデ

ンティティとなり，欧州統合のあり方や対外的なアピールにもつながっていっ
たとする。

　次に，「第三勢力としてのヨーロッパ」は，グローバルな米ソ間の冷戦とい
う戦略環境の中で，必ずしもそのいずれにも与しない独自の勢力となることを
目指す動きである。第二次世界大戦後のヨーロッパ安全保障枠組みの最初期の
WEUが，結果としてNATOとしてアメリカのヨーロッパ防衛への関与を呼
び込むためのステップであると同時に，その後のヨーロッパ独自の安全保障協
力の中核となることが目論まれていたとの指摘や，その後の1950年代の欧州防
衛共同体構想，1960年代のフーシェ・プランなどにもこの文脈が見いだされる。

　そして「シビリアン・パワーとしてのヨーロッパ」は，冷戦中期以降，経済
力を増しつつあったとともに軍事的影響力をアメリカに依存したヨーロッパ
が，独自の経済的，外交的影響力を発揮しうるとした議論であった。

　「規範パワーとしてのヨーロッパ」は，特に冷戦終焉後，大国とも言うべき
巨大な主体となりながら，それでもやはり伝統的な大国とは異なるEUの影響
力のあり方についての議論である。曰く「何が規範であるかを打ち立て，それ
に他者を従わせるパワー」とされる。規範パワーの議論を打ち立てたのはマ
ナーズであるが，マナーズによれば，規範パワーとは，「国際関係においてな
にが『正常』（normal）であるのか形成する能力−すなわち，規範的な推進力
を持って，国際社会の現状を『変革』する能力である」という。[3]「パワー」には，
このような「能力」という側面とともに「大国」という含意がありうるが，単
純に「規範大国」とすると，やや意味合いがずれるので，その場合は「規範パ
ワー（の能力をもっぱらとする）大国」ということになるだろう。マナーズの議
論は，あくまでも批判的な議論であり，必ずしもEUの外交・安全保障上の主
体性について論じたものではない。ただし，外交・安全保障主体としてのEU
のあり方について，単純に軍事力を備えた伝統的な大国のようになるべきでは
なく，かといって非軍事でありさえすればそれでよいというわけではない，と
いう議論につながるものである。

2 EU安全保障政策の現在に埋め込まれた葛藤

　このように，欧州統合の外交・安全保障政策の側面についての議論には，国

際政治環境からの文脈と，ヨーロッパに内在的な文脈とがあるが，いずれにしても冷戦後のEUの安全保障政策の構築は白紙から書き起こされたものではなく，欧州統合プロジェクトの開始以来のさまざまな文脈（あるいは「神話」）があってなされているものである。目的としての平和を掲げる主体が，必ずしも手段としての平和（非軍事）に拘束される必要性はないが，EUは理念を掲げて構築されてきた枠組みであるため，「言行不一致」はその存立基盤を脅かしかねない。他方で，第三勢力となることを希求する要素や，究極的には統合を目指す運動体であることは，EUとしての政策に（軍事的）安全保障政策を含むことを求め続けることになる。コイブラの整理は，そのようなジレンマの上に，EUがどのように軍事を含む安全保障政策を構築することを説明してきたか，検討するための基盤的なものとなっている。

　結果的に，EUはその安全保障政策の展開において，軍事力行使に踏み出しつつある一方で，平行的に文民的安全保障を掲げ，警察支援，行政の再建，国境管理支援，選挙支援といった文民的ミッションの展開を行ってきた。さらに，そのようなミッションは治安の安定しない状況下での展開を要することも多いため，軍民融合型のミッションを展開することも多い。本節で述べてきたような背景を持ちつつ構築されたEUの文民的安全保障政策は，結果的に機動的な軍民融合型ミッションの展開を可能にし，それは今日ではEU安全保障政策の強みとなっている。

第4節　転機のEU安全保障

　近年，特に2022年2月24日からはじまったロシアによるウクライナ軍事侵攻以降，ヨーロッパの安全保障情勢は時代転換点ともいわれる大展開をみせている。また，EUの観点で言えば，2016年のイギリスのEU離脱をめぐる国民投票と，その結果としての2021年1月末でのイギリスのEU離脱実現（いわゆるブレグジット）も大事件であった。ここでは，EUの安全保障政策に絞って整理することとしたい。

1　イギリスの EU 離脱の EU 安全保障政策への影響

　まず，イギリスの EU 離脱は，同国が EU 安全保障政策をサン・マロ合意でスタートラインにつけた国でありながら，やはりそれ以降は同政策推進のブレーキ役となってきていたため，EU 安全保障政策進展の好機かとも思われた。実際に，同国の EU 離脱決定以後，それまで条約上は規定がありながら休眠状態にあった PESCO（常設軍事協力枠組み）と呼ばれる EU 内有志国による安全保障政策に関する協力枠組みが初めて発動されるなどした。

　しかしながら，実際に PESCO が起動されてみると加盟国間の思惑の相違は甚だしく，結局は EU 独自の安全保障政策展開の基盤を整えるというよりも，総花的に NATO にも EU にも貢献しうるような防衛能力の強化を試みるものとなった。

　特にフランスは加盟国の中でも EU 独自の安全保障政策展開に積極的だったが，夢破れることになる。自国との関係が深いアフリカのマリの治安情勢悪化に対応して軍事力展開を検討した際，EU としては，すでに戦闘的な任務を遂行可能な能力の準備があったにもかかわらず，関係国の合意が形成されなかったためにマリ国軍の訓練という側面支援的なミッションにとどまったのである。結局，戦闘的な任務はフランスが単独で実施することになった（2022年に撤退）。

　これらのことから，能力構築と同時に戦略的な方向性の共有の必要性を痛感し，2017年にソルボンヌ大学での演説で「欧州介入イニシアチブ（EI 2）」を提唱した。後述するようにヨーロッパ防衛にはやはりアメリカとの共同行動が必要であると考えられるため，現実的にヨーロッパ独自の安全保障政策の展開の余地があるとすれば遠征的任務であると考えられる。そのため，近年では既存の能力で遠征的任務が可能な海軍力で，非軍事的な任務を展開する機会が目につくようになっている。

2　ロシアによるウクライナ軍事侵攻と EU 安全保障

　次に，EU のウクライナとの関係は，非常に微妙なものであった。長期的，あるいは潜在的には EU 拡大の対象国とされ，EU からの民主化支援もありながら，実際の拡大の具体的なプロセスはみえない状況が続いた。

　第1に，EU側にも余裕があったとは言えない。2000年代中盤以降の欧州憲法条約批准失敗，ユーロ危機と難民危機，加えてイギリスのEU離脱問題にEUは振り回されていた。第2に2000年代中盤以降に顕在化したロシアのプーチン政権の攻撃的な外交姿勢も懸念材料であった。第3にEU拡大は転機を迎えていた「ビッグバン」とも称された大規模拡大を消化するための「EUの拡大疲れ」が指摘され，さらにはすでに2002年のプローディ委員長による「機構以外のすべてを共有（share everything but institutions）」発言にみられるように，拡大の終わりを見据えた議論も現実的に論じられるようになっていた。冷戦後のEUの対外的な積極関与や拡大の勢いは失われつつあった。

　このような中，それでも2013年から2014年にかけてのウクライナでのいわゆるユーロマイダン危機とそれに続くロシアによる一方的なクリミア「併合」という情勢の展開を受け，EUは2014年12月にCSDPミッションとして「EUウクライナ諮問ミッション（EUAM Ukraine）」を開始した。200名の文民要員を派遣したミッションで，ウクライナの文民治安部門の改革に助言を行うというものであった。ウクライナに訪れた危機的状況に直面して提案されたミッションでありながら，イギリス，スウェーデン，ポーランドなどが当初主張した東部への展開ではなく，キーウに本部を置き，しかもいわゆるSSR（治安部門改革）支援という，状況に照らしてまったく間接的な支援内容になったのは，EU内での意見の不一致によるものであり，さらに可能な限り軍事的安全保障をNATOに委ね，EUとしてはそこから距離をとろうとしたものであるとされている。それでも，2005年からウクライナに展開されていたもう1つのミッションであるEUBAM（EU国境支援ミッション）がオデーサに本部を置いた地域的なものであったのと異なり，EUAMは，かろうじてウクライナ全域を対象としたものとされた。EUAMは，2022年2月24日のロシアによる軍事侵攻開始以降は人道支援や避難民支援，戦犯訴追支援などに活動の軸足を移している。NATOとの役割分担や加盟国間の不一致などから，CSDPミッションの枠内としながらも可能な限り低い関与を探った姿は，2000年代中盤以降のCSDPミッションのあり方の一面を，如実に示したものであったと言えるだろう。

　EUがかろうじて存在感を示したのは，ウクライナの加盟候補国認定とEPF

（欧州平和ファシリティ）による軍事支援である。2022年 6 月23日の欧州理事会で，EU はウクライナを加盟候補国認定した。軍事侵攻開始直後の 2 月28日の同国の加盟申請を受けてのものである。ただし，実際の加盟（と言うよりも加盟交渉の進捗）には長い時間がかかるものと考えられており，今回の加盟候補国認定は加盟プロセスの実際的な進展と言うよりも政治的なウクライナ支援の意味合いが強いと認識されている。

　EPF は，EU 予算とは別枠で，各国の拠出によって運営される CSDP 関係予算である。軍事活動の共通部分の経費のほか，EU の対外活動における軍民融合的な性格が強化されつつあった中，非軍事的用途に限定される EU 予算では治安維持に関する現地支援のための拠出に支障が生じる場合もあり，EU 本体の予算とは切り離して政策的自由度を確保したものである。典型的には小火器などの支援が想定されていた。今回，これを一気に拡大解釈してウクライナへの各国の軍事支援に用いられることとなった。2023年 2 月 2 日時点で36億ユーロの予算枠が確保されているが，詳細な消化状況は不明である。ただ，ウクライナへの軍事支援の中心的役割を担っているのがアメリカであり，2023年1 月 6 日時点の総額はおよそ249億ドルとされている（現時点でドルとユーロは概ね 1 : 1 と考えてよい）。

　また，少なくとも2014年以降のヨーロッパ安全保障情勢は集団防衛があらためて注目されるようになっており，EU 独自の安全保障政策の展開が断念されたわけではないが，基本的には NATO を中心とした防衛体制の構築が主軸となっている状況である。EU としての安全保障は，冷戦末期から2000年代にかけての構築期を経て，現状では必ずしも国際情勢の最前面に立っているとは言えないかもしれないが，着実にその独自の立ち位置を確保しつつある。

推薦図書

広瀬佳一編著，2019，『現代ヨーロッパの安全保障』ミネルヴァ書房。

小林正英「英国 EU 離脱後の米欧関係」日本国際問題研究所『国際問題』691号，2020
　　年 5 月，16-26頁。

小林正英「EU‐NATO 関係の現在──ソマリア沖海賊対策作戦の事例を中心に」『尚美
　　学園大学総合政策論集』第25号，2017年12月，19-32頁。

小林正英「EU海洋安全保障戦略における包括的アプローチ」関西学院大学産業研究所『産研論集』第43号，2016年3月，41-46頁。

臼井陽一郎編著，2015，『EUの規範政治』ナカニシヤ出版，291-307頁。

小林正英「EU文民的安全保障政策の成立と発展」『法学研究』第84巻1号，2011年，303-337頁。

小林正英「国連と地域的機関としてのNATOおよびEU」日本国際連合学会編『安全保障をめぐる地域と国連（「国連研究」第12号）』国際書院，2011年6月，69-94頁

Jolyon Howorth, 2020, "The CSDP in Transition: Towards 'Strategic Autonomy'?", Ramona Coman, Amandine Crespy and Vivien A Schmidt eds., *Governance and Politics in the Post-Crisis European Union*, Cambridge University Press.

Tommi Koivula, 2016, *The European Union and the Use of Force*, Routledge.

注

（1）　Jolyon Howorth, 2020, "The CSDP in Transition: Towards 'Strategic Autonomy'?", Ramona Coman, Amandine Crespy and Vivien A Schmidt eds., *Governance and Politics in the Post-Crisis European Union*, Cambridge University Press.

（2）　Tommi Koivula, 2016, The European Union and the Use of Force, Routledge,.

（3）　東野篤子，2015，「EUは『規範パワー』か？」臼井陽一郎編著『EUの規範政治』ミネルヴァ書房，47頁。

（小林正英）

第**10**章

ブレグジットと EU（欧州連合）へのインプリケーション
──存在意義の再確認──

■Graphic introduction■ イギリス（グレートブリテン及び北アイルランド連合王国）
地図

■**本章の問い**■

・なぜイギリスは EU から離脱（ブレグジット）したのか。

・ブレグジット後のイギリス－EU 関係はどのようなものか。

・ブレグジットは EU にどのような影響を与えたか。

第1節　なぜイギリスはEUから離脱したのか

1 本章の構成

　2016年6月23日，イギリスでEU残留の是非をめぐる国民投票が行われた。投票者の約51.9％がEUからの離脱を支持したのに対し，残留支持は48.1％にとどまり，イギリス国内のみならず世界にも衝撃が走った。難航した離脱交渉の末，2020年1月31日にイギリスはEUから離脱した。本章の第1節は，なぜイギリスでEU残留の是非をめぐる国民投票が行われ，離脱派が勝利したのか振り返る。第2節では離脱交渉の過程と結果をみた後，離脱後のイギリス・EU関係について説明する。第3節ではブレグジットがEUに与えた影響を概観する。

2 ブレグジットの原因

　移民の流入に対する不満が，EU離脱を訴えるポピュリズム勢力への支持を強め，ブレグジットにつながったと言われることが多い。しかし，実態はそれよりはるかに複雑である。ブレグジットの原因として，①イギリスとヨーロッパ大陸との歴史的な関係，②イギリスとEUとの制度的な不適合（欧州化の失敗），③政治エリートの一部がEUに対して持った不満と，EUに懐疑的なポピュリズムとがユニークな形で結合したこと，の3点を指摘することができる。以下順を追ってみてみよう。

1）イギリスと欧州統合

　欧州統合は第二次世界大戦後にはじまったが，イギリスは当初統合への参加に前向きではなかった。ECSC（欧州石炭鉄鋼共同体：1952年設立），EEC（欧州経済共同体）・EAEC（欧州原子力共同体：ともに1958年創設）への参加を見送り，方針転換してEC（欧州共同体：上記3つの共同体の総称）に加盟したのは，ようやく1973年になってからのことである。加盟後もヒト・モノ・資本・サービスの自由移動を柱とする単一市場の実現には貢献したが，域内での国境管理を廃止したシェンゲン協定や，東西冷戦終結後に実現した単一通貨ユーロへの参加は見送った。

　このようにイギリスが「扱いにくいパートナー」であった理由の１つが，歴史的要因である。チャーチル首相が，イギリスを「大英帝国」「アメリカ・カナダその他を含む英語圏」「ヨーロッパ」という３つのサークルの結節点として位置づけたことは有名である。歴代のイギリス政府は，大英帝国やアメリカとの「特別な関係」をヨーロッパよりも重視してきた。大英帝国やアメリカとの関係が，言語や文化の共通性に支えられ，イギリスの安全保障や経済にとって有益なものとされたのに対し，ヨーロッパ大陸諸国が一致団結することは，最大の脅威だとみなされていた。イギリス外交の基本方針が「バランス・オブ・パワー」——大陸に覇権国家が誕生しないように，協力相手を組み替えつつ列強を互いに争わせる政策——であったのは，そのためである。

　大英帝国の重要性が低下し，アメリカとの関係も対等なものではなくなると，イギリスは一度は欧州統合への参加を決断した。それから50年を経てEUから離脱したイギリスは，アメリカや旧植民地諸国（アングロ・スフィアと呼ばれる）との関係強化を図りつつ，EU諸国とは問題ごとに協力する姿勢をとっている。これを欧州統合に参加する以前の伝統的な外交路線への回帰とみることもできよう。

　歴史的要因は，イギリスの国家主権に対する執着の強さにも現れている。欧州統合は，２度の世界大戦の経験を踏まえ，超国家的な国際機構の創設によって平和で民主的なヨーロッパを構築しようとするプロジェクトである。その対価として，参加国は国家主権の制約を受け入れる必要がある。しかし戦間期に議会制民主主義が崩壊することもなければ，第二次大戦中にナチ・ドイツに占領されることもなかったイギリスでは，こうした統合の理念に対する支持は（西）ドイツやフランスと比較して希薄であった。欧州共同体に加盟したのは，統合の理念に共鳴したからというより，国際的な影響力の向上や経済的な便益といった実利に期待した面が大きかった。

2）欧州化の失敗

　イギリスが欧州統合に参加した後も「扱いにくいパートナー」であり続けたもう１つの理由は，イギリスが「欧州化」に失敗したことにあった。欧州化とは，EUが加盟国の政策・政治制度・政治のあり方に与える影響のことを指す。当然のことながら，EUの政策や機構がつくられる際には，自国のモデルを反

映させようと各加盟国がお互いに競い合う。そこで欧州化の研究では，前者を「ダウンロード」，後者を「アップロード」と呼んで区別するのが通例である。アップロードに成功した国は，EUと自国の政策や機構の間に大きな齟齬が生じることはないが，そうでない場合は深刻な不適合が発生しうる。イギリスは1970年代まで欧州統合に参加しなかったため，初期のEUの制度や政策はイギリスの利害を考慮することなく形成され，その政治的伝統とさまざまな点で乖離していた。ここでは，EUの予算分担金とEU法の原則を例として取り上げる。

　当初のEU予算は，第三国からの輸入に対する関税・輸入課徴金と，各国の間接税収入の一定比率を財源としていた。歳出の大半は，域内農家の生活水準の維持を目的とする共通農業政策にあてられていた。イギリスは第三国からの輸入が多いため予算分担金が高額になる一方，経済に占める農業の比率は低く，共通農業政策からの受け取りは少なかった。結果的に，西ドイツに次ぐ規模の財政貢献を行うことになったイギリスは，状況を是正するよう強く求めた。この問題はイギリスに払戻金（リベート）が支払われる形で，1984年にようやく妥協に至った。しかし，サッチャー首相が非常に強硬な交渉姿勢をとったこともあって，イギリス国内とEUの双方に大きなしこりが残った。

　イギリスの憲法原則である国会主権の原則と，EU法の優越原則や直接効果の原則との間に齟齬があることも，大きな問題になった。イギリスには，通常の法律より上位の効力を持つ硬性憲法典がない。そのため国会は法律を任意に改廃することが可能で，議会制定法が憲法に抵触するか否かを裁判所がチェックする違憲立法審査の制度は存在しない。対して，EU法は加盟国法に対して優越し裁判所で直接援用できる権利を加盟国の市民や企業に対して付与するため，憲法的性格を持つ。1989年のファクタテイム事件判決において，イギリス最高裁はEU司法裁判所の解釈に基づき，イギリス商船法のEU法に抵触する部分を無効と判示した。この判断はEU法の原則からすれば当然の帰結であったが，違憲立法審査の伝統のないイギリス国内では大反響を巻き起こした。

3）一部のエリートの不満とポピュリズムとの結合

　1980年代後半以降の欧州統合の深化・拡大に伴って，イギリスを含む多くの加盟国でEUに懐疑的な立場が統合により悪影響を受ける人々の間で広まって

いった。それでも，イギリスにおいてさえ，2000年代後半まではEU離脱を求める声は少なかった。しかし2007年にアメリカで世界金融危機が勃発し，ヨーロッパにも波及すると，状況は一変した。EUが連続的な危機に直面する中で，イギリスの政治エリートの一部にあったEUに対する不満とポピュリズム勢力の台頭とがあわさって，離脱論を勢いづかせた。

　よく指摘されるように，ポピュリズムの台頭を促した最大の要因は，中・東欧諸国から流入した移民に対する一般のイギリス人の不満である。EUの東方拡大は2004年と2007年の２度にわたって実現した。当時のイギリスが好景気であったこともあり，労働党のブレア政権は人の自由移動に移行期間を設けなかった。そのため，新加盟国からの移民が急増した。世界金融危機の中で金融業に依存するイギリスの経済状況が暗転し，政府の緊縮財政で医療や教育等の公共サービスの水準が低下すると，移民に対する否定的な見方が広まった。EUにとどまる限り人の自由移動の制限は不可能であるため，移民への不満はEU離脱を唱える右派ポピュリズム勢力のイギリス独立党への支持を拡大させた。

　二大政党の一角の保守党の中では，サッチャー政権期の1980年代末以降，通貨統合の進展に対する反発から欧州懐疑派の勢力が強まり，1997年に党が野党に転落すると路線対立が激化した。党内のEU離脱論に拍車をかけたのが，2010年にギリシャの財政危機に端を発する形で起きたユーロ危機である。危機の再発を防ぐため，ユーロ圏諸国がマクロ経済政策や金融規制での統合を深める中，ユーロの一員でないイギリスのEU内における影響力は低下した。ロンドンの国際金融センターとしての地位がEUの新たな規制やEUが当時導入を検討していた金融取引税によって脅かされているとみる勢力が保守党内で力を増した。

　キャメロン首相は2013年１月，次回の総選挙で保守党が勝利した場合にEU残留の是非をめぐる国民投票を行うと公約した。この時の演説で，キャメロンは「移民」という言葉をただの一度も発していない。国民投票の実施決定段階では，一般の人々の関心が強い移民問題でなく，保守党内部のEUの規制に対する不満の方がより重要な要因であった。[1]

3　2016年国民投票

　上述した経緯で2016年6月に国民投票が行われた。二大政党の保守党・労働党の首脳部や，自由民主党，スコットランド国民党が残留を支持したのに対して，保守党のジョンソン（ロンドン市長）やイギリス独立党の党首ファラージが離脱派の「顔」として論戦を繰りひろげた。以下，国民投票の争点，結果の順で説明しよう。

1）国民投票の争点

　離脱派の主張は，EU加盟によって失われた国家主権を取り戻す（「テイク・バック・コントロール」），離脱によって不要になるEUへの財政貢献を国民医療サービスの予算にあてる，離脱によってヨーロッパ外の諸国と自由に経済的な関係を築く，というものであった。これは，国家主権への執着，EUの予算分担金に対する不満，アメリカや旧植民地諸国への愛着といった古いテーマの繰り返しに過ぎず，特に目新しいものではなかった。離脱派と一口に言っても，実は寄せ集めの集団であり，移民への反対を前面に押し出すイギリス独立党系のグループと，離脱によってイギリスをEUの規制から解き放ちたい保守党系のグループから構成されていた。前者が反グローバル化の立場をとるのに対して，後者はさらなるグローバル化を支持していたので，離脱後のイギリスに関する共通の青写真はなかった。それに対して残留派は，EUがイギリスにもたらす経済的なメリットと国際的な影響力とを強調した。

　実際に国民投票のキャンペーンが本格化すると，離脱派の2つのグループは移民に焦点を絞ることでうまく協力し，イギリス社会が抱えるさまざまな問題をEUに押しつけることに成功した。それとは対照的に，残留派は個人的な野心や党利党略にとらわれ，最後まで足並みが揃わなかった。主要政党の残留派がうまく協力できていれば，結果は違ったものになったかもしれない。

2）国民投票の結果

　誰がEU残留を支持し，誰が離脱を支持したのか。一般的には，離脱を支持した人の多くはグローバル化から取り残された層（年齢が高く，低スキル・低学歴の労働者層や年金生活者）だと言われている。実際，投票行動分析によれば，社会階層・学歴が高い人や若い世代が残留を支持する傾向にあったのに対し，社会階層・学歴が低い人や高齢の人ほど離脱を支持する傾向にあった。もっと

も，保守党支持者の約 6 割が離脱を支持していることからわかるように，離脱派にはエリート層も含まれている。居住地域でみると，ロンドン・北部のスコットランド・北アイルランドでは残留が多数を占めたが，ロンドン以外のイングランドやウェールズでは離脱を支持した有権者の方が多かった。

　さらに，投票者の EU に対する立場はグローバル化に対する立場と同様，その社会的・文化的価値観に左右される。社会的リベラルの者は EU を支持するのに対して，保守的な者は敵対的な傾向がある。イギリス独立党の支持者，EU の規制に反発する中小企業経営者，衰退したイングランド北部の工業地帯の労働者など雑多な社会集団から構成され，経済的には決して一枚岩でない離脱派の共通点は，社会的保守主義であったのである。

第 2 節　ブレグジット後のイギリス・EU 関係はどのようなものか

1 　離脱交渉

1 ）交渉ルールとその含意

　EU 基本条約第50条は，加盟国はその憲法が定めるところに従って EU から離脱できると定めている。加盟国が離脱意思を欧州理事会に通知した場合，EU はその加盟国と離脱協定ならびに離脱後の関係の基本枠組みを交渉する。交渉期間は 2 年であり，当該国は EU と締結した離脱協定が発効するか，もしくは交渉期間が終了すると，EU から離脱することになる。交渉期間は両者の合意があれば延長可能である。

　第50条が定める離脱手続きは，以下の 3 つの理由で EU に交渉上のアドバンテージを与えた。第 1 は，「一部の国だけの統合（differentiated integration）」と「一部の国だけの離脱（differentiated disintegration）」との違いである[2]。すでに述べたように，イギリスは欧州統合の進展に際してしばしば適用除外（オプトアウト）を勝ち取ってきた。統合を進展させるための条約改正にはすべての加盟国の同意が必要であるため，各加盟国には拒否権があり，イギリスのように現状維持を望む国が交渉上有利になる。そこで他の加盟国は，イギリスが拒否権を行使して条約改正自体がご破産になることがないよう，適用除外を認めてきたのである。しかし離脱交渉の場合，離脱後の関係に関する協定はすべての加

盟国で批准されなければならず，現状変更を望むのはイギリスの方である。そこで各国の拒否権行使によって協定発効が妨げられるのを防ぐため，イギリス側が譲歩を迫られることになった。

　第2の理由は，各加盟国が離脱を望む国と個別に交渉するのでなく，EUが一体として離脱交渉に臨むことである。EUの方がイギリスよりも経済規模が大きく，相手側に依存する度合いは低いため，交渉力は高い。第3に，離脱を望む国は，交渉期間が経過すれば自動的に合意なしで離脱することになり，大きな経済的・社会的混乱に見舞われることが予想される。それを避けるためには，より大きな譲歩をすることが必要になる。

2）双方の交渉姿勢

　イギリスがEUから離脱するとしてどのような形で離脱するかは，離脱か残留かの選択と同じくらい重要な問題であるが，国民投票の間，この問題が議論されることはほとんどなかった。そこで投票結果が判明したあと，二大政党の双方で熾烈な路線対立が勃発した。キャメロン首相の辞任を受けて行われた保守党の党首選挙では残留派であったメイ内相が勝利し首相に就任したが，イギリス政府の意思決定は混迷を極めた。

　当初焦点とみられたのは，イギリスがEU離脱後，ノルウェーと同様にEEA（欧州経済地域）のメンバーとなり，単一市場にとどまるかどうかであった。EUから離脱するが単一市場にはとどまることを「ソフト離脱」，単一市場からも離脱することを「強硬離脱」と呼ぶ。しかし国民投票の際に離脱派の最大の関心事が移民の制限であった以上，人の自由移動を原則とする単一市場にとどまるのは政治的に困難であった。EU離脱後も単一市場にとどまれば，ルール策定に対する発言力を失うため，EUの規制から金融業を守ることも不可能になる。そこで実際には，単一市場残留を主張する勢力は小規模にとどまった。

　メイ首相は「悪い協定を結ぶより協定なしで離脱する方がいい」という発言を繰り返す一方，2017年1月の演説の中で，イギリスを単一市場から離脱させ人の自由移動に終止符を打つ，関税同盟から離脱することで第三国と独自の貿易協定を締結する権限を回復する，EU司法裁判所の管轄は受け入れない，などの交渉方針を掲げた。そのため，イギリス政府が「強硬離脱」を選択したと

受け止められた。しかし，メイ首相は単一市場に対する最大限のアクセスを求めるとも発言しており，党内対立が激化する中，何とか政府の一体性を保つため，EUに対して最大限の要求を行ったというのが真相だと思われる。

　イギリスと対照的に，EUは交渉に臨むにあたって一体的な立場を維持することに成功した。この時点でのEUの最大の関心事は，イギリスに続いて離脱する国が続出する「ドミノ離脱」を避けることにあり，イギリスに厳しい立場で臨むことになった。とりわけEU側は権利と義務の均衡を重視し，イギリスが単一市場の都合の良いところだけつまみ食いするのは許さないという点を強調した。EUからみれば，イギリス政府は，国家主権を回復することと，EUとの密接な関係を維持して経済的な便益を得ることとの間の選択を回避し，みずからにとって都合の良い要求を羅列しているに過ぎなかった。

3）難航した交渉

　イギリス政府は2017年3月，EUに対して離脱する意思を正式に通告し，2年後に予定される離脱に向けて両者の間で交渉がスタートした。交渉はEU側の主張に沿う形で，まず離脱条件について話し合いが行われ，2018年3月に暫定合意に至った。しかし続く離脱後の関係の交渉は難航した。

　行き詰まりを打破し，合意なし離脱を避けるため，イギリス政府は2018年7月，より柔軟な交渉方針に合意した。これを受け，同年11月にイギリスとEUは離脱条件と移行期間に関する「離脱協定」と，離脱後の関係についての「政治的宣言」に合意した。前者が詳細な文書であり法的拘束力を持つのに対し，後者は比較的短く，法的拘束力はない。離脱後の関係の詳細は，移行期間に交渉されるからである。離脱協定の主な内容は，①移行期間は2020年末まで，②イギリス側がEUに対し少なくとも390億ポンドの清算金（ほぼ半額が2020年12月までの予算分担金）を支払う，③イギリスに居住するEU市民の権利とEUに居住するイギリス市民の権利を保障する，④「離脱協定」とこの協定に基づきイギリスで適用されるEU法は，EU加盟国におけるEU法と同様の効果をもつ，というものであった。北アイルランドに関する付属議定書も，離脱協定に盛り込まれた。

2　イギリス国内の論争

　イギリス政府と EU との合意が成立したことで，焦点はイギリス議会がこの
合意を支持するか否かに移った。合意案の中で大きな論争になったのは，イギ
リスが離脱後も EU との関税同盟にとどまるか否かと，英領北アイルランドの
法的地位の問題であり，この両者は以下にみるように密接に関連している。

1）関税同盟

　関税同盟とは，参加国の間では貿易を自由化し，第三国に対しては共通関税
を設ける制度のことを指す。EU は関税同盟である。イギリスが離脱後も EU
との間で関税同盟を維持するメリットの1つは，両者の間の通関手続きが簡素
化されることである。関税同盟がないと，イギリス・EU 間で自由貿易協定が
締結されたとしても，第三国の製品がイギリス（EU）経由で EU（イギリス）
に安く入って来ていないかチェックが必要になる。それゆえ，関税同盟はイギ
リス・EU 間の経済的関係を密接なものとし，とりわけ国境をまたぐ複雑なサ
プライ・チェーンを構築している自動車産業のような業界にとってはメリット
が大きい。反面，イギリスが EU とは独自に関税を定めることはできなくなる
ので，第三国と通商協定を結ぶ自由は限定される。

2）北アイルランド問題

　北アイルランドが論争の的になるのは，それ自体としての重要性に加えて，
離脱後はアイルランドと北アイルランドの境界がイギリス・EU 間の国境とな
るため，両者の関係を大きく左右するからである。アイルランドは1922年にイ
ギリスから実質的に独立したが，イギリス系住民が多数を占める北アイルラン
ドはイギリスにとどまった。同地におけるイギリス（プロテスタント）系住民と
アイルランド（カトリック）系住民の対立は，流血を伴う極めて深刻なもので
あったが，1998年の聖金曜日合意によって権力共有政権の創設や南北アイルラ
ンド間の自由往来が実現したことで，ようやく武力闘争に終止符が打たれた。

　このような経緯を踏まえ，EU 離脱後も南北アイルランド間で物理的な国境
管理を行わないことについては，イギリス政府も EU も一致していたが，問題
はそれを実現する方法にあった。①南北アイルランド間での物理的な国境管理
を避ける，②北アイルランドをイギリス本土と異なる法的地位に置くこと（北
アイルランドとイギリス本土の境界での管理）はしない，③イギリスは EU の単一

市場・関税同盟のいずれからも離脱する，という３つの目標を同時に実現することは不可能である（北アイルランド問題のトリレンマ）。イギリスが EU の単一市場・関税同盟から離脱することは，両者の間に「壁」を設けることを意味する。とすれば，その壁は南北アイルランド間か，北アイルランドとイギリス本土の間の，どちらかに築かれねばならない。最終的にメイ政権は，EU の要求に応じる形で，移行期間中に行われる交渉でこの問題が解決できない場合，北アイルランドが EU の関税同盟と単一市場の相当部分に残留し，イギリス全体が EU と「単一関税地域」を形成する，という「安全策」に合意した。

3）メイ首相の辞職

　一言でいえば，メイはイギリスを EU の単一市場から離脱させるものの，関税同盟は実質的に維持することで，EU との間にある程度密接な経済的関係を保ち，南北アイルランド間の自由往来を保障しようとした。この案に対して，保守党内の強硬離脱派は，イギリスが EU との関税同盟に永久的にとどまることになりかねず，第三国と通商協定を結ぶ自由を損ねるとして反対した。それとは逆に，野党の労働党，自由民主党，スコットランド国民党と一部の保守党議員は，合意案では EU との関係が疎遠になるとして反対し，メイ首相は両派の間で板挟みになった。合意案が下院で３度否決されたあと，メイは EU と交渉期限の半年間延期で合意したが，保守党内の支持を失い2019年５月に辞意を表明した。

③　ジョンソン政権の登場

　二大政党の首脳部は共に国民投票の結果を尊重する姿勢をとったものの，離脱の具体的な方策について一致できなかった。メイ首相は EU との合意案に対する議会の支持を得られず，離脱は延期された。そのため，EU との合意なしでの離脱もやむなしとする保守党内の強硬離脱派が，国民投票で示された民意を尊重する政治勢力は自分たちだけだと主張することが可能になった。彼らの支持を受けたジョンソンが保守党党首選で勝利し，メイに代わって首相に就任した。

1）遂に実現したブレグジット

　ジョンソン政権は合意なし離脱の可能性をちらつかせる一方，国内では議会

を5週間閉会して最高裁から違法と判示されるなど，論争には事欠かなかった。しかし，交渉期限の直前になって一転，北アイルランドをイギリス本土から実質的に切り離して前者のみを安全策の対象とし，イギリスとEUとの間では関税同盟を形成しないことでEUと合意した。イギリス議会はこの合意案も期限内に批准せず，交渉期限は再度延期された。ジョンソン政権は，離脱を支持する「一般の人々」とそれに抵抗する議会や最高裁等の「エリート」とを対置し，みずからのみが前者の代弁者だとするポピュリズム的な論理に訴え，2019年12月に行われた総選挙で大勝した。この結果，翌年1月にイギリスはEUから離脱した。2月からはじまった離脱後の関係の詳細をめぐる交渉も難航したが，移行期間が終了する1週間前にようやく妥結し，「貿易と協力協定」が締結された。

2）貿易と協力協定

　EU単一市場は，ヒト・モノ・資本・サービスの4つの自由移動を柱としているが，貿易と協力協定はモノの自由貿易を中心にした合意である。一定の原産地基準を満たす製品については，イギリス・EU間で関税・数量制限なく自由な貿易が可能であるが，近年先進国の経済の中で重要性が増しつつあるサービス・デジタル分野に関しては，両者の関係は疎遠なものとなる。とりわけイギリスは，EUの金融規制に拘束されないことと引き換えに，パスポート制度（同制度のおかげで，イギリスに拠点を置く金融機関はEU内でさまざまなサービスを提供することができた）の不適用をはじめ，単一市場へのアクセスが限定的になることを受け入れた。金融業やデータ保護の規制は，双方が互いの規制を同等のものと認定すれば，相手方にみずからの市場への一定のアクセスを認める「同等性の原則」に基づく。これはEUとイギリスとの関係が，日本やアメリカなど第三国との関係と同様になることを意味する。職業資格の相互承認が行われないことも，両者間のサービス貿易にマイナスの影響を与えるだろう。国民投票で移民問題が最大の論点となったことを受けて，イギリス・EU間の人の自由移動は終了した。

　EU側は，離脱後のイギリスが労働規制や環境規制の水準を引き下げることで不当に国際競争力を高めることを防ぐため，「公平な競争条件」の維持を重視してきた。これを受けて，協定には両者が全体的な規制水準を引き下げない

ことが盛り込まれたが，メイ首相が交渉した政治的宣言で示唆されていた「ダイナミック・アラインメント」（片方が将来規制水準を引き上げた場合，相手方も一定程度水準を引き上げる義務を負う）は見送られた。

　貿易と協力協定とメイ首相の合意案とを比較すると，イギリス・EU間の関税同盟締結が見送られ，公平な競争条件の規定も後退した。その結果，EUはイギリスに単一市場に対する限定的なアクセスしか認めなかった。南北アイルランド間での国境管理を不要とするため，イギリス本土から北アイルランドへ物品が移動する際に税関検査が行われることになり，北アイルランドとイギリス本土との法的地位の乖離は拡大した。メイ首相は外交・安全保障面でのEUとの協力を重視し，アメリカのトランプ政権がイラン核合意や気候変動に関するパリ協定から一方的に離脱した際も，ヨーロッパ諸国との連携を維持した。しかしジョンソン政権が外交・安全保障問題を貿易と協力協定に含めることを拒否したため，両者の間に公式の協力枠組みは存在しなくなった。

　結果的にみれば，EUに交渉の上でアドバンテージがあったことは，イギリスがEUの制度や政策のうち自国に都合の良い部分だけをつまみ食いすることを防ぐ効果はあったが，よりソフトな離脱を実現するものではなかった。その主な理由は上でみたようにイギリス政治の状況にあった[3]。加えて，EU条約第50条が交渉期限を定め，双方の合意を延長の要件としていることで，イギリス国内で強硬離脱を望む勢力は交渉を時間切れに持ち込めば目的を達成でき，有利な立場にあった，という点も指摘できよう。

3）対立が続くイギリス・EU関係

　EU離脱後のイギリスは「グローバル・ブリテン」を旗印として掲げ，日本やオーストラリア・ニュージーランド等の国々と個別に経済連携協定を締結する一方，CPTPP（環太平洋パートナーシップに関する包括的及び先進的な協定）への加盟にも合意した。外交面ではインド太平洋地域への関与を強めるなど，新たな役割を模索している。もっとも，アメリカや中国，インドとの貿易交渉が進んでいない現状では，EU離脱がもたらす打撃を埋め合わせるほどの経済的効果は期待できないし，限られた資源しか持たないイギリスが，ヨーロッパ外でどれだけ大きな外交的役割を担えるかは不透明である。

　貿易と協力協定の締結により，イギリスとEUが建設的な関係を再構築する

ことが期待されたが，実際にはさまざまな形で衝突が続いている。その中でも最も深刻なのが北アイルランド問題であり，イギリス本土からの物品移動に対する税関検査による流通の混乱・一部物資の不足の他，プロテスタント系住民の暴動も発生した。2023年2月，イギリスとEUとは「ウィンザー枠組」と呼ばれる新たな合意に至ったが，その先行きは不透明である。

　経済面では，イギリス政府が「金融・サービス・データ管理のグローバル・ハブ」を目指すことを標榜するのに対して，EUによるイギリスの金融規制・データ保護規制の同等性承認は遅れている。外交的には，イギリスとEUがともにインド・太平洋地域への関与を深める中，AUKUS（豪英米の協力枠組み）が締結され，米英両国はオーストラリアに攻撃型原子力潜水艦を提供することになった。オーストラリアに通常型潜水艦の購入契約をキャンセルされたフランスは，激しく反発した。イギリスがEU加盟国であれば起きなかった事態であり，ブレグジットが欧米関係を悪化させるリスクが顕在化したといえる。

　コロナ感染症の流行が2020年3月にはじまると，イギリスもEU諸国も多くの犠牲者を出し，ロックダウンを余儀なくされた。コロナ危機の発生がEU離脱直後だったこともあり，ジョンソン政権のコロナ対策はブレグジットの正しさを証明するという政治的動機に大きく左右された。イギリスはマスクなど医療用防護具の共同調達スキームへの参加を拒否し，ワクチン調達をめぐってもEUと衝突した。

　こうした対立が続く背景には，EU離脱を成功させたいイギリスの保守党政権と，ブレグジットは失敗であったと印象づけたいEU諸国（とりわけフランス）との立場の相違があると思われる。

第3節　ブレグジットがEUに与えた影響

　イギリスの離脱はEUにどのような影響を与えるだろうか。EUにとってイギリスは，ドイツやフランスと並んで三大国の1つであった。国際連合の安全保障理事会常任理事国であり，核兵器保有国でもあるため，外交・安全保障面での存在感は一際大きかった。そのような国の離脱が国際的影響力やリソースの面でEUにとって痛手であるのは否定できない。加えて離脱交渉が難航する

中で，イギリスがEUの関税同盟から離脱し，外交・安全保障分野での協定締結も見送られたことで，イギリスとEUとが国際社会の中で共同して行動することを担保するバイラテラルな協力枠組みは存在しなくなった。とはいえ，ブレグジットがEUにマイナスの影響だけを与えたとみるのは誤りである。

1 起きなかったドミノ離脱

　国民投票の結果が判明した直後に危惧されたように，イギリスに続いてEUから離脱する国が相次ぐような事態は起こらなかった。EUに対する反発には，移民の流入や経済的格差の拡大など多くの加盟国に共通する要因があり，そのため欧州懐疑主義的な態度をとるポピュリズム政党への支持が各国で広まっている。他方，イギリスがEU離脱に踏み切った背景には，国家主権への執着，欧州化の失敗，EUに不満を持つエリート層の一部がポピュリズム勢力と結託したことなど，イギリス特有の要因も数多く存在した。イギリスはユーロに参加しておらず，他のEU諸国への貿易依存度も5割程度と，加盟国の中で最低レベルであり，離脱コストは相対的には低かった。それを踏まえれば，イギリスの後に続く国が出てこなかったのは不思議ではない。

　EU離脱をめぐってイギリス政治が混乱状況に陥る中，多くの加盟国ではむしろEUに対して好意的な立場をとる市民が増えた。貿易と協力協定の調印後，欧州委員会のフォン・デア・ライエン委員長は，「21世紀における主権とは，27の加盟国の中で，国境で途切れることなく働き，旅行し，学び，ビジネスができること，多くの大国からなる世界の中で団結して1つの声で喋ること」だと指摘した。[(5)] ブレグジットは加盟国の政府や市民にとって，EUの存在意義を再確認する機会となったのである。

2 容易になった意思決定

　これまで多くの問題領域でヨーロッパ統合の進展に消極的な姿勢をとってきたイギリスが離脱したことで，EUの意思決定が容易になる可能性が高い。ブレグジット後のEUにとって試金石になったのは，2021〜27年度の多年次財政枠組みの策定である。当初は，イギリスの財政貢献分をどのように穴埋めするかに注目が集まっていた。蓋を開けてみると，独仏両国が主導する形で，通常

の多年次財政枠組みに加えて総額7500億ユーロに上るコロナ復興基金（「次世代EU」）の創設が決定した。復興基金はその規模からいっても，原資が欧州委員会発行の共同債である点でも，EU 史上画期をなすものである。

　復興基金の創設にはオランダなどの小国４カ国が消極的な姿勢をみせ，「法の支配」原則の遵守を資金配分の条件とすることにハンガリーとポーランドが反対するなど，交渉過程は決して平坦ではなかった。ブレグジット後の EU では独仏両国の存在感が強まるという見方が有力であるが，意思決定を実際にどの程度主導できるか，現時点で判断するのは時期尚早だろう。

３　多国間制度を通じたイギリス・EU（諸国）間の協力

　イギリスは EU から離脱したが，G ７や NATO（北大西洋条約機構）といった多国間制度を通じた協力は継続している。2022年２月にロシアによるウクライナ侵略がはじまると，イギリスと EU はロシアに対して共同で大規模な経済制裁を科す一方，ウクライナに軍事援助を行っており，両者が協力する上でブレグジットが障害になってはいない。冷戦終結後に発達した，民主主義・人権・法の支配・自由貿易の諸価値に立脚するリベラル国際秩序は，最近になってブレグジットやトランプのアメリカ大統領就任といったポピュリズムの台頭と，中国やロシアの挑戦という，内外からの脅威に直面していると言われることが多い。しかしイギリスは，EU 離脱後もリベラル国際秩序の維持に貢献する姿勢を崩していない。ブレグジットは，イギリス・EU 関係にとっては大きな転機となる出来事であったが，イギリスのリベラル国際秩序への関与の仕方は，部分的調整にとどまった。

　ただし，イギリス・EU に日本やアメリカも含めた先進国の協力が可能であるのは，アメリカ大統領が多国間主義にコミットするバイデンであることが大きい。アメリカ国内の政治情勢次第では G ７や NATO が機能不全に陥り，欧米関係が疎遠になる可能性もある。その場合，イギリスと EU は，バイラテラルな協力枠組みを再構築する必要が出てくるだろう。

（推薦図書）

池本大輔・板橋拓己・川嶋周一・佐藤俊輔，2020，『EU 政治論——国境を越えた統治の

ゆくえ』有斐閣。

梅川正美・阪野智一・力久昌幸編著，2016,『イギリス現代政治史［第2版］』ミネルヴァ
　書房。

遠藤乾，2016,『欧州複合危機』中公新書。

鶴岡路人，2020,『EU 離脱──イギリスとヨーロッパの地殻変動』ちくま新書。

スティーブン・デイ，力久昌幸，2020,『「ブレグジット」という激震──混迷するイギ
　リス政治』ミネルヴァ書房。

細谷雄一編，2009,『イギリスとヨーロッパ──孤立と統合の二百年』勁草書房。

益田実・山本健編著，2019,『欧州統合史──二つの世界大戦からブレグジットまで』
　ミネルヴァ書房。

注

（1）　Ikemoto, D., 2020, "Brexit as a Result of European Struggles over the UK's Financial
　　　Sector," in Wassenberg, B. and Noriko Suzuki eds., *Origins and Consequences of
　　　European Crises: Global Views on Brexit,* Peter Lang.

（2）　Schimmelfennig, F., 2018, "Brexit: differentiated disintegration in the European
　　　Union," *Journal of European Public Policy,* Vol.25: 8.

（3）　Hix, S., 2018, "Brexit: Where is the EU-UK Relationship Heading?," *Journal of
　　　Common Market Studies,* Vol.56, Annual Review はこの結果を正確に予測している。

（4）　HM Government, 2021, *Global Britain in a competitive age: The Integrated Review
　　　of Security, Defense, Development and Foreign Policy,* CP403.

（5）　Remarks by President Ursula von der Leyen at the press conference on the
　　　outcome of the EU-UK negotiations.（https://ec.europa.eu/commission/presscorner/
　　　detail/en/SPEECH_20_2534）.

（池本大輔）

第**11**章

グリーンディールと新たな EU の始動
──持続可能な社会への移行経路の共創──

■Graphic introduction■ 欧州グリーンディール

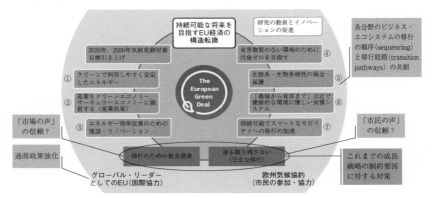

（出所）　European Commission, The European Green Deal, COM（2019）640 Final の図に筆者が加筆・修正。

■**本章の問い**■

・なぜ EU は欧州グリーンディールを打ち出したのか。それはどのような社会を目指しているのか。

・なぜ復興基金が創設され，その中心に欧州グリーンディールが位置づけられたのか。それは EU 統合にどのような影響もたらすのか。

・なぜ EU は脱ロシア依存を目指すリパワーEU 政策を進めているのか。それは国際政治における EU の位置にどのような影響を与えるのか。

第 1 節　EU の優先課題と欧州グリーンディールの位置

1　気候中立を目指し経済と社会の仕組みを変革しようとする成長戦略

　2019年12月，新たな欧州委員会がスタートし，最優先課題として欧州グリー

ンディールを公表した。これは，2050年までに気候中立，つまり経済活動や日常生活から排出される GHG（温室効果ガス）の量が森林などによる吸収量を超えないようにすることを目指して，経済や社会の仕組みそのものを根本から変えていこうとする構想である。

　そのためには，限りある資源を無駄なく利用し，今までは捨てられ環境破壊の原因になっていた廃棄物も資源として再利用できるような循環型経済（サーキュラー・エコノミー）を目指して，ライフスタイルも含めて経済と社会の仕組み全体を作り変える必要がある。だとすると，これまで石油，天然ガス，石炭など化石燃料に頼っていた発電所，工場，自動車などあらゆる分野で脱炭素化を進めなければならない。当然，業態も変われば仕事の内容も変わるので，人々の生活に与える影響は大きく，これはなかなか大変である。しかし同時に，それは新たな経済成長の機会にもなり，それをうまくとらえることができれば，豊かな社会をみんなで分かち合えるはずだ。こうした考え方に基づいて，新しい成長戦略として打ち出されたのが欧州グリーンディールである。

2 環境・エネルギー政策の統合と成長戦略

　EU（欧州連合）では，環境政策（気候変動政策）とエネルギー政策が統合されている。EU は，1970年代から 8 次にわたり環境行動計画を継続・発展させた。1993年のマーストリヒト条約に「持続可能な発展」が書き込まれたのは，その成果である。1999年のアムステルダム条約では，あらゆる活動の持続可能性を考慮しなければならない「環境統合原則」が定められた。

　EU の環境政策の発展は，1997年の第 3 回国連気候変動枠組条約締約国会議（COP 3 ）における京都議定書の合意につながり，先進諸国に GHG 排出削減が義務づけられた。2005年，京都議定書が発効し，EU では GHG 排出量に上限を設け，排出枠の過不足を売買することによって削減を進める EU-ETS（EU 排出量取引制度）が動き出した。

　一方，エネルギー政策は，EU に権限が委譲されておらず，長く国家の権限であった。状況を変えるきっかけとなったのは，2005年末から2006年初めに生じたウクライナとロシアのガスパイプライン紛争である。その後2006年 3 月，EU のエネルギー政策の構想を示したグリーン・ペーパー「持続可能で競争力

図11-1　EU の成長戦略の変遷と共通項：社会政策，環境政策，経済政策

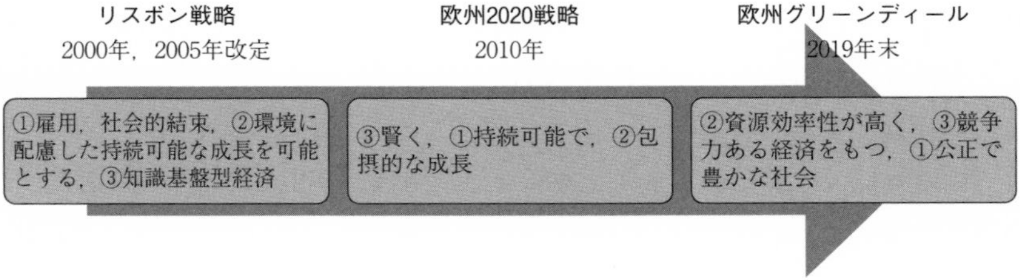

リスボン戦略	欧州2020戦略	欧州グリーンディール
2000年，2005年改定	2010年	2019年末

①雇用，社会的結束，②環境に配慮した持続可能な成長を可能とする，③知識基盤型経済　③賢く，①持続可能で，②包摂的な成長　②資源効率性が高く，③競争力ある経済をもつ，①公正で豊かな社会

(注)　① PEOPLE（社会政策），② PLANET（環境政策），③ PROFIT（経済政策）に対応する政策指針。
(出所)　筆者作成。

のある安定したエネルギーのための欧州戦略」が公表された。この文書は持続可能の文言が盛り込まれていることからもわかるように，環境政策とエネルギー政策を統合することをはっきりと示している。

　このような環境政策とエネルギー政策の発展は，2009年の「気候変動・エネルギー関連法令パッケージ」として実を結ぶ。これにより，2020年までにGHG を1990年比20％削減し，再生可能エネルギー（再エネ）を最終エネルギー消費の20％に拡大し，エネルギー効率を20％改善するという目標が示された。

　2009年は，その法的基礎となるリスボン条約が批准された年でもある。191条は環境政策の目的と原則，192条はその措置と行動計画を規定し，193条は加盟国が EU 以上の措置をとることを認めた。そして，194条では，エネルギー市場統合，供給の確保，エネルギー効率・再エネの促進，エネルギーネットワーク（送電網やパイプライン網）の相互接続促進が，EU の権限として明記された。これにより，加盟国のエネルギー事情とその政策を尊重しつつも，欧州委員会が環境・エネルギー政策を一体として推進する体制が整ったのである。

　同時に EU は，国際環境ガバナンス強化に尽力し，2015年に第21回国連気候変動枠組条約締約国会議（COP21）でパリ協定が締結された。世界の気温上昇を産業革命前と比較して 2℃ より低く1.5℃ に抑える努力を，新興諸国を含む世界中の国々が約束した枠組みである。

　大切なことは，国連の「持続可能な開発目標（SDGs）」の17の目標からもわかるように，持続可能性が環境保護だけでなく，人々の生活を守り，次世代の利益を損なわない社会のあり方を意味していることである。だからこそ，EU

の成長戦略の目標には，① People（社会政策），② Planet（環境政策），③ Profit（経済政策）の 3 つの要素が組み込まれていたのである（図11-1）。

しかし，リスボン戦略，欧州2020戦略では，寄せ集めの感は否めず，社会政策は各国任せであった（社会政策の赤字）。この反省を踏まえ，SDGs を組み込み，政策としての一貫性を高めたのが欧州グリーンディールである。

第 2 節　欧州グリーンディールの全体像

1　欧州グリーンディールの基本構造

欧州グリーンディールは「経済成長と資源利用を切り離した，現代的で資源効率性の高い，競争力ある経済を実現し，EU を公正で豊かな社会に変革することを目指す」と記している。本章の冒頭の図に基づいて，その全体像をみてみよう。

2050年気候中立を実現するには，①エネルギー，②産業，③建物，④汚染対策，⑤生物多様性，⑥農業，⑦交通の 7 分野を持続可能な仕組みにつくり変え，EU 経済の構造転換を実現しなければならない。

しかし，再エネを増やすにしても，IT 技術によって電力会社と消費者の双方から電力量をリアルタイムで調整できるスマートグリッドの整備が必要である。また，例えば石油や天然ガスを利用してきた化学工場の機械・設備は，まるごと再エネ電力が利用できるものに取り替えなければならない。さらに，EV（電気自動車）を普及させるにも，充電スタンドを増やさなければならない。ガソリンエンジンを電気モーターに変えるという単純な話ではない。自動車産業は「産業の中の産業」と呼ばれるように，他の産業への影響が大きい。EVが主力商品になるとすれば，世界に広がる自動車生産のサプライチェーンを見直さなければならない。自動車産業は関連産業を含めれば，EU の雇用の約6.6％（約1270万人）を占め，生活への影響も大きい。

つまり，こうした EU 経済の構造転換を実現するには，多額の資金と，その変革の影響を受ける人々への配慮が必要である。実は，過去の成長戦略が，産業界や投資家の「市場の声」の信頼も，「市民の声」の信頼も十分に得られなかったのは，この 2 つの点が欠けていたからである。欧州グリーンディールは，こ

の反省を踏まえ，「移行のための資金調達」と「誰も取り残さない（公正な移行）」の重要性を指摘し，これを実現するために環境に配慮したビジネスへの投資を促す仕組み（サステナブル・ファイナンス）と変化の影響を受ける人々や地域を支援する「公正な移行」メカニズムづくりを進めている。また，産学官連携に基づいて，各産業の特性にあわせた脱炭素化の移行経路づくりもはじめられている。

　章冒頭の図中のグローバル・リーダーとしての EU は，EU のビジネスルールを，通商政策を通じて国際標準化する意図を示している。欧州気候協約は，市民が大量消費型のライフスタイルを見直さなければ，その実現が難しいからである。

2 エネルギー・システム統合と水素と市民

1）なぜエネルギー・システム統合が必要なのか

　2020年7月，欧州委員会は，エネルギー・システム統合戦略と水素戦略を同時に公表した。EU の GHG の約75％はエネルギーの利用に関係しており，気候中立の実現にはエネルギー・システムを変えていかなければならない（図11-2）。これまでのシステムは，大規模な発電所や石油・ガス供給事業者が送電網やパイプラインで消費者にエネルギーを一方的に供給する，大規模集中垂直統合型であった。だが，例えば太陽光発電のコストは10年前の10分の1になり，最も安い化石燃料とも競争できるほどになっている。これを使わない手はない。ただし，太陽光や風力による発電は変動が激しく，「お天気まかせ」，「風まかせ」と非難されることさえある。これらを主力電源として安定利用するには，2つの条件が必要である。

　第1に，網の目のように送電網を張りめぐらせ，デジタル技術を駆使してリアルタイムで余った電力を足りないところに融通できるような，双方型の柔軟な小規模分散ネットワーク型システムに変革しなければならない。

　第2に，電力部門と産業，交通，熱利用などの部門を連携させるセクターカップリングによって，エネルギー・システムを循環型にしなければならない。例えば，機械・設備やデータセンターの廃熱を冷暖房に再利用し，農業廃棄物からバイオ燃料を生産する。また，産業，建物の空調，自動車などエン

図11-2　エネルギー・システムの構造転換：大規模集中垂直統合型から小規模分散
ネットワーク型へ

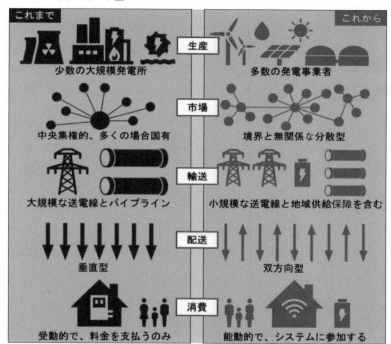

（注）　エネルギー・システムの構造変化は，スマートメーターなどデジタルツールの利用拡大
によって可能になると想定。
（出所）　Energy Atlas Facts and figures about renewable in Europe, Heinrich Böll Foundation
in cooperation with the Green European Foundation, European Renewable Energies
Federation and Le Monde Diplomatique, 2018, p. 33.

ド・ユーザーのオール電化を進め，再エネ電力をフルに活用する条件を作り出
す。どうしても電化が難しい重化学工業などでは，バイオ燃料や水素を利用
し，またCO_2の回収・貯蔵・利用を進める。

2）セクターカップリングの要としての水素

　風力発電は，強い風が吹いた時に需要量を超える膨大な余剰電力を生み出す
が，電気は貯蔵・輸送が難しい。バッテリーの価格は10年前の10分の1になり
性能も大幅に改善されたが，今のところ限界がある。そのため，市場取引で
は，余剰電力の価格は限りなくゼロに近づくことがある。この安い電力を利用

して水を分解し水素（クリーン水素，あるいはグリーン水素と呼ばれる）を製造できれば，貯蔵・輸送がしやすくなり，しかもさまざまな産業部門で活用できる。例えば，回収したCO_2と水素からメタンを合成すれば，天然ガスとともにパイプライン網で輸送し，熱利用ができる。水素と窒素を合成すればアンモニアができる。アンモニアは，肥料，尿素，化学材料の原料など用途が広い。水素自動車もある。つまり，クリーン水素は，セクターカップリングの要なのである。

3）市民の積極的な役割

　消費者も循環型経済への移行に積極的な役割を果たせる。例えば，EUは製品の環境関連情報（分解のしやすさ，環境負荷，リサイクル率など）を整備し，それをQRコードなどで製品にタグづけするデジタル・プロダクト・パスポートという仕組みをつくろうと準備を進めている。消費者がこれに気をつけて買い物をするだけでも，脱炭素化を進める力になる。また，EVは，大量の廃バッテリーを生み出すが，再利用やリサイクルがスムーズにできるよう電池規則の改正が進められている。ゴミの分別は，稀少金属を回収し，良質の二次原材料の生産を可能にし，ゴミの山を都市鉱山に変える。

　さらに，住宅やオフィスの断熱性能を高め，太陽光パネルやヒートポンプを[3]利用した家電製品や冷暖房機器を設置することもできる。これを促進するために，EUでは建物の改修を進めるリノベーション・ウェーブ戦略が展開されている。これは地元ですぐに雇用を生み出すため，町おこしに役立つ。

第3節　復興基金の創設と Fit for 55

1 新型コロナ危機と「次世代EU」という名の復興基金の創設

　2020年はじめの新型コロナ危機は，観光業に頼るスペインやギリシャ，財政基盤が弱く社会的セーフティーネットの整備が遅れている南欧や中・東欧に大きな影響をもたらした。経済構造や財政余力の違いにより地域間格差や階層間格差があらわになり，EUの連帯が脅かされているとの強い危機感が広がった。

　2020年4月，欧州委員会は，5400億ユーロの危機対応パッケージに合意した。5月にはドイツとフランスが，ユーロ共同債による5000億ユーロの復興基

金を提案した。これは共同債に反対してきたドイツの政策の大転換である。

　これを受けて，欧州委員会は，「次世代EU」という名の復興基金と2021〜2027年の中期予算を提案した。7月，欧州理事会は，EU財政からの受け取りよりも拠出金の方が多い倹約4カ国（オランダ，オーストリア，スウェーデン，デンマーク）がコンディショナリティ（贈与・融資を受ける際の条件）の厳格化を求め，協議は5日間に及んだが，妥協が成立し，復興基金7500億ユーロを含む1兆8234億ユーロの中期予算（2021〜2027年）が合意され（2018年価格），EUは連帯を維持した。しかも，復興計画の中心に欧州グリーンディールが位置づけられ，「対をなすグリーンとデジタルへの移行」が強調されている。

　EU財政はGDPのわずか1％だが，歴史的にEUが進む道を示す羅針盤の役割を果たしてきた。これに復興基金が加わった。ユーロ共同債は今回限りとされているが，復興に成功すれば，この仕組みが定着するかもしれない。

　EUの中期予算は，結束政策，共通農業政策，優先課題にほぼ3等分されている。結束政策は，文字通り国境を越え地域格差を是正する役割を果たし，これからも重要性は増すだろう。農業政策は農村の環境保全にシフトしているので，「農場から食卓まで」戦略と連携して，グリーンディールを推進する力となるだろう。優先課題には，新たに公正な移行基金が組み込まれた。復興基金の大半は，環境やデジタル化に貢献する分野に投資することが義務づけられている。

2　Fit for 55：欧州グリーンディール強化とユーロ共同債償還の財源

　復興基金による資金的裏付けを得て，欧州グリーンディールのさまざまな政策の歯車が一斉に動き出している。2021年6月には欧州気候法が成立し，2030年に1990年比でGHGを55％削減し，2050年に気候中立を達成することが法的に義務づけられた。しかし，2030年目標の実現には，特にGHGの7割を占める発電，交通，工業部門における対策を強化しなければならない。そこで，7月に公表されたのが，「Fit for 55」と呼ばれる法案パッケージである。以下，その5つのポイントを確認しておこう。

1）EU-ETS強化・拡大と炭素国境調整メカニズム

　航空部門を含むEU-ETSを強化し，その対象を海運，道路輸送，建物にも

拡大し，排出枠割当をなくしていき，CBAM（炭素国境調整メカニズム）に切り替えていくことが提案された。

EU 域内で生産される製品には，GHG 削減のコストが含まれるが，こうした努力をしていない国・地域で生産される製品にはそのコストが含まれず，EU 製品が価格競争で負けてしまうため，EU 企業も規制の緩い国に生産拠点を移転するかもしれない。これがカーボンリーケージ問題である。CBAM は，EU 域内製品と輸入品に同じ炭素価格を適用することによって，公正な競争条件を確保し，同時に諸外国に GHG 削減努力を促すことを狙いとしている。さしあたり，対象となるのは鉄鋼，アルミニウム，セメント，電力，肥料の 5 分野で，2027年からの運用が予定されている。さらに化学品やプラスチックへの拡大を求める意見もあるが，産業界の懸念も大きい。また，こうした製品を EU に輸出しているのは，主に新興諸国（ロシア，中国，トルコ，ウクライナ，インド，ブラジルなど）であり，CBAM は WTO（世界貿易機関）の紛争解決手続きで争われることになるかもしれない。

2 ）GHG 削減，再エネ，効率改善

再エネの比率を40％に引き上げ，エネルギー効率を強化するだけでなく，建物，交通，農業，廃棄物などの GHG 排出削減目標を40％に引き上げ，加盟国間の協力を強化することが提案された（GHG 削減の加盟国分担に関する規則の改正）。また，土地利用や林業から出る GHG についても吸収量を超えないようにすることが求められている。

3 ）交通部門の規制強化

交通部門における GHG の 9 割が道路交通によることから規制がさらに強化され，2035年にはハイブリッド車も含めて内燃エンジン車の生産が実質的に禁止される。これにあわせて，ガソリンスタンドも充電ステーションや水素ステーションに変えていかなければならない。また，航空機や船舶の燃料も低炭素燃料に代替していくことが提案された。

4 ）社会的気候基金

人口の約 8 ％が，自宅を十分に温かく保つことのできないエネルギー貧困層である。社会的弱者や零細企業にとって脱炭素化の移行は大きな負担となる。そこで，拡大・強化される EU-ETS 収入の25％で「社会的移行基金」を新設し，

リノベーションやEVへの買い換えを支援することが提案されている。

　Fit for 55は，上述の4つの措置を一体として進め，2030年目標を達成しようとしている。

5）ユーロ共同債償還の財源

　Fit for 55は，ユーロ共同債の償還とも関連している。償還は，2027年から開始され2058年までに完済することになっている。欧州委員会は，その財源として，次のような独自財源を提案しているが，その主な部分はEU-ETSの強化・拡大とCBAMによるものである[4]。

・EU-ETSの強化・拡大によって得られる収入の25％（2026～2030年の予算期間に平均で約1200億ユーロと推定）

・CBAMによる収入の75％（2026～2030年の予算期間に平均100億ユーロ）

・デジタル経済課税に関する国際合意により，年間世界売り上げ200億ユーロ以上で利益率10％以上の多国籍企業に関して，各国に再配分される課税権に基づき加盟国が得る企業課税利益の15％（年間25億～40億ユーロ）

　つまり，Fit for 55の成否は，ユーロ共同債の行方を，さらにはEUの将来を左右することがわかるだろう。

第4節　欧州新産業戦略：グリーンとデジタルへの移行経路の共創

1　欧州グリーンディール具体化のための欧州新産業戦略

　次々と強化されてきた政策を実現するには，「産業界を総動員」をしなければならない。とはいえ，既存の産業には，経営者，投資家，取引先企業，従業員，地域社会，消費者など実にさまざまなステイクホルダーがおり，その利害と各産業部門の実情を踏まえて，脱炭素化の移行経路を具体化していく必要がある。

　EUが具体策として2020年に打ち出したのが，「ヨーロッパのための新産業戦略－グリーンとデジタルへの移行」である。これによれば，グリーンとデジタルへの移行は「競争の本質に影響する地政学的プレートが動く中で生じる。ヨーロッパが，みずからの声を確認し，価値観を掲げ，公正な競争の場を求めて戦う必要性が，かつてなく高まっている。これはヨーロッパの主権に関わ

る」。これはあたかもウクライナ戦争を予見していたかのようである。

　そこで同文書は,「ヨーロッパの産業および戦略的自律性」の重要性を強調し, デジタル単一市場の形成, 産業分野毎の気候中立に向けた産業支援, 新循環型経済行動計画を打ち出し, さらにバッテリー同盟, クリティカル・ローマテリアルズ（重要な金属鉱物資源）同盟, クリーン水素同盟など官民協力を強化する方針を示した。

2　新産業戦略の改訂

　ところが, 2020年, 世界は新型コロナ危機に見舞われ, 域内外を問わず, ヒト, 財, サービスの移動が制限され, グローバル・サプライチェーンの途絶が重要な資源や部品の確保を困難にした。この教訓を踏まえて欧州委員会は, 2021年に新産業政策の改訂版を公表し, 危機時の緊急対応策を示しただけでなく, 5200品目について分析を行い, 産業への影響が大きい輸入に依存している137品目（EU の財輸入の6％）を特定した。内訳は, 中国52％, ベトナム11％, ブラジル5％, 韓国4％で, アメリカ, イギリス, 日本はそれぞれ3％である。しかも, そのうち34品目（財輸入の0.6％）は, 多角化や域内生産が難しい製品であった。

3　経済安全保障：移行経路の共創と「開かれた戦略的自律性」

　この経済安全保障問題に対して, 欧州委員会は, 2つの対策を示している。

　第1に, 新産業戦略の改訂版において, 産業界, 公的機関, 社会的パートナー, その他のステイクホルダーと協力し, 各産業分野におけるグリーンとデジタルへの移行経路を共創するとして, 原料, バッテリー, 医薬品原液, 水素, 半導体, クラウド関連のエッジ技術の6分野において産学官連携を強化する方針を示した。

　第2に, 2021年, EU のビジネスルールを域内外のサプライチェーンに普及させることによって公正な競争条件を確保すべく,「開かれた戦略的自律性（Open Strategic Autonomy）」を目指す新通商政策「通商政策レビュー－開かれた持続可能な断固たる通商政策」を公表した。

図11-3　タクソノミーの４つの適合基準

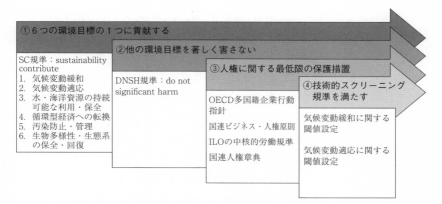

①６つの環境目標の１つに貢献する

②他の環境目標を著しく害さない

③人権に関する最低限の保護措置

④技術的スクリーニング規準を満たす

SC規準：sustainability contribute
1. 気候変動緩和
2. 気候変動適応
3. 水・海洋資源の持続可能な利用・保全
4. 循環型経済への転換
5. 汚染防止・管理
6. 生物多様性・生態系の保全・回復

DNSH規準：do not significant harm

OECD多国籍企業行動指針
国連ビジネス・人権原則
ILOの中核的労働規準
国連人権章典

気候変動緩和に関する閾値設定
気候変動適応に関する閾値設定

（出所）　EU TECHNICAL EXPERT GROUP ON SUSTAINABLE FINANCE. Taxonomy:Final report of the Technical Expert Group on Sustainable Finance, March 2020より筆者作成。

4　欧州グリーンディールの隘路：ガス価格の高騰

　しかし，新産業戦略の試みははじまったばかりであり，その行方が不透明な中で，Fit for 55が打ち出されたことに市場は警戒を強めた。その後，新型コロナ危機からの回復に伴いエネルギー需要が急増したが，世界各地でLNG（液化天然ガス）トラブルが頻発し，また風力発電不足でガス需要が増し，ガス備蓄が前年比２割減となった。このため，2021年秋にガス先物への投機が発生し，長らく安価であったガスが急騰した。つまり，欧州グリーンディールは，産業の脱炭素化の移行経路を具体化できておらず，ガス価格高騰の一因とさえなってしまった。[5]

　これをきっかけに，次節で説明するタクソノミーにおいて，原子力と天然ガスが一定の条件で移行期の経済活動として認められることとなった。

第５節　サステナブル・ファイナンス戦略：タクソノミーと非財務情報の開示

　産業の炭素化を進めるには，資本の流れそのものを環境・社会・ガバナンスの要素を考慮したESG投資へと転換していかなければならない。そのために

は，どんな活動がグリーンなのかを判断する共通の基準が必要である。

　その基礎となるのが，2020年に制定されたEUタクソノミー（環境目的に貢献する経済活動の分類体系）規則と，それに基づいて分野ごとの技術的要件を定めるタクソノミー委任規則である。これらに適合しグリーンリストに認定されるためには，図11-3に示したように，4つの基準をクリアしなければならない。

　この基準が企業活動において順守されているかどうかを判断するには，収益性に関する財務情報だけでなく，工場の環境負荷や従業員の待遇なども含めた非財務情報が必要である。そのため，EUのサステナブル・ファイナンスの枠組みは，タクソノミーを頂点とし，持続可能な投資選択に必要となる非財務情報開示規則，およびグリーンウォッシュ（環境に優しいふりをしているが，実際はそうではない活動）を抑制しつつ，企業，市場参加者，金融仲介者が持続可能な金融商品を開発するためのツールとなるベンチマークやグリーンボンド規則（資金の使途がタクソノミー適合プロジェクトに限定され，情報開示によって確認できるようにするEUのルール）からなる。CSRD（企業サステナビリティ報告指令）は，NFRD（非財務情報報告指令）を改正するもので，対象企業が拡大され，また企業の環境や社会に与える影響に対する企業責任が強化された。金融機関は，SFDR（サステナブル・ファイナンス開示規則）に従い，資産に占めるグリーンリストの割合を開示しなければならない。さらに，資産運用会社や保険会社など金融機関は，その業務や顧客への投資助言に持続可能性を含めなければならない。

　このように，サステナブル・ファイナンスは，資金の流れの中心に持続可能性のルールを組み込み，欧州グリーンディールを資金面から後押しするものと期待されている。

第6節　脱ロシア依存を目指すリパワーEU計画とそのリスク[6]

1　脱ロシア依存とLNG依存

　EUは，ウクライナ戦争という地政学リスクに直面し，脱化石燃料を急ぐ必要に迫られている。ロシアが，EUが輸入する石炭の42％，原油の30％，天然

ガスの40％（新型コロナ危機前の2018年）を占めていたからである。そこで2022年5月，EU は，短期間で脱ロシア依存を実現すべく「リパワーEU」行動計画の詳細を公表した。短期的には代替エネルギー源，特に LNG を確保し，中期的には効率改善や太陽光・風力発電への投資を強化し，2027年以降に再エネ電力を利用したクリーン水素生産を強化する計画である。

　ロシアからのヨーロッパ向けのガスの3分の1を占めていたドイツと直結するノルドストリーム1は停止され，EU はガス利用の15％を削減することで合意した。その後，このガスパイプラインは破損し，修理の目処は立っていない。

　しかし，ロシアがヨーロッパに供給してきた1550億 m^3 の天然ガスの代わりを確保するのは簡単ではなく，しかもコストは時に10倍以上にもなる。2022年3月，「欧州エネルギー安全保障に関する EU 米国共同宣言」が公表されたが，アメリカは2022年に LNG150億 m^3 を供給する「努力」と記されているだけで，これは過去3年の実績より少なかった。確かに，2022年にアメリカの LNG がロシア産のガスの減少分のかなりの部分を補ったことは事実だが，それはヨーロッパの価格がアジアの価格よりも高かったからであり，価格次第で輸出先は変わる。例えば，アジアが寒波に見舞われ価格が高騰すれば，アメリカの LNG はアジアに向かう。

2 グリーンとデジタルは金属鉱物資源に依存する

　LNG 依存から脱却するには，Fit for 55シナリオを大幅に前倒して実現しなければならない。だが，太陽光パネル，充電池，発電機，モーター，EV，充電スタンド，水素スタンドなど再生可能エネルギーを利用するための機械・設備やインフラの整備には，金属鉱物資源が必要である。欧州グリーンディール実現の要となるグリーン技術とデジタル技術には，CRMs（クリティカル・ローマテリアルズ）と呼ばれるレアアースなど稀少な金属鉱物資源が不可欠だが，その供給源は地理的に著しく偏っており，すでに争奪戦がはじまっている。ニッケル，コバルト，リチウム，アルミニウム，銅などの価格は高騰しており，ウクライナ戦争が金属鉱物資源不足に拍車をかけている。EU が指定しているCRMs の供給国を見ると，実に44％（2012-2016年平均）が中国である。

　つまり，対ロシア経済制裁と脱ロシア依存は，結果として EU の中国依存を深めるリスクを高めるかもしれない。

　EU が，開かれた世界経済の利益を享受しつつ，新たな依存リスクを回避するには，産業ごとの脱炭素化の移行経路を具体化するとともに，戦略的な技術や資源の依存リスクを考慮してサプライチェーン全体を見直し，欧州産業の戦略的自律性を高め，経済安全保障を強化する必要がある。

第 7 節　グリーンディール産業計画

　欧州グリーンディールを実現するには，これまでの社会の仕組みをすべて変えていかなければならない。再エネ電力を安定的に利用するにはスマートグリッドが必要である。再エネ電力で水を分解し水素を製造するには，電解槽や貯蔵施設を建設し，安全に運び，産業利用できる商流を作り出さなければならない。産業の現場では，石油やガスで動いていた機械・設備を廃棄し，電気やクリーン水素で動く機械・設備を導入しなければならない。EV が増えれば，使用済みのバッテリーや CRMs を安全に効率よく回収し，品質の良い二次原材料を生産できるようにサプライチェーン全体を循環型に変革していかなければならず，そのためには新たな法制度やインフラの整備が必要である。

　これは，膨大な投資を必要とする。そこで，2023年 2 月，欧州委員会は，温室効果ガスを排出しないネットゼロ産業への移行を目指す企業を支援するために，グリーンディール産業計画を提案した。これは，規制を簡素化し，民間投資を促すことを目指している。その具体策として，2023年 3 月には，ネットゼロ産業法案[7]，金属鉱物資源の安定確保を目指す重要原材料法案，電力市場改革法案，クリーン水素市場の創出を支援するための欧州水素銀行構想などが打ち出された。

第 8 節　グリーンディールは日本と EU の共通の課題

　欧州グリーンディールは，ヨーロッパだけの課題ではなく，日本の課題でもある。というのは，日本と EU は，グリーンアライアンスと水素アライアンス

という協力の約束をしているからである。そもそも，2050年気候中立はヨーロッパだけでできることではなく，世界中の国々の協力が必要である。日本とEU が協力して，信頼性の高い持続可能な経済活動のルールを国際標準化し，それを少しでも多くの国々が受け入れてくれれば，地球はもっとクリーンになるだろう。私たちに何ができるだろうか。EU の試みを参考に考えてみよう[8]。

(推薦図書)

蓮見雄・高屋定美編，2023，『欧州グリーンディールと EU 経済の復興』文眞堂。

ダニエル・ヤーギン／黒輪篤嗣訳，2022，『新しい世界の資源地図——エネルギー・気候変動・国家の衝突』東洋経済新報社。

安田陽，2021，『世界の再生可能エネルギーと電力システム［全集］』インプレス R&D。

中西優美子，2021，『概説 EU 環境法』法律文化社。

飛田雅則，2021，『資源の世界地図』日本経済新聞社。

明日香嘉川，2021，『グリーン・ニューディール——世界を動かすガバニング・アジェンダ』岩波書店。

藤井良広，2021，『サステナブルファイナンス攻防——理念の追求と市場の覇権』きんざい。

ピーター・レイシー他／牧岡宏・石川雅崇監訳，2019，『新装版　サーキュラー・エコノミー——デジタル時代の成長戦略』日本経済新聞社。

注

（1）　これは，持続可能な企業評価の指針となっているトリプルボトムラインの考え方だが，近年，その限界も指摘されており，欧州グリーンディールが目指しているような循環型経済への転換が必要となってきている。

（2）　この点については，是非，次の文献を参照してほしい。中村健吾，2020，「EU による『欧州2020』戦略と社会的ヨーロッパの行方」福原宏幸・中村健吾・柳原剛司編『岐路に立つ欧州福祉レジーム』ナカニシヤ出版。

（3）　空気中や液体中の熱を低温部から高温部に移動させる技術で，エアコン，冷蔵庫，エコキュートなどに利用されている。熱の移動に電力を利用するが，それ以上に大きな熱エネルギーを生み出し，GHG の排出量も少ない。

（4）　European Commission, Factsheet: The next generation of EU OWN RESOURCES, 2021.

（5）　蓮見雄，2021，「欧州グリーンディールの隘路」『世界経済評論』第66巻第 2 号。

（6）　蓮見雄，2022，「脱ロシア依存の罠——欧州とロシアの中国依存」日本国際問題研究所研究レポート（2022年 8 月18日）。

（7）　支援対象には，太陽光，風力，地熱などによる発電，バッテリー，水素用の電解槽，バイオガス，CO_2回収・貯留（CCS）などが提案されている。

（8）　本章について，深く学ぶには，蓮見・高屋（2023）を参照してほしい。

（蓮見　雄）

第12章

新たな安全保障上の課題

──ハイブリッド脅威，気候変動，大規模感染症──

■Graphic introduction■ ハイブリッド戦争：戦争の進化

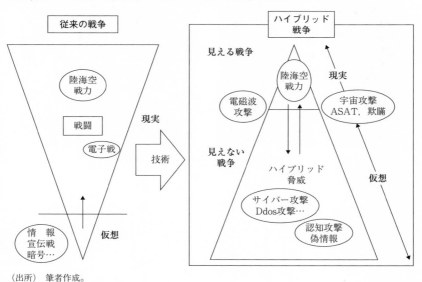

（出所）　筆者作成。

■**本章の問い**■

・ヨーロッパの新たな安全保障上の課題とは何なのか。

・ヨーロッパはその対処のための十分な対策を講じているのか。

・今後，ヨーロッパとしての取り組みはどのように行われていくのか。

図12-1　「EU 戦略的コンパス（羅針盤）」「NATO 戦略概念」

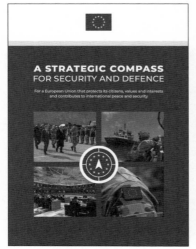

EU 戦略的コンパス（羅針盤）　　　　　　　　NATO 戦略概念

第 1 節　新たな課題の背景：ヨーロッパの新たな安全保障上の課題とは何なのか

　2022年 3 月，EU（欧州連合）は，安全保障・防衛分野における共通の戦略的展望について合意し，今後 5 年から10年で達成すべき具体的かつ広範な目標を掲げた「戦略的コンパス（羅針盤）」を公表した。また，NATO（北大西洋条約機構）も，2022年 6 月29日のマドリード首脳会合において，今後10年間の同盟としての優先事項，主要な任務，アプローチを定めた「戦略概念（Strategic Concept）[1]」を12年ぶりに採択している（図12-1）。近年，NATO と EU は，お互いに戦略的パートナーシップの重要性を認識し，新たなハイブリッド脅威への対応，サイバーセキュリティ，能力構築などの分野での関係強化に積極的な姿勢を示しているが，この両戦略文書からは，新たな脅威や課題に対する認識の多くが共有されていることが明らかとなる。本章においては，両戦略文書の中で指摘されるサイバー攻撃，宇宙での敵対的な活動，偽情報キャンペーンなどのハイブリッド脅威，さらに気候変動の影響，大規模感染症のパンデミック

化などの新たな課題を取り上げ，ヨーロッパとしての取り組みの方向性について考察する。

1　ハイブリッド脅威

　現在進められている第4次産業革命の中では，あらゆるものがインターネットにつながる IoT（Internet of Things）が急速に普及することによって，サイバー空間（仮想空間）とフィジカル空間（現実空間）を高度に融合した社会システムの出現が予測されている。確かに，5Gに代表される ICT（情報通信技術）に加えて，AI（人工知能）を中核とした量子コンピューター，ロボット，自動運転，ナノテクノロジーなどの革新的な先進両用技術によって，仮想空間と現実世界の融合性と接続性は強まっている。その結果，両空間の積集合領域が拡張することになり，その新たな領域を起源とする重要インフラに対するサイバー攻撃，宇宙システムに対する妨害や欺瞞，偽情報の拡散などのハイブリッド脅威に注目が集まっている（**章冒頭イントロ図参照**）。そのハイブリッド脅威は，みずからの政治的意図を実現するために，対象国の社会全体を不安定化させ，脆弱化させることを主な目的として使用される。ヨーロッパでは，2008年のロシアによるジョージア侵攻の際に，ハイブリッド脅威と物理的な軍事力を一体化したハイブリッド戦争が生起し，ジョージア国防省などへのサイバー攻撃による混乱の中，ロシア軍の戦車や軍用機による侵攻作戦が遂行された。その後のクリミア併合の際にも，核兵器による威嚇を含む，より高度化したハイブリッド戦争が成功を収めた。2022年2月のロシアによるウクライナ侵攻でも，サイバー攻撃や偽情報の拡散などによる非軍事的手段と従来の軍事的手段を組み合わせたハイブリッド戦争が展開されている。

1）サイバー攻撃の多様性と複雑性

　2010年以降の急激なインターネットの利用増加や IoT の普及は，サイバー・デジタル空間でやりとりされるあらゆるデータ量を急激に増加させている。このような世界的なサイバー空間の利用の急激な増大は，産業の活性化や市民生活の利便性を増進させるだけでなく，既存の安全保障環境にも大きな影響を与えることになった。特に，サイバー攻撃は，アメリカ，ヨーロッパ，アジア方面へと国境や地域を越えて世界的な広がりをみせ，相手国の重要インフラの制

御システムへの攻撃に加え，最近では国民の行動変容を図るデジタル情報による不法行為も加わり，その多様性と複雑性を増している。2022年のウクライナ侵攻においても，サイバー攻撃が，ウクライナの政府，金融，防衛，航空部門に対する大規模なDDoS（分散型サービス拒否）攻撃，破壊的なマルウェア送付，Webサイト改竄などの形態で複合的に繰り返されている。今後とも，さまざまなサイバー攻撃が技術的進化を背景に，その攻撃の規模と強度を増していくであろう。

2）宇宙空間の戦闘領域化

　現在，平和利用を原則とする宇宙空間の戦闘領域化が急速に進んでいる。宇宙空間の軍事利用は，米ソ間の宇宙開発競争の口火を切ったスプートニク・ショック（1957年10月）前後からはじまり，数十年にわたり，作戦支援面の軍事的利用が続けられてきた。その一方で，不用意な宇宙アセットへの攻撃は宇宙全体の運用に大きな影響を与えることから，米ソ双方が先制的な攻撃を控える「聖域」としてその平和が保たれてきた経緯がある。[4]しかし，その状況を大きく変えたのが，2007年1月にASAT（Anti-Satellite weapons：対衛星兵器）を用いて人工衛星の破壊実験を行った中国である。非対称の戦いを重視する中国は，永らく維持されてきた宇宙という聖域において，軍事目的のための破壊実験を強行した。その結果，多くの宇宙ゴミ（スペースデブリ）が発生し，国際社会から大きな非難を浴びることになった。この実験は，宇宙空間の平和利用を前提とする西側諸国に対して，宇宙システムの脆弱性をあらためて認めさせるきっかけとなり，その10年後の2018年に，アメリカは初の「国家宇宙戦略」において，宇宙が戦闘領域に変わったとの認識を示すに至った。その後も，2019年3月のインドによる衛星破壊実験や2020年4月のイランによる初の軍事衛星打ち上げなど，新たな国家主体による宇宙への軍事的アプローチが顕著となっている。

3）認知領域への影響工作

　2020年，アメリカ大統領選挙や大規模感染症COVID-19パンデミックの際に，多くの偽情報を用いての人間の認知領域に対する攻撃が行われた。特に，大量のコロナウイルス情報が氾濫し，実社会に甚大な影響を及ぼす中で，「Infodemic」（informationとepidemicを併せた造語）と呼ばれる偽情報の意図的

な拡散は，民主主義や自由という共通の価値観を重んじる西側諸国の危機感と警戒感を高めることになった。時に，それらの偽情報の拡散は，同盟や友好国を分断し，民主主義への信頼を弱体化させ，権威主義体制がより優れることを誇示しようとする情報戦の１つに位置づけられる。この攻撃の恐ろしさは，SNS上で流れる偽情報の真偽の問題だけなく，それらが人の判断に影響を与え，真実に関する認識を歪め，人の行動を変える効果を及ぼすことにある。そして，人間の認知領域へのデジタル攻撃は，AIによる偽の動画や音声をつくりあげるディープフェイクと呼ばれる攻撃手法によって，さらに問題の影響が深刻化するおそれがある。

2　地球環境の変化：気候変動の影響

　ヨーロッパでは，気候変動の影響によって地政学的な環境が変化し，安全保障上のリスクが顕在化することに対する危機感が高まっている。代表的な例として北極圏は，長らく AC（北極評議会）を通じて環境保護や持続可能な開発の対象とされてきたが，地球温暖化によって北極海の海氷融解が急速に拡大することで，天然資源や航路開発をめぐる関係国間の協力と対立の動きが表面化しつつある。将来的に，北極圏において，経済的な非軍事競争が広がるとともに，軍事力の展開や増強が続けられるのであれば，この地域が，宇宙空間やサイバー空間のように軍事的な領域となる可能性も危惧される。また，気候変動の影響は，食料や水などの自然資源をめぐる争いを引き起こし，周辺地域の緊張感を高めることから，地域全体を相乗的に不安定化させる「危機の乗数」とみられている。それは，気候変動が，目に見える直接・短期・集中的な影響だけでなく，間接・長期・広域的な可視化しにくい影響を生み出し，人間社会に対して複雑かつ相乗的な効果を伴う非線形相互作用を及ぼすことにある。

3　激甚化する大規模感染症

　2019年からはじまった新型コロナウイルス（COVID-19）の世界的流行（パンデミック）は，当初ヨーロッパでは，各国の権限のもとで行われる医療・公衆衛生上の問題ととらえられ，安全保障上の重大なリスクとはみなされていなかった。しかし，その被害が加速度的に増大する中で，ヨーロッパ全体の社会

基盤の脆弱性が次々と表面化する事態になり，2020年4月，ストルテンベルグ NATO 事務総長は，初めて，COVID-19のような感染症拡大も NATO として取り組むべき課題になるとの見方を示した。その一方で，EU 内ではすでに，2016年の EU グローバル戦略において，世界的なパンデミックの防止，検出，対応が EU の優先事項として確認されていたにもかかわらず，パンデミックの拡大によって，ヨーロッパ全体のナショナリズムとポピュリズムの広がりが急激に助長される中で，EU として安全保障上の組織的な対応をとることができない現実に直面した。⁽⁷⁾

第2節　新たな課題への対応：ヨーロッパは十分な対策を講じているのか

[1] ハイブリッド脅威への備えはできているのか

　主に仮想空間から生ずるハイブリッド脅威に対しては，国家としての包括的な対策を早期に実現することが求められている。しかし，ハイブリッド攻撃によって生起した社会システムの異常事象や社会的混乱が，単なる事故や自然現象によって発生したのか，それとも悪意のある不法活動の結果なのかという正確な状況判断も容易ではない。特に，十分な原因究明のための時間が十分無ければ尚更難しい。それは，ハイブリッド脅威がより多く攻撃手段として用いられる直接的な理由でもあるが，防御側としては，そのような不利な環境も踏まえた上で，平時から，帰属（Attribution）の特定，国家としての一元的対応，多国間の相互連携・協力などの態勢を整えておくことが求められている。

1）組織横断的な総合サイバー防衛

　サイバー攻撃に対する防御の基本は，軍施設，重要インフラ等に対する攻撃の影響排除とその被害に対するレジリエンス（回復力）の確保である。NATOは，社会的な重要インフラ，すなわち通信，電気，ガス，水道などの国家として重要なシステム制御系に対するサイバー攻撃であっても，同盟としての攻撃認定が行われれば，直ちに北大西洋条約第5条（集団的自衛権）を発動し，軍事的対応をとりうることを確認している。⁽⁸⁾歴史的に，NATO は2002年のプラハ首脳会合（サミット）において，初めて政治的議題としてサイバー防衛を取り上げ，2016年のワルシャワ首脳会合ではサイバー空間を NATO の作戦領域

と認定した。EU も，2004年，ENISA（欧州ネットワーク・情報安全庁）を設立し，サイバーセキュリティ対策への早期の取り組みを開始することになった。そして，2007年のエストニアへの大規模なサイバー攻撃は，ヨーロッパの情報通信インフラの保護強化を加速させるとともに，EU としてのデータ保護や国際連携の重要性を再認識させることになった。その後も，EU として，関連する政策方針の策定，対応組織の新設，サイバー犯罪対策の法制化などを独自に進める一方で，国際連携の観点から，NATO との包括的な協力についても積極的に取り組んでいる。今後，先進両用技術の進化に伴ってサイバー攻撃がより複雑化，先鋭化するとみられる中で，サイバー防衛の面でも，AI，ビッグデータ，量子コンピューティングなどの新興・破壊的技術を取り込みながら，いっそうの高技術化が図られていくであろう。

２）宇宙空間における相互運用性の強化

　NATO 内部では，各加盟国が，指揮通信，画像情報，ナビゲーション，早期警戒の面での宇宙システムへの依存を急速に進めつつあり，独自の宇宙能力の有無にかかわらず，宇宙システムの相互運用性の必要性についての認識共有が進んでいる。事実，NATO として，2019年6月の国防相会合において独自の宇宙政策を採択し，同年12月のロンドン首脳会合において，宇宙を，陸，海，空，サイバー空間と並んで5番目の作戦領域に位置づけている。また，2020年10月の国防相会合では，連合国航空司令部（Allied Air Command，ドイツのラムシュタイン空軍基地）に新たに「NATO 宇宙センター（NATO Space Center）」の開設を決定して，宇宙に関する活動の総合調整を円滑にし，通信，衛星画像などの業務支援を活発化させることを通じて，NATO 内で宇宙に関する脅威情報の共有を図ることとしている。EU は，ガリレオ航法測位システムやコペルニクス地球観測ネットワークなど，世界トップレベルの宇宙資産を有しているにもかかわらず，発射装置，衛星コンステレーションなどの安全保障分野では，アメリカや中国の後塵を拝している。それは従来から，EU が，宇宙政策を，ヨーロッパの宇宙産業の競争力強化を軸に推進していたことが主な原因であるが，近年の宇宙環境の軍事的変化を背景に，安全保障の観点から，EU として共通の宇宙政策を構築するための準備が進められている。今後，EU としては，NATO・EU 間の連携・協力を加速化する中で，ヨーロッ

パ独自の自律的な宇宙戦略を策定し，安全保障上の宇宙空間への取り組みを加速していくことが期待される。

3）認知攻撃の影響の緩和・無効化

2014年のロシアによるクリミア併合以来，ヨーロッパは，サイバー攻撃とともに，偽情報などの非軍事的手段を実存的な脅威として強く意識するようになった。その結果，2014年以降，ヨーロッパ内にハイブリッド脅威に関わる独立したCOE（Center of Excellence：中核的研究機関）が複数設立され，NATOやEUが中心となって，ロシアのハイブリッド戦争へ対抗するための組織的な努力が積み重ねられている。しかし，2020年のCOVID-19のパンデミック化に際して，情報通信技術の進化によって匿名性，利便性，即時性が高まったSNSアプリケーションを用いて，ヨーロッパ諸国の対応を誹謗中傷するような偽情報の大量流布や世論操作の試みが繰り返された。このような人間の認知領域に対する攻撃が激化する状況に鑑み，NATOは，ハイブリッド脅威の1つとして，陸，海，空，サイバー空間，宇宙空間に加えて，認知領域を第6番目の作戦領域に加える可能性を示唆している。今後は，認知攻撃への対抗手段として，ヨーロッパとして，共通した行動計画や法的規範の策定，監視プログラムの開発などを進めるものと考えられる。

2 気候変動の影響への実効的な取り組み

2021年6月に気候変動にかかる行動計画に合意したNATOは，2022年のマドリードサミットにおいてNATO事務総長レポート「気候変動と安全保障上の影響評価（Climate Change and Security Impact Assessment）」を受け入れた。この結果，NATOは，気候変動を安全保障上の問題であると公式に認め，気候変動の影響に対して軍事的に適合し，温室効果ガス排出主体として，その削減を行うことを約束したことになる。今回，NATOとして，装備品の消費エネルギーの効率化，脱炭素化に対する取り組みを明確にしたことによって，軍事面での気候変動の影響への取り組みに弾みがつくことが期待される。EUにおいては，2020年11月，EEAS（欧州対外行動庁）が「気候変動と防衛のロードマップ」を公表し，気候変動の影響への対応をCSDP（共通安全保障防衛政策）に包含した上で，EUの防衛行動として位置づけるという検討を進めている。

このロードマップでは，気候変動の影響下における軍事的即応性を強化することが目標とされていることから，NATOとの間では共通した取り組みが進められるであろう。

▣ 3 ▣ レジリエンス確保の観点からの大規模感染症対策への取り組み

2020年のCOVID-19発生当初，NATO軍事部門による対応は，EADRCC（欧州大西洋災害調整センター）を核とする支援要請の仲介・調整，NATO空輸スキームを用いた空輸支援，RAM（即応航空機動）など，民生支援の範疇にとどまっていた。しかし，2020年4月，COVID-19がパンデミック化する中で，NATOは，初めてSACEUR（欧州連合軍最高司令官）に対して航空輸送や余剰物品の各種調整を一元的に行う権限を付与し，COVID-19に対する欧米同盟としての対応を本格化させる環境を整えることになった。その経験と教訓から，NATOは，大規模感染症や自然災害も同盟に対する脅威の一類型ととらえ，軍事同盟としての具体的対応の方向性について検討を加速している。また，EUにおいても，COVID-19による被害が拡大する中で，国防相会議における軍事的な対応の議論を開始し，欧州対外行動庁に設置された専門のCOVID-19タスクフォース（TF）を通じて，NATOとのCOVID-19対応にかかる情報共有の機会を設けることになった。

第3節　ヨーロッパによる新たな課題への取り組みの方向性：今後，ヨーロッパとしてどのような取り組みを行っていくのか

▣ 1 ▣ イノベーション

今後，ICTや先進技術の急速な進化によって，宇宙空間やサイバー空間などが作戦領域や戦闘領域として変化していくだけでなく，従来の陸海空という伝統的な戦闘領域との境目が曖昧となる中で，軍隊は，ハイブリッド脅威にどのように対峙していくべきであろうか（図12-2）。2021年12月，レーガン国防フォーラムにおいて，オースティン米国防長官は，新たな米国防戦略（2022年公表）に関する説明の中で，重大な危機事態が，サイバー攻撃など非対称脅威によって引き起こされるケースを挙げながら，技術の進化によって，軍事的脅威の変化がより早く，かつその影響がより大きくなっていることを指摘した。[9]

図12- 2　技術によって融合する現実・仮想空間—ハイブリッド脅威—

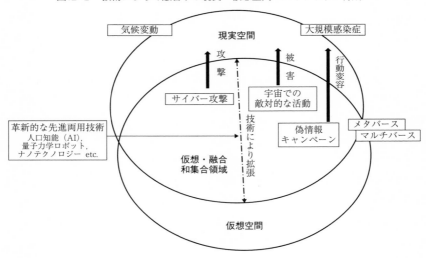

（出所）　筆者作成。

　NATO も，主要な「EDT（新興・破壊的技術）」分野におけるイノベーションを通じて，軍事技術上の優位性を確保する包括的な取り組みを開始している。しかしながら，NATO や各加盟国の努力だけで EDT の実装化までをすべて達成することは困難であり，産業界，学会，市民社会団体などとのパートナーシップを強化することに加えて，スタートアップ企業等との協業を重視している。EU は，自律的に安全保障上のグローバルな役割を果たすには，ヨーロッパ防衛産業と市場規模の拡大が死活的に重要との立場を堅持するとともに，重要技術における戦略的自律性，すなわちヨーロッパによる主体的な研究技術開発の必要性に着目している。具体的に想定される重要技術としては，AI，ビッグデータ，量子コンピューティング，量子暗号，自律制御，バイオテクノロジー，極超音速技術，先端素材，先端エネルギーがあげられ，NATO のEDT 政策の方向性との大きな差異はみられない。

2　パートナーシップ
　統合抑止におけるサイバー空間，宇宙空間などの新たな領域と陸海空の既存

領域間のシームレスな戦い方を実現するには，その作戦対象領域が物理的な国境を超えて行われることから，同盟国，パートナー諸国との共同対処が重要であることは間違いない。しかし，今後，ヨーロッパにおいて，新たな領域間のシームレスな戦いにおいても，加盟国間の先進技術の規模と装備化への速度の違いに起因する，相互運用性をめぐる能力格差の問題が表面化する可能性がある。NATO や EU は，AI，自律化，量子力学などの先進両用技術がより普及する中で，新たな技術上の分断（デカップリング）が生じることも想定し，ヨーロッパ全体としての調和と調整に合意する必要がある。新たな課題への取り組みは，時間との競争であり，高度な技術をめぐる敵との競争でもある以上，これに対応するには，地域的，機構的な既存の枠組みを超え，他の国際機関や日本を含む各パートナー国との連携，協力関係を深化することが喫緊の課題となるであろう。

3 公共財（コモンズ）の安全保障：未知なる脅威への対応

　現下の国際環境の不可逆的な変化の中で，排他的な権利が保証される私有財産と異なり，誰もが自由にアクセスし利用可能であるはずの人類共通の財産として，「公共財（コモンズ）」に関わる安全保障に注目が集まっている。従来，公共財は，共同利用が認められている山林・原野などの入会地や自然資源の共同管理制度を意味する経済学的な概念の用語であるが，近年，宇宙，南極大陸，無線周波数，宇宙静止軌道，大気，深海層などが，グローバルな観点から，人類として保護すべきコモンズに位置づけられている。そもそも，コモンズを人類が生存と繁栄を維持するための重要インフラとして理解するならば，人類の存続の基盤となるべき公衆衛生や環境なども，サイバー・宇宙空間と同様に，安全保障上の理由から防護すべきコモンズと位置づけられるべきである。将来，1 つの例として，気候変動の影響により人間や野生動物の生息・活動分布が大きく変わることで，世界的に人類が未経験なウイルスによる大規模感染症の発生が頻発化することが懸念されている[(10)]。それは今後，多くの環境要因が複雑に影響を及ぼし合うという相互作用によって，安全保障上，予想外の物理的被害が世界的規模で連鎖的に発生する可能性を意味している。その際に，公衆衛生上の軍事的な支援対応が，安全保障態勢を担保するためのレジリ

エンス強化に必須であると考えられるのであれば，ヨーロッパにおける未知なる大規模感染症への安全保障上の取り組みの中で，安全保障のエコシステム（生態系）の頂点に立つ軍隊がより積極的に活用されることになるであろう。将来，気候変動の影響が深刻化するに伴って，新たな大規模感染症の発生や地球システムの異常事象などが生起することが懸念される中，NATO と EU が，その対処のために軍事面で相互補完的な危機管理態勢を再構築する可能性は十分考えられる。

推薦図書

福島康仁，2020，『宇宙と安全保障——軍事利用の潮流とガバナンスの模索』千倉書房。

石津朋之・山下愛人編著，2019，『エアパワー空と宇宙の戦略原論 エア・パワー：空と宇宙の戦略原論』日本経済新聞出版社。

シュムペーター／塩野谷祐一・中山伊知郎・東畑精一訳，1977，『経済発展の理論』岩波文庫。

笹川平和財団海洋政策研究所編／阪口秀監修，2021，『気候安全保障』東海教育研究所。

ファインバーグ，トッド・E／マラット，ジョン・M／鈴木大地訳，2017，『意識の進化的起源——カンブリア爆発で心は生まれた』勁草書房。

ウィーナー／池原止戈夫・彌永昌吉・室賀三郎・戸田巌訳，2011，『サイバネティックス——動物と機械における制御と通信』岩波書店。

グレイ，コリン／奥山真司訳，2018，『戦略の未来』，勁草書房。

植田隆子編著，2021，『新型コロナ危機と欧州—— EU・加盟10カ国と英国の対応』文眞堂。

注
（1）　NATO, "STRATEGIC CONCEPT – NATO," June 29.（2022年8月12日閲覧）
（2）　内閣府総合科学技術・イノベーション会議。"第5期科学技術基本計画（2016年1月22日閣議決定）"内閣府。（2022年8月12日閲覧）
（3）　"Ukraine conflict: Putin 'was ready for nuclear alert'", BBC News, 15 March 2015.（2022年8月12日閲覧）
（4）　福島康仁，2020，『宇宙と安全保障——軍事利用の潮流とガバナンスの模索』千倉書房，105頁。
（5）　Thomas Graham and Amy Myers Jaffe, "There Is No Scramble for the Arctic Climate Change Demands Cooperation, Not Competition, in the Far North," *Foreign Affairs,* July 27 2020.（2022年8月12日閲覧）

（ 6 ）　United Nations Secretary-General, "Secretary-General's remarks to the Security Council - on addressing climate-related security risks to international peace and security through mitigation and resilience building," February 23 2021.（2022年 8 月12日閲覧）

（ 7 ）　Maria Giulia Amadio Viceré, Matteo Bonomi, "The EU's Search for "Effective" Strategic Autonomy in the Neighbourhood," Istituto Affari Internazionali, January 29, 2021.（2022年 8 月12日閲覧）

（ 8 ）　ELIAS CHACHAK, "NATO's Cyber Operations Center – Will Russia Feel Threatened?," The CyberDB, NOVEMBER 22 2018.（2022年 8 月12日閲覧）

（ 9 ）　U.S. Department of Defense, "Transcript: Secretary of Defense Lloyd J. Austin III Interview With Bret Baier, Fox News, at 2021 Reagan National Defense Forum," December 4 , 2021, chinadaily.com.cn/a/201904/25/WS5cc181c5a3104842260b8626. html.

（10）　National Science Foundation, "Research News: Study finds that climate change could spark the next pandemic," May 25, 2022.（2022年 8 月12日閲覧）

（長島　純）

第Ⅲ部

世界におけるヨーロッパ

第13章

ロシアとヨーロッパ
——利益でつなぎとめられた関係の崩壊——

■Graphic introduction■ ロシアによるウクライナ侵攻後のヨーロッパ

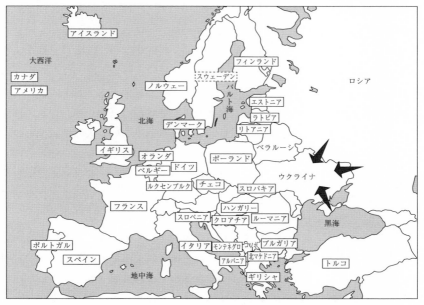

| NATO加盟国 | NATO加盟予定国 | ロシア軍の侵攻ルート |

　ロシア軍は2022年2月の侵攻開始当初，北部及び東部からウクライナの首都キーウ攻略を試みたが，3月に東部と南部の掌握へと方針を切り替えた。他方，10月にスウェーデンとフィンランドが同時にNATOに加盟することを発表。2023年4月にフィンランドが正式加盟し，スウェーデンも2023年内加盟予定である。ロシアによるウクライナ侵攻は，ヨーロッパの地図をさらにロシアに不利に描き変える結果となっている。

　（出所）　筆者作成。

■**本章の問い**■

・ロシアにとってヨーロッパとはいかなる存在なのか。

・冷戦終結後，ロシアとヨーロッパの関係はどのような要因で変化してきたか。

・ウクライナをめぐるロシアとヨーロッパの対立構造はどのように形成されてきたか。

第1節　冷戦終結後の協調と分断

⌈1⌋ ロシアにとってのヨーロッパ：根源的な問い

　ロシアとは何なのか。ロシアは西に属しているのか，あるいは東に属しているのか。ロシアは西と東のどちらを向いて進んでいけばいいのか。これらは，歴史の転換点に繰り返し提起されてきた問いである。西と東の狭間に位置するロシアにとって，西は歴史的に憧憬の対象であり，これと表裏となった反発の対象でもあった。「西」という言葉には，ロシア自身はそこに属していないというニュアンスがある一方で，「ヨーロッパ」という言葉には，ロシアもその一員であるはずだ，一員として認められたいという願望が含まれている。認められないことへの不満や苛立ちが反発となり，独善的な歴史認識，ロシア独自の道を説く思想を生むのである。ヨーロッパとは何かという大問題について，仮にキリスト教世界ととらえるとするならば，ロシアも広い意味でその一員であることになる。他方で，ビザンツ文明の受容やモンゴル・タタールによる支配などの経験や価値観の相違は，ヨーロッパとロシアとの異質性を際立たせている(1)。

　現在のロシア・ウクライナ戦争の背景や要因を考えるには，長い歴史的視点に立った議論が必要である。ここでいう歴史的とは，単なる経年的な背景説明のことではなく，ロシアとウクライナの関係と，これを取り巻くヨーロッパをはじめとする外部世界との関係とを俯瞰するような視点である。本章では，なぜ，どのようにして今日の事態に至ったのかを理解するために，冷戦後におけるロシアとヨーロッパの関係を，力，価値，利益の3つの構成要素に整理する。それらの相互作用を通じて，ウクライナをめぐるロシアとヨーロッパの対立構造が形成されていく過程を明らかにした上で，執筆時点までにおけるロシア・ウクライナ戦争の推移とその意味合いについて考える。

⌈2⌋ 3つの構成要素

　1989年11月のベルリンの壁崩壊に端を発する冷戦の終結から1991年12月のソ連崩壊に至る過程は，ワルシャワ条約機構とNATO（北大西洋条約機構）が対

峙する国際秩序を大きく変え，ヨーロッパにおける安定的な安全保障環境への
期待が高まった。この過程でCFE（欧州通常戦力）条約が署名され，通常戦力
を低いレベルで均衡させる合意が成立したことは，ヨーロッパにおける軍事的
な緊張が大幅に緩和されたことを象徴していた。また，冷戦後の地域の不安定
化を回避する観点から，ソ連崩壊によって複数の国にまたがって所在すること
となった核戦力について，ロシアが核兵器国の地位を承継する一方，領域内に
核兵器が配備されていた旧ソ連諸国は，米露の第1次戦略兵器削減条約の当事
国として核軍縮の実現を支持するとともに，非核兵器国としてNPT（核兵器不
拡散条約）に加盟することに合意し，領域内の核兵器をロシアに移管した。こ
れを受けて1994年12月，アメリカ，イギリス，ロシアは，ウクライナ，ベラ
ルーシ，カザフスタンの独立と主権，既存の国境を尊重し，武力行使を控える
など，その安全を保証することに合意した（ブダペスト覚書）。

　ロシアとヨーロッパの関係を構成する要素の第1は，力の格差である。ワル
シャワ条約機構については1991年7月に終了することが合意されたが，NATO
は冷戦後の新たな脅威に対処し，価値観を共有する諸国が地域的な安定性を図
る枠組みとして存続することとなった。新たな協力枠組みとして，1994年に
NATOが発表したPfP（平和のためのパートナーシップ）には，中・東欧諸国に
加え，ウクライナ，そしてロシアも参加した。

　1997年に締結されたNATOロシア基本議定書は，互いを敵とみなさないこ
とを再確認し，新規加盟国にはNATO部隊の常駐や核兵器の配備をしないこ
とで合意した。その上で，1999年にはポーランド，チェコ，ハンガリーが，そ
して2004年にはその他の東欧諸国とバルト三国がNATOへの新規加盟を果た
した。戦力バランスが不利になるため，ロシアはもとよりNATO拡大に不満
であったが，アメリカ国内においても，防衛負担が増大することへの懸念や，
ロシアを刺激することへの危惧から拡大への反対意見が唱えられた。NATO
拡大が，ロシアを取り込んだ安定的な欧州安全保障秩序構築の試みとあわせて
進められたのはこのためである。2002年には，国際テロや大量破壊兵器の拡散
などの新たな脅威に共同で対処する体制づくりの一環として，従来の常設合同
理事会を発展させ，NRC（NATOロシア理事会）という対話の枠組みが設けら
れた。これは，NATOの意思決定に直接的に影響を及ぼすものではむろんな

かったし，ロシアは軍事ドクトリンをはじめとする公式文書においてNATO
ないしその拡大を脅威と言及し続けた。たが，こうしたロシアの不満は，当時
のロシアに力がなかったことの裏返しでもあった。

　ロシアとヨーロッパの関係を構成する要素の第2は，価値・規範・歴史認識
などの非物質的要因である。冷戦の終結とソ連邦崩壊は，自由民主主義的な価
値と資本主義的な経済規範がロシアをはじめとする旧東側世界へも広がり，政
治経済体制の最終形態となるという意味で「歴史の終焉」が訪れるとの期待を
高めた。だが，ソ連時代末期から極めて粗雑なやり方で旧システムの破壊と自
由化が進められた結果，貧富の格差や犯罪率は高まり，1990年代を通じてロシ
アの政治・経済は混迷を続けた。さらに，少数民族の分離独立運動に象徴され
る中央権力の弱体化は，ロシア社会に漠然たる不安を与えており，自由民主主
義的価値への幻滅・懐疑・不信が蔓延する一方，秩序回復を求める気運が蓄積
されていった。

　1999年9月にロシアでプーチンが首相代行に就任し，チェチェン共和国にお
ける武装勢力の掃討作戦が強行されると，あくまでも国内的な秩序回復のため
の「対テロ作戦」であるとするロシアと，過剰な武力行使として非難するEU
（欧州連合）との対立構図が表面化し，国際規範や人権という価値をめぐるロシ
アとヨーロッパの価値観の差異が浮き彫りとなった。だが，このことが直ちに
ロシアとヨーロッパの関係全般を悪化させたわけではない。1997年に批准され
たEUとロシアとのPCA（パートナーシップ協力協定）に基づく政治対話は2000
年以降も継続され，ロシアとEUは2002年，4つの共通空間（経済，自由・安全・
司法，対外安全保障，研究・教育）を構築することで合意した。

　ロシアとヨーロッパの関係においては，第3に，利益という要素も重要であ
る。エネルギー価格の上昇傾向によるロシア経済の急成長を支えたのはEU市
場であり，EUはロシアの貿易総額の約4割を占める最大の貿易相手となっ
た。EUとの相互依存が深化していくことは，公正な競争の中で経済的に発展
し，公平な利益配分を実現していくこと，そして資源依存の経済構造を脱し近
代化を目指す方向性と長期的には結びついていくと考えられた。少なくとも
2006年頃までは，力の格差や価値観の相違を抱えつつも，資源輸出によって得
た利益により投資環境を整え，直接投資を増やし産業基盤を根づかせること

で，ロシアは欧米主導の国際秩序の枠内で発展していくことが可能であると考えられていた。

第2節　ウクライナをめぐる対立構造の形成と展開

1　同盟と価値の選択

　どの同盟に属するかは，いかなる価値と規範に立って国家の外交・安全保障の将来像を描くかという対外政策の基本問題であり，原則的には，独立国家の主権的選択による決定事項である。だが，旧東欧諸国や旧ソ連諸国が自由民主主義的価値を共有するNATOやEUへの加盟に向けて進んでいくことは，冷戦に「勝利」した欧米諸国の力を増す一方，ロシアの勢力圏が失われるという現実があり，力の格差の問題と不可分に結びついてくる。ロシアからみれば，ウクライナがNATOに加盟することは，かつての敵対勢力と境を接すること，しかも，民族的・歴史的・地理的に極めて近いウクライナとの間にその分断線が引かれることを意味している。ロシアとNATOやEUとの狭間に位置する諸国の将来の方向性を，当事国の選択の問題としてみる欧米と，その意図に不信を強めるロシアとの関係は次第に複雑化していった。

　ウクライナは，2002年5月からNATO加盟の意向を表明していたが，2004年12月のオレンジ革命で成立したユシチェンコ政権は，政策目標としてより明確にNATO加盟を掲げた。とはいえ，NATO加盟国の中でもドイツ，フランス，イタリアは，旧ソ連諸国への拡大が対露関係を悪化させることを懸念して慎重論を唱えており，加盟の現実性は乏しかった。ところが，2008年4月のNATO首脳会議で発表された共同宣言（ブカレスト宣言）には，ブッシュ政権の意向を反映して，ウクライナとジョージアの加盟希望を歓迎するとともに，「NATO加盟国となるであろうことに同意した」との文言が挿入されていた。この文言は，ロシアに対しては，これら諸国へのNATO拡大が強引に進められるのではないかという危機感を与えた一方，ジョージアに対しては，加盟実現のため，分離独立を求めていた南オセチアやアブハジアについて早急な解決が必要，とのメッセージを期せずして送ってしまうこととなり，サアカシヴィリ大統領の西側への過信を生んだ。[3]　同年8月，ジョージアが南オセチアに攻撃

を仕掛けたことで，ロシア・ジョージア戦争が勃発した。この時ロシアはグルジアを圧倒したものの，この戦争を通じて装備の旧式化・老朽化があらわとなった。

　ロシア・グルジア戦争後，ロシアは「特別な関係にある国家」に対する「優先的利益の存在する地域」に言及し始めた。ロシアはもとより，2004年から2005年にかけてのウクライナでの政権交代やこれと連動したNATO加盟志向の背後にアメリカの影ありとみて，アメリカの意図に強い不信感を抱いていた。そしてNATO拡大について，「冷戦終結過程でなされた不拡大の約束をアメリカが破った」，「ロシアは騙されたのだ」という被害者意識を持つようになった。この「約束」とは，ドイツの統一とそのNATO残留について説得する過程で，ベイカー国務長官やコール西ドイツ首相がゴルバチョフ書記長に対し，NATOの管轄範囲を東ドイツ領域には拡大しないと発言したことに端を発している。だが，この点は書面で取り交わされたわけではなかったし，当時問題になっていたのはあくまでも統一ドイツのNATO残留をどのように行うかという問題であって，ドイツ以東へのNATO拡大は，この時点ではそもそも論点として存在していなかった。NATOを拡大させないという約束があったとするロシアの主張は，みずからに都合良く議論をすり替えたものである。

　力のバランスは，さらにロシアの不利に傾いていった。2007年1月，アメリカが東欧へのミサイル防衛計画を発表し，長期的には戦略核戦力においてもアメリカが優位に立つことが予想される状況となった。ロシアはこれに危機感を募らせたのである。ロシアが，核戦力および通常戦力の「近代化」，つまり装備更新における遅れを取り戻すことを戦力整備の当面の目標に設定したのは，力のバランスが不利に傾く傾向を少しなりとも緩和しようとしたものである。もとより，停滞していた軍需産業の生産ラインを短期間で復活させることは困難であり，国防費も，エネルギー価格の高騰による歳入増加に伴い，対GDP比率はほぼ一定のまま増額されたに過ぎなかった。新型装備の開発・生産が本格化するのは，装備更新が一定の進捗をみた2013年以降のことである。

2　歴史認識をめぐる対立

　プーチン政権の反欧米的な外交路線は，国内の政治基盤の強化と表裏一体と

なって展開された。その1つが，ソ連崩壊によって失われた国民統合の象徴の再構築である。ペレストロイカ期に進められた歴史の見直しの動きは後退し，大祖国戦争史観，つまり日独両ファシスト国家との戦争に勝利をもたらした「解放者」であるソ連の栄光を誇示し，戦時下における多大な犠牲を耐え抜いたソ連市民を讃える歴史像が強調され，プーチン大統領への高い支持率の一因となった。問題なのは，ロシア国内で歴史認識や過去の記憶が政治的に動員されただけではなく，相容れない歴史認識や反論が周辺諸国から提起されると，これを「歴史の歪曲」として許容しない姿勢をロシアがあらわにしたことである。ソ連支配の被害者としてのアイデンティティをよりどころとして国民統合を図る諸国の歴史政策や，ソ連時代に移住したロシア人を多く抱える諸国の言語・国籍・教育政策をめぐって深い軋みが生まれた。

　ウクライナでは，ロシアの大祖国戦争史観と共存するソ連時代の歴史観があった一方で，ユシチェンコ政権やユーロ・マイダン後の政権下では，1930年代前半の大飢饉を「ウクライナ人へのジェノサイド」であるとし，ソ連・ロシアを断罪する歴史認識も現れた。また，ナチと協力してソ連と戦い，ユダヤ人やポーランド人の虐殺に関与した急進的民族主義者たちを民族独立の英雄視する動きが現れた際，ウクライナ当局は積極的に取り締まろうとしなかった。このことは，ポーランドによる激しい非難を喚起しただけではなく，プーチン政権によって都合良く「ファシスト的な西と迫害される東に分断されたウクライナ」像に書き替えられた。ロシア・ウクライナ戦争開戦に際して語られた「脱ナチ化」のための「特別軍事作戦」という物語は，歴史認識をめぐる軋轢を素材として政治的に構築されたのである。

　プーチン大統領は侵略に先立ち2021年7月，「ロシア人とウクライナ人の歴史的一体性について」を公表し，ロシアの歴史的栄光とウクライナとの一体性を過去に遡って強調した。そこには，独立国家としてのウクライナの歴史的根拠を軽視し否定する意図が込められていた。独立後のウクライナが，政治家や政府高官による横領や蓄財を断ち切ることができず，また，民族・言語の分布状況などから，国民統合上の脆弱性を抱えていたことは確かであるが，それはロシアの独善的な認識と行動，ウクライナ侵略を正当化するものでは毛頭ない。このようにウクライナをめぐる対立構図では，記憶や歴史認識という非物

質的要素，その政治的動員という要素も看過できない重要性を持っている。

3　手段としての資源，歯止めとしての資源

　以上の対立の歯止めとなってきたのは，利益ないし利益の格差である。ここでロシアが資源国であり，主要な輸出品目が石油・天然ガスであることは，その後の展開に次の2つの意味を持っていた。第1に，ロシアは，エネルギーを周辺諸国の同盟選択に制約を加える手段として用いるようになった。ロシアはウクライナとの間で，「友好国価格」でガスを提供する一方，セバストーポリ港への黒海艦隊駐留を認めさせることでウクライナのNATO加盟を実質的に阻止する，「ガスと安全の交換」ともいうべき状況を成立させていた。2006年初頭以降，ロシアによる数度にわたるガス供給停止措置は，ウクライナ側の支払い能力やガス抜き取りなどの問題もあったが，ユシチェンコ政権が黒海艦隊駐留に関する合意を延長せず，期限内の撤退を求める中で行われた。2010年に成立したヤヌコビッチ政権は，ロシアと黒海艦隊の駐留期限の延長について合意するとともに，ウクライナが軍事ブロックに属さない旨の法律を制定した。この法律は，クリミア併合後，ポロシェンコ政権下で2014年12月に廃止されるに至った。

　第2に，ロシアにとってEUは最大の貿易市場であり，2014年までに，ロシアの輸出の50％前後，輸入の40％弱を占めるに至った。その後，EUのシェアは低下したものの，2019年時点でもロシアの輸出の約42％，輸入の約35％であった。石油・天然ガス，アルミニウムなどの燃料・鉱物製品はロシアの対EU輸出の74.4％を占めており，EUにとってエネルギーや資源の確保という点でロシアの重要性は高く，同時に，国家財政の約4割を資源に頼るロシアにとってEUは極めて重要であった。[4] ただ，個別国家としてみた場合，ヨーロッパ諸国のロシアへの依存度はまちまちであり，対露依存度の高い国にはロシアとの外交・安全保障面での対立を回避しようとする傾向が現れた。むろんエネルギー要因だけが各国の対露政策を決定づけているわけではないが，NATOにおいても，またEUにおいても，対露政策における温度差は顕著となっていた。経済面での相互依存は，脅威への対処における格差を生む要因ともなるのであり，戦争の抑止につながるとは限らないのである。

　ロシア・グルジア戦争後，ドイツ，フランスは，当初こそアメリカ，イギリスとともに外交関係を一時凍結したが，3カ月後には凍結解除に踏み切った。またアメリカは，2009年1月にオバマ政権が発足すると，ロシアと「リセット」を宣言して新START交渉を進めるとともに，ロシアの懸念に配慮する観点から，ミサイル防衛計画を失速させる方針をとった。またブカレスト宣言以降，NATO首脳会議の共同宣言は，ジョージアについては「NATO加盟国となるだろう」との表現が維持される一方，ウクライナについては，協力関係の支持という表現にとどめられた。ロシアによるウクライナのNATO加盟反対が軍事的対立を辞さない強固なものである以上，慎重にならざるを得なかったのである。ロシアに対する脅威認識の強いポーランドやバルト三国と，対露関係の安定性を優先しようとする旧来の加盟国との思惑が交錯し，同盟としてのリスクやコストの負担をめぐってもNATO内の足並みの乱れが目立つようになった。

4　クリミア併合とその後

　ロシアはウクライナのNATO加盟方針には一貫して強硬に反対してきた。また，2009年にEUが，旧ソ連諸国のうち地理的にヨーロッパに近い諸国を対象に「東方パートナーシップ」を打ち出し，同諸国との連合協定の締結を進めはじめると，これにも強い関心を寄せ，対抗する姿勢をみせた。2010年にはベラルーシおよびカザフスタンとの関税同盟を発足させ，これを基盤として「ユーラシア経済連合」を成立させるにあたって，歴史的・文化的にロシアに近く，経済規模の大きいウクライナの参加を確保しようとしたのである。いずれも第一義的には経済的な枠組みであり，本来，相互に排他的なものではないはずである。だが，ヤヌコビッチ政権がEUとの「DCFTA（進化した包括的自由貿易協定）」締結プロセスを進めると，ロシアは危機感を持った。DCFTAは，単なるFTA（自由貿易圏）にとどまらず，貿易経済活動を通じてEUの規範を浸透させ，ヒト・モノ・カネの動きを活発化しようとするものだったからである。

　ヤヌコビッチ政権が，ロシアの圧力に屈して2013年11月に連合協定締結に関する作業を一時中止する閣議決定をしたのをきっかけに，キーウ中心部で大規

模な反政府集会が行われ，当局の取り締まりが強化されて緊張が高まった。

　2014年2月には，反政府勢力が過激化する中，ヤヌコビッチ大統領がロシアへ逃亡する一方，クリミア自治共和国およびセバストーポリ特別市では，徽章を外した武装集団が現れ，議会や政府機関，空港や幹線道路，主要な軍事施設などを掌握した。その上で3月16日，独立を問う「住民投票」が実施された。この住民投票は，ウクライナ憲法上有効なものではないにもかかわらず，ロシアは97.47％の賛成という開票結果を根拠としてクリミア共和国とセバストーポリ市を国家承認した上，両者をロシアに「編入」した。

　さらに，ウクライナ東部で分離派勢力などによる暫定政権への抗議活動が活発化し，ロシアが支援する武装勢力とウクライナ政府との間の戦闘がはじまった。ウクライナはロシアによる恒常的な侵略にさらされることとなったのである。同年5月には大統領選挙が実施され，ポロシェンコ政権が成立する一方，ドネック州およびルハンスク州の一部では，分離派勢力の管理下で自治権拡大の賛否を問う「住民投票」が実施された。その後もウクライナ新政権と分離派勢力との交渉は整わず，ウクライナ軍は，ロシアの直接的な介入とみられる各種支援を受けた分離派勢力との戦闘を継続し，犠牲者は計1万人を超えたとされている。

　他方，ロシアのこうした侵略行為は，当然のことながらウクライナにおける反ロシア感情と西側志向を強め，ウクライナ政府は防衛力の強化に乗り出した。一度廃止された徴兵制が暫定政権下で復活したほか，2015年には，軍の定員を25万人に拡大することが決定された。NATOとの関係では，NATO標準を目指した国防省および軍の機構改革に着手し，アメリカ，イギリス，カナダなどの教育訓練支援を得て，軍の能力強化に取り組んできた。また，NATO諸国との共同演習も実施され，相互運用性の向上に向けた取り組みも進展した。2019年2月には，ウクライナ最高会議がEUおよびNATO加盟路線を明記する憲法改正法案を可決した。この段階において，EUにもNATOにもウクライナを加盟国として迎え入れる意向があったわけではないが，ウクライナはすでに明確な選択を行っていたのである。[6]

　ロシア・ウクライナ戦争に直接的につながる動きが現れたのは，2021年に入ってからである。1月にアメリカでバイデン政権が成立したことは，ロシア

とウクライナ，それぞれの計算に異なる影響を与えた。2019年5月に大統領に就任し，当初はロシアとの対話路線を模索していたゼレンスキーは，2021年2月頃からクリミアや東部における主権回復を政策目標としてより鮮明に掲げるようになった。ゼレンスキーは，バイデン政権の成立を追い風ととらえたのである。

　他方，ロシアはこうした動きをみて，アメリカがウクライナを唆し，あるいはウクライナに唆されて，ウクライナ問題への関与を強めてくることを強く警戒した。2021年3月から4月にかけてロシアは，ウクライナ国境周辺およびクリミア半島に多数の兵力を集結させ，同半島における着上陸，対着上陸対抗演習を含む大規模な演習を実施した。ロシア国防省は，南部軍管区および西部軍管区における戦闘準備態勢検閲の実施状況を順次公表し，4月22日に終了を発表したが，終了に際し，同年秋に実施を予定している戦略演習「ザーパド2021」への参加を理由として，戦闘準備態勢検閲に参加した部隊の装備を残置するなど完全に撤退したわけではなかった。

　ウクライナ周辺での軍事的緊張が続く中，2021年6月16日にジュネーブで米露首脳会談が行われた。会談では，新STARTの後継枠組みの検討や，サイバー安全保障での協力について合意したこと以外に目立った成果は得られなかった一方で，アメリカはウクライナ問題に関するロシア批判を控えた。また，これに先立ちバイデン政権は，独露間の天然ガスパイプライン「ノルドストリームII」に科していた制裁の緩和を発表していた。ノルドストリームIIは，稼働すればロシアの天然ガス輸出を大きく拡大させるものであり，クリミア併合以降，強化されてきた対露制裁が緩和される兆候ともとらえられた。

　黒海周辺での軍事的な緊張が高まる一方，アメリカは，クリミア・プラットフォームについてバイデン大統領の出席を見送るなど，ウクライナをめぐるロシアとの対立がエスカレートしないよう，慎重な姿勢を維持し続けた。

第3節　ロシア・ウクライナ戦争のインパクト

1 ロシア軍の再集結と政治的要求

　ロシア軍が再びウクライナ国境に集結しはじめた2021年秋以降の展開は，ロ

シアがウクライナおよび西側に対して具体的な政治的要求を突きつけた点で，それ以前とは大きく異なっていた。部隊の集結は，9月に実施する演習の準備であるとされていたが，演習が終了しても部隊は撤収しないどころかむしろその規模は拡大した。

　10月に入ると，ロシア政府高官が，ウクライナ政府は腐敗し，西側に従属させられており，もはや対話の相手にならないとして「健全なリーダーシップ」が出現しなければロシアとのパートナーシップは不可能である，と発言した。また，プーチン大統領は，有識者会議の場で，ウクライナのNATO加盟は当分ありそうもないことだと述べる一方で，訓練や軍事援助などの名目で実質的な協力が行われていることが問題だとし，欧米諸国によるウクライナへの軍事支援を牽制した。11月には，第2次ミンスク合意の履行に関する協議の開催を提案するラブロフ外相から独仏宛の書簡が公開された。第2次ミンスク合意は，ウクライナが憲法を改正してドネツクとルガンスクの親露派武装勢力占拠地域に「特別の地位」を恒久的に認めることを求めたもので，それ自体，ロシアによる不当な要求の押しつけであり，履行することでウクライナが分裂した状態が固定化されてしまうために，2015年2月に署名されたものの，履行されてこなかったものである。

　さらに2021年12月7日，プーチン大統領は，バイデン大統領とのテレビ会談で，NATOがウクライナの加盟を認めないとの法的に明文化された保証を与えるべきだと主張した。また，ロシア外務省は，NATOの不拡大や東欧からの米軍撤退などを要求するアメリカおよびNATOとの条約案を提示した。

　NATO諸国は，ロシアによる他国の安全保障政策への介入は認められないとの立場を明確にし，隔たりは埋まらなかった。ウクライナ国境に集結する兵力はさらに増強され，2022年に入ると，12～13万人に達し，東部軍管区の部隊も動員してウクライナ北方のベラルーシ国境地帯でも集結が進められた。ロシアによるウクライナへの大規模侵攻が迫っているのではないかとの懸念が強まる中，米英仏独を中心とする主要諸国はロシアの説得を続けた。この過程で，バイデン大統領が，「ロシアがウクライナに侵攻した場合に，アメリカが単独で武力を行使して立ち向かう考えは今のところない」「'小規模な侵攻'にとどまる場合，何をすべきか対応を考える必要がある」などと発言したことが，ア

メリカは直接の武力行使には及び腰であるとの印象をロシアに与えた可能性は否定できないであろう。

　2022年2月16日，プーチン大統領との会談でラブロフ外相が，「外交に責任を持つ官庁の長として，外交交渉の継続を提言する」と述べるなど，ロシアの政治指導部内には，慎重な見解もみられたが，最終的な歯止めとはならなかった。

2 「ウクライナ・ジレンマ」の発生と膠着化する戦況

　2月21日，プーチン大統領は，安全保障会議を開催し，主要な幹部の同意を取りつけた上で，ウクライナ東部の分離派勢力「ドネツク人民共和国」および「ルハンスク人民共和国」を国家として承認する大統領令に署名した。その上で，両「共和国」の「首長」との間で「友好協力相互援助条約」に署名し，これに基づく支援の要請があったとして，国防省に対しこれらの領土においてロシア軍による平和維持を実施するよう命じ，上院に対し軍の国外派遣の承認を求めた。ベラルーシ，ロシア，クリミア半島における集結部隊は，この時までに17〜19万人に達しているとされ，すでに全面侵攻が可能な状態にあるとみられていた。2月24日，ロシアは「特別軍事作戦」の実施を宣言し，ウクライナ侵略を開始した。西側に支援されたウクライナ政府の「極右民族主義者」や「ネオナチ」に抑圧されているロシア系住民を保護し，「非軍事化」「非ナチ化」する必要がある，というのである。

　この戦争がNATO諸国に突きつけたのは，ロシアとの全面戦争，つまり核戦争にエスカレートするリスクを冒してまで，ウクライナを守るために戦うべきなのかという選択である。実際，プーチン大統領は26日，国防相および参謀総長との協議で，核戦力を含むロシア軍の戦力を特別警戒態勢に移行するよう命じ，核使用の可能性を示唆した。NATOが部隊の投入に踏み切ることができていない状況だけをみれば，ロシアは，直接的武力行使の抑止には成功していることになる。だが，ロシア軍自体の問題やウクライナ側の抵抗力により，戦況は膠着化し長期化の様相を呈している。

　ロシア軍はまず，北および東の2方面から侵入し，首都制圧を試みた。また，東部国境からハルキウ，クリミア半島からヘルソン，ザポリージャおよび

アゾフ海沿岸へ向け，複数正面において同時に地上侵攻を開始した。だが，一元的な指揮の欠如や，地上部隊に対する航空支援の不足，目標を特定する能力の不足などに起因するミサイル攻撃の不徹底から，航空優勢を確保しないまま戦線が分散した。ロシア軍部隊は３月下旬までにキーウからの撤退を決定し，総司令官を任命してウクライナ作戦指揮の一元化を図るとともに，撤退した部隊を再編成して東部へ投入し，南部の掌握を企図して立て直しを図った。

　戦闘のさなか，ロシアは圧倒的な火力で戦闘を続け，一時はドンバス２州のみならず，南部のヘルソン，ザポリージャをも支配下におさめる勢いをみせた。他方，ブチャ虐殺をはじめ，ウクライナ各地でのロシアによる国際人道規範を無視した残虐な行為が明らかになると，ウクライナの抗戦意欲は強化された。

　戦況は二転三転を繰り返している。ウクライナ側は，NATO諸国から供与された装備を効果的に使用して持ち堪える一方，ロシア側には大きな前進はみられなくなった。９月下旬には，軍務経験をもつ予備役約30万人を召集したが，戦況は大きくは変わらなかった。2023年６月には，軍上層部を公然と批判してきた民間軍事会社ワグネルの創始者プリゴジン氏が，一部部隊とともに武装反乱を企図するなど，戦争長期化による混乱が深刻化している。同月にはウクライナ側が反転攻勢を始めたが，短期での巻き返しは困難とみられている。

　侵略それ自体はもとより，ロシア軍の残虐な戦い方，殊に無差別攻撃による一般市民の犠牲の増大などは，NATO諸国の結束を高めることとなった。NATOは，ロシアに隣接する中・東欧諸国の対露抑止力強化のために部隊を増強するとともに，早期警戒管制機などによる情報収集，武器供与支援によってウクライナの継戦能力を支えており，それらは戦況に重要な効果を発揮している。さらに，これまでロシアへの配慮から中立主義の立場をとり，公式にはNATO加盟を選択してこなかったスウェーデンとフィンランドが，同盟選択の自由を行使する形で加盟を決定した（冒頭地図参照）。また，これまでロシアに対して宥和的として批判されてきたドイツさえも軍事予算の大幅増大に踏み切り，対露依存からの脱却方針を明確にしている。NATOが直接関与しているとの印象をロシアに与えることを回避する基本方針は維持されているものの，戦争が長期化する過程で，ウクライナへの軍事支援は徐々にエスカレート

している。

3 経済制裁の効果とロシア社会の反応

　侵攻後，主要国はロシアの一部金融機関に対し，SWIFT（国際銀行間通信協会）からの排除，中央銀行の外貨準備取引制限などの追加制裁を発表し，ロシア企業，個人への資産凍結対象の拡大や軍事転用の可能性のある製品・物品の輸出制限などの制裁を発表している。また，ロシア軍による民間人への残虐行為を受けてアメリカは，ロシア産の原油・天然ガス，石炭と関連製品の禁輸措置を発表し，イギリスもロシア産原油，石炭の年内輸入停止を発表した。一方，原油輸入の3割弱をロシアに依存するEUは当初，段階的な禁輸措置にとどめる姿勢をとっていた。だが，5月にはEUもロシアからの原油輸入禁止に踏み切るなど，中長期的にロシア依存から脱する方向へ舵を切っている。内陸にあるハンガリー，スロバキア，チェコがパイプラインでロシアから輸入する原油は当面，禁輸の対象外となるものの，EU諸国のロシア産原油・石油製品の輸入の大半は2022年内に停止されることになる。

　他方，戦争によって原油価格が高騰しているために，2022年のロシアの歳入は約10％増加した。それでも歳出が約26％増と膨らみ，向こう数年間は財政赤字が続くことが見込まれている。経済制裁は依然，直接的にロシアの行動を変えるものとはなっていないが，欧米からのハイテク輸出規制は，ロシア軍の精密誘導兵器の追加生産を困難にするとみられている。また，欧米の石油メジャーが開発事業から撤退したことで，ロシアの資源開発は技術的に劣位に立たされ，ロシア経済の縮小・混乱は中長期的には不可避となろう。

　ロシアの安全や利益が大幅に後退していることは，客観的には明らかなように思われるが，世論調査の結果によれば，ロシア国民の大多数（65％～81％）がプーチン大統領ないしその選択を支持している。ただ，年代別に見ると，若い世代ほど支持率は低くなっており，ソ連崩壊後に生まれた世代では47％と半分以下になる。

　また，ウクライナのNATO加盟がロシアの脅威となるとする回答は，「何らかの脅威となる」を含めると71％と，フィンランド，ジョージア，スウェーデンの加盟より圧倒的に高くなっている。EUに対する姿勢に関しては，若い

図13-１　ロシア周辺国の NATO 加盟に対するロシアの世論

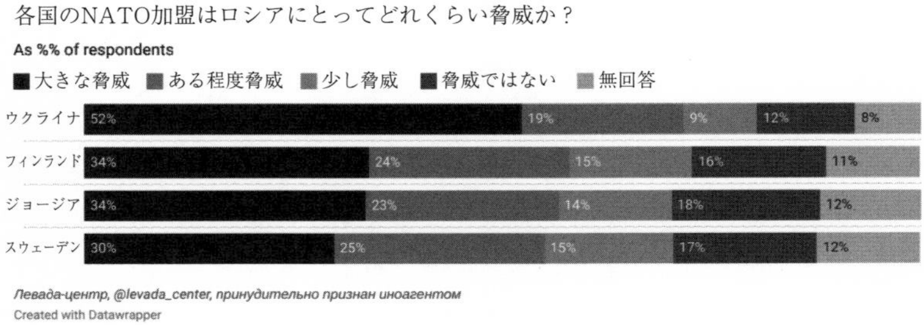

各国のNATO加盟はロシアにとってどれくらい脅威か？
As %% of respondents
大きな脅威
ある程度脅威
少し脅威
脅威ではない
無回答
ウクライナ
52%
19%
9%
12%
8%
フィンランド
34%
24%
15%
16%
11%
ジョージア
34%
23%
14%
18%
12%
スウェーデン
30%
25%
15%
17%
12%
Левада-центр, @levada_center, принудительно признан иноагентом
Created with Datawrapper

（出所）　https://www.levada.ru/en/2022/06/10/russia-and-nato/print/

図13-２　EU に関するロシアの世論（世代別）

EUに対する姿勢は？
as %% of respondents per age group
よい
悪い
無回答
Total
37%
48%
15%
18-24
60%
29%
11%
25-39
47%
37%
17%
40-54
36%
52%
12%
55 and older
24%
60%
16%
Левада-центр, @levada_center, принудительно признан иноагентом
Создано с помощью Datawrapper

（出所）　https://www.levada.ru/en/2022/03/18/attitude-to-countries/print/

世代ほど共感度は高くなっている（図13-１，図13-２参照）。このことは，ロシア社会の価値観が変化するには世代交代を含む長い時間がかかることを示唆しているが，経済動向により，変化の速度が速まる可能性はあるだろう。この意味で，経済制裁は外部からロシア社会を変えるための最も有効な手段であり，たとえ痛みを伴うとしても継続していく必要がある。

4　国際秩序の行方

戦争がどのような形で終結するか，執筆時点で見通すことはできない。だが，ロシア・ウクライナ戦争は，ウクライナが反ロシア感情を基盤に国民国家としての一体性を確保していく契機となり，ヨーロッパの支援を得て復興の道

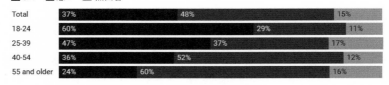

を進む大きな転換点になるであろう。EU は，6月23日，ウクライナを加盟候補国として承認した。加盟が実現するまでにかなりの時間を要するとしても，目標と道筋が示されたことは，ウクライナの抵抗を支える重要な精神的支柱となっているはずである。ロシアは，みずからの侵略行為によって，もっとも回避したかった事態への道をひらいてしまったのである。

　また，ジレンマを突きつけられながらも，NATO 諸国は武器と情報の供与によってウクライナを支え続けており，ロシアによるむき出しの暴力を国際社会が看過しているわけではない点は重要である。だがその一方で，国連憲章第2条4項や国際人道法の重大違反という事態に際し，ロシアを非難する国連総会決議には191か国が賛成したものの，制裁に参加しコストを負ってルールを執行する国は40か国あまりに過ぎないことも明らかになった。国際秩序を乱したロシアに痛みを伴う制裁を加える，という点で国際社会は団結できていない。今後のロシア・ヨーロッパ関係とそれを取り巻く国際秩序の行方は，制裁に参加しない「その他」の国々の動向にも左右されることになる。

　ロシア・ウクライナ戦争は，利益でつなぎ止められていたロシアとヨーロッパの関係を覆し，ロシアを取り込んだ形での秩序構築を考えることを困難にした。この戦争でロシアの国力は大幅に削がれるであろうし，国内の混乱は避けられないであろう。だが，それでもロシアはヨーロッパの隣にあり続ける。現状を踏まえてなお，ロシアとの間で，いかなる条件のもとにいかなる関係構築が可能なのかという難問にヨーロッパは取り組んでいかねばならないのである。

推薦図書

神保謙，2022，『何がロシアのウクライナ侵攻を招いたか』第1巻，第2巻，ディスカヴァー・トゥエンティワン（電子書籍）。

ケネス ウォルツ／渡邉昭夫・岡垣知子訳，2013，『人間・国家・戦争——国際政治の3つのイメージ』勁草書房。

注

（1）　宇山智彦，2012，「〈東〉と〈西〉——特にロシアと東方との関係について」塩川伸明他編『ユーラシア世界1　〈東〉と〈西〉』東京大学出版会，1 -16頁。

（2）　フランシス・フクヤマ／渡辺昇一訳，1992，『歴史の終わり　（上）（下）』三笠書房。

（3）　広瀬佳一，2019，「NATO の拡大」同編著『現代ヨーロッパの安全保障』ミネルヴァ書房，56-73頁。

（4）　蓮見雄，2021，「中露接近とユーロ」同編『沈まぬユーロ──多極化時代における20年目の挑戦』文眞堂，163-192頁。

（5）　ただし，2018年のブリュッセル首脳会議では，ウクライナについてもブカレスト宣言の再確認が行われた。

（6）　湯浅剛，2019，「クリミア併合とヨーロッパ安全保障」広瀬佳一編著『現代ヨーロッパの安全保障』ミネルヴァ書房，97-118頁。

（岡田美保）

第14章

中国・台湾とヨーロッパ
—— 「システミック・ライバル」を超えて ——

■Graphic introduction■ 中国の一帯一路構想

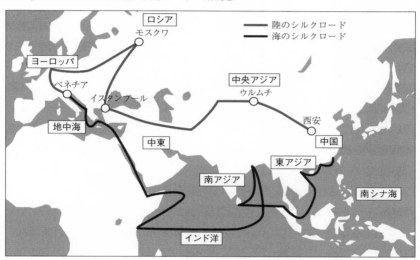

■本章の問い■

・ヨーロッパと中国との関係はどのように発展し，なぜ悪化したのか。

・ヨーロッパが中国に対して抱いている懸念とはなにか。

・ヨーロッパと台湾は現在どのような関係を築いているのか。

第1節　ヨーロッパ・中国関係の全体像

　ヨーロッパと中国との関係は全般に，加熱から冷却へと変化し，転機を迎えている。その背景には，南シナ海等における中国の非合法活動，香港や新疆等での深刻な人権侵害，新型コロナウイルスの発生源をめぐる中国側の隠蔽やディスインフォメーションの流布，SNS等を駆使した戦狼（せんろう）外交，

そして一帯一路に基づくアグレッシブな経済活動がヨーロッパで展開されたことなど，複合的な要因が存在している。

　本章ではまず，2010年代以降のEU（欧州連合）および主要諸国と中国との関係がどのような展開を辿り，EUの対中認識がどのように変化してきたのかを概観する。2010年代初頭においては，多くの国が中国との経済関係構築に熱心であり，一帯一路にも何らかの形で参加していた[(1)]。しかし2016年以降は，むしろヨーロッパにおける中国の影響力や，中国国内の諸問題に対する警戒感がEUに広がるようになった。

　次に，同じく2010年代以降の中国と中・東欧諸国との関係について考察する。ここでは特に，2012年に中国と中・東欧諸国との間で発足した「16＋1」と称される協力枠組みに焦点をあてる[(2)]。当初中・東欧諸国からは歓迎されていたこの枠組みは，次第に中国による投資をめぐる諸問題を露呈させる結果となり，現在ではほぼ機能停止の状況に陥っている。

　最後に本章は，最近のヨーロッパ諸国と台湾との接近が，ヨーロッパ・中国関係にいかなる影響をもたらしているのかについて考察する[(3)]。

第2節　EUと中国

　1　蜜月から警戒へ

　21世紀に入り，EUおよびEU加盟諸国の対中認識は大きく変化してきた。特に2010年代半ば前後は，多くのEU加盟国が中国との関係強化に力を入れた時期であった。2015年にはイギリスのキャメロン首相が「英中関係の黄金時代」を高らかに宣言し，イギリスをはじめとしたヨーロッパ諸国が中国主導のAIIB（アジアインフラ投資銀行）に次々に参加を表明していた。ドイツも2010年代は中国との経済関係構築に余念がなく，2023年現在もEU加盟国における対中貿易の圧倒的な割合を占めている。同国のメルケル首相は，在任期間の15年間に12回中国を訪問しており（日本訪問は5回），その「親中的」な外交姿勢も注目を浴びた。また欧州委員会などのEU諸機構が2010年代半ばまでに公表したさまざまな報告書においても，中国との関係構築は政治，経済の両面で概して前向きに語られていたと言える[(4)]。

　しかし2010年代後半にさしかかると，中国によるヨーロッパのインフラや企業の大型買収が注目を集めることになる。例えば2016年4月には，COSCO（中国遠洋海運集団有限公司）が，ギリシャ政府から同国最大のピレウス港を運営する港湾公社の株式67%を取得する契約を結んだ。また同年8月には，中国家電大手の美的集団が，ドイツの産業用ロボット大手メーカーのクーカ（KUKA）を買収した。これらの一連の出来事は，ヨーロッパの先進技術の中国への流出や，ヨーロッパの重要インフラが中国におさえられるのではないかといった懸念を強化させる契機となった。第3節において詳述するように，「16＋1」を通じた中・東欧諸国と中国の急接近がヨーロッパにおいて強く意識されるようになったのも，まさにこの時期にあたる。

２ 2016年から2019年のEUの対中認識

　2016年6月に欧州委員会が発表した政策文書「EUの新たな対中戦略のための構成要素」[5]は，EUの文書として初めて厳しい対中認識を示したという意味において，これまでのEUによる中国関連文書とは明らかに一線を画すものであった。同文書は，「EUは，中国へのアプローチにおいて，強力で明確，そして統一された声を投影しなければならない。加盟国が中国とバイラテラルな関係を築くときには，それが1対1であれ，『16＋1』のようなグループであれ，加盟国は欧州委員会，EEAS（欧州対外活動庁），そして他の加盟国と協力し，EUに関連する事柄がEU法，ルール，政策との間で齟齬のないものであること，そして，全般的な帰結がEU全体に恩恵をもたらすものであることを確保するよう貢献しなければならない」とし，さらに「EUの東側および南側の近隣諸国におけるいかなる中国の関与も，ルールに基づくガバナンスと地域的安全保障を強化することに資することが，中国と共働するにあたってのEUの利益である」[6]と主張した。同文書においてEUの「東側」と言及されている地域には，2004年以降にEUに加盟した中・東欧諸国と，セルビアやモンテネグロなどEU未加盟の西バルカン諸国が含まれる。同政策文書における欧州委員会の主張は，中国はEU加盟国に対しても，EU非加盟国（加盟候補諸国）に対しても，ルールの遵守やガバナンスの重視という観点を持って接していないというものであった。またEUが特に問題視していたのが，中国が中・東欧諸

国に積極的に持ちかけていた大型インフラ事業であった（詳細は第３節で後述）。

　こうした状況を受け，欧州委員会は2018年９月に「ヨーロッパ・アジアのコ
ネクティビティ（連結性）戦略」を公表した。同文書は中国への名指しは避け
つつ，インフラ投資の際には対象国に返済不能な融資を負わせないことや，対
象国における政治的・財政的依存を形成しないことを最重視すると主張した。
その後の EU の各種政策文書では，「質が高く」，「持続可能な」インフラを，
他の西側諸国と協力しながら国際的に展開していくことは，大きな目標の１つ
として掲げられるようになるのだが，その背景には中国の中・東欧諸国への強
引な進出という要因が存在していたのである。

　なお，EU は同様の問題意識から，日本との間で2019年９月，「持続可能な
連結性及び質の高いインフラに関する日 EU パートナーシップ」を締結した。
安倍総理は同パートナーシップ締結時のスピーチで「これからのインフラは，
質の高いものでなくてはなりません。必要なのは，サステイナブルで，偏りが
なく，ルールに基づいたコネクティビティです」，「道ひとつ，港ひとつにせ
よ，EU と日本が手掛けるなら，インド太平洋から西バルカン，アフリカに至
るまで，持続可能で，偏りのない，そしてルールに基づいたコネクティビティ
をつくることができます」と強調していた。中国の一帯一路のオルタナティブ
を日・EU で提示することが，同パートナーシップの目的であったことは明確
であった。

　以上のことから明らかなように，この時期の EU の対中国懸念は主に「一帯
一路」に基づく中国の経済的影響力の増大に対するものであった。2019年３月
の「EU・中国——戦略概観」は，現時点における EU の対中国アプローチの
基本となるものである。同文書では中国を「協力パートナー」，「交渉パート
ナー」，「経済的競合者」と形容すると同時に，「異なる統治のモデルを推進す
るシステミック・ライバル」であるとの表現を初めて用いた。ここで EU が用
いた「ライバル」という表現は，「競争相手」とは異なり，根本的に相容れな
いという含意があり，非常に厳しい用語であると指摘されている。

　なお，ロシアによるウクライナ侵攻を中国が支えているのではないかとの懸
念が EU 内部で高まったことが一因となり，EU は2023年以降，上述の「EU・
中国——戦略概観」をより現実に即したかたちに修正するための作業を開始し

ている。2023年5月12日にスウェーデンの古城で開催されたEU非公式外相会合は、電話やインターネットを一切遮断して厳戒態勢の下で実施された。同外相会合の直前に、ボレルEU上級代表によって各国の外相に配布された書簡によれば、「中国問題はロシア問題よりもずっと複雑である」、「中国の野望は明らかに、中国中心の新世界秩序を構築することにあり……仮にロシアが敗北したとしても、中国の企みが脇道に逸れることはない。中国はその地政学的利点を獲得しうるだろう」等、中国に対する厳しい脅威認識が示されているとされる。本稿執筆段階では、2023年6月の欧州理事会で新たな対中戦略が採択される見通しと報じられている。

③ 2020年以降のEUの対中認識

　2020年以降も、EUの対中認識は悪化が続いている。2020年3月以降にヨーロッパが新型コロナウイルスの爆発的感染にさらされた際には、EU域内の相互扶助の初動が遅れる中、中国による対ヨーロッパ「マスク外交」が一定のインパクトを持ったことは否定できない。しかしその後、コロナ発生状況に関する中国当局による情報の隠避やディスインフォメーションの流布等がヨーロッパにおいても非難の対象となったのに加え、2020年7月に施行された香港国家安全維持法や新疆ウイグル地区における人権問題は、EU全域における対中認識を硬化させる効果を有した。ここ数年で徐々にヨーロッパで醸成されていた対中脅威論が、2020年以降のさまざまな状況をきっかけとして一気に顕在化したと言えよう。そしてそれは、2019年以前の欧州にみられた、経済的観点からの対中脅威論とは本質的に異なるものであった。

　さらに、2020年末にドイツのメルケル首相主導で基本合意に達したCAI（EU・中国包括的投資協定）は、多くのEU加盟国の目にはドイツの性急なスタンドプレーと映り、EU内部からの批判が噴出した。CAIには、ILO（国際労働機構）における強制労働の禁止に関する条約の批准を中国に要求するなど、さまざまな人権保護措置が含まれており、CAIの合意と締結によって中国が自国内での強制労働や人権抑圧を控えるようになるのではないかとの思惑がEU内部にあったとの指摘も存在したものの、その期待は裏切られ、中国における人権状況は悪化の一途を辿った。

　結局この人権状況の悪化が，CAI の頓挫をもたらすことになる。EU は新疆の人権問題をめぐって2021年3月に中国に制裁を科し，それに対して中国も同日，EU に報復制裁を科した。欧州議会はこれを問題視し，5月20日に CAI の承認プロセスを凍結する決議を圧倒的多数で可決した。欧州議会では，中国が EU に対する報復制裁を解除しない限り，CAI を前に進めることもあり得ないという見方が多数を占めており，2021年9月16日に採択された「新たな EU・中国戦略に関する報告書」でもこの点を強調している。中国との投資協定がなければ，中国市場において差別的な扱いを受けるのは欧州企業なのであり，こうした企業の活動を守るためにも，中国との間に何らかの協定は必要との見方が EU 内部に根強く存在するが，現時点（2023年5月）では協定の再検討が加速する動きはみられない。

4 「インド太平洋における協力のための EU 戦略」共同政策文書における中国

　上記の欧州議会による中国戦略報告書の採択と同日，「インド太平洋における協力のための EU 戦略」と題する共同政策文書（以下「9月文書」）が公表された。EU 外務理事会はちょうど半年前の2021年4月16日に「インド太平洋における協力のための戦略に関する外務理事会結論」文書（以下「4月文書」）において，EU とインド太平洋との関係の大枠を発表していた。4月文書は EEAS と欧州委員会に対し，同年9月にこの戦略に関する共同政策文書を公表するよう求めていた。9月文書は，4月文書の方針に従い，個別分野に関する取り組みを列挙したものと位置づけられる。

　9月文書の大枠は，「持続可能で包摂的な繁栄」，「グリーン・トランジション」，「海洋ガバナンス」，「デジタル・ガバナンスと連携」，「コネクティビティ（連結性）」，「安全保障・防衛」，「人間の安全保障」の7つの主要分野において，EU がインド太平洋地域の安定・安全・繁栄・持続可能な開発に貢献することを目指すというものである。

　4月文書と比較して約2倍の分量となった9月文書を詳細に見ると，中国に対する EU の脅威認識がより鮮明に示されたと言うことができよう。4月文書では，中国への言及は CAI について1度のみ行われていたが，9月文書では

14回に増加している。とりわけ，インド太平洋地域における「領土や海域をめ
ぐる緊張を含む激しい競争」や「軍事力の増強」を指摘する文脈で中国を名指
ししており，南・東シナ海や台湾海峡など，地域のホットスポットにおける武
力の誇示と緊張の高まりが「ヨーロッパの安全・繁栄に直接的な影響を与える
可能性がある」としている。4月文書と比較すれば，相当に踏み込んだ表現で
ある。他方で，4月文書公表後にCAIが事実上頓挫したことについては，9
月文書は「CAIの批准が進むことは，EUと中国の相互利益につながる」との
み，簡潔に記載している。

　最後に，9月文書は中国の人権問題に関する懸念について，深刻な人権侵害
や虐待の際には，EUが制裁等をはじめとした「使用可能なあらゆる措置」を
引き続き活用し，「人権と民主主義の恒久的な擁護者」としてみずからを位置
づけていくことを確認した上で，「同様の懸念を共有する国際的なパートナー
と協力」して，「人権など中国との間に根本的な不一致がある場合には，それ
を押し返し（push back）ていく」としている。

第3節　中・東欧諸国と中国：「16＋1」を中心に

1 「16＋1」形成と中・東欧諸国

　2004年以降にEUに加盟した中・東欧諸国と，中国の関係の深化が可視化さ
れたのは，2008年のヨーロッパ金融危機および2010年のユーロ危機だとされて
いる。これらの危機の後，EUは経済的な苦境に陥った中・東欧諸国に対し，
十分な支援を行うことができなかった。また，西バルカン諸国（セルビアやモ
ンテネグロ，アルバニア等）のEU加盟プロセスも，これらの危機と時期を前後
して停滞するようになった。EUからの各種の加盟前支援も，もとよりこれら
諸国にとっては十分な額とは言えず，用途や使用方法なども厳しく制限されて
いた。この頃から中国は，中・東欧諸国（およびポルトガルやギリシャなどの南欧
諸国）の国債を買い増す形で，EUと共同で危機に対処する姿勢を示し，EUも
これに謝意を示していたとされる。

　このような背景もあり，2012年4月に中国と中・東欧諸国の協力枠組みであ
る「16＋1」が中国より提案され，また2013年以降に一帯一路が本格化された

表14-1　「16＋1」首脳会議の開催時期・都市

第1回	2012年4月	ワルシャワ（ポーランド）
第2回	2013年11月	ブカレスト（ルーマニア）
第3回	2014年12月	ベオグラード（セルビア）
第4回	2015年11月	蘇州（中国）
第5回	2016年11月	リガ（リトアニア）
第6回	2017年11月	ブダペスト（ハンガリー）
第7回	2018年7月	ソフィア（ブルガリア）
第8回	2019年4月	ドブロブニク（クロアチア）
	2020年4月	（北京開催を予定していたがキャンセル）
第9回	2021年2月	オンライン
	（2022年　実施されず）	

後も，中・東欧諸国は中国の経済進出への抵抗感をほとんど示すことがなかった。中国との経済関係の構築は，危機後の中・東欧諸国にとって経済復興に向けた重要な切り札であったと言える。また中国も，中・東欧諸国を，EU市場への重要なゲートウェイとして，そしてヨーロッパにおける一帯一路の試金石として位置づけ，重視していたのである。

　発足当初の「16＋1」はさほど大きな注目を集めることもなかったが，中・東欧諸国と中国との関係は着実に進展した。中・東欧諸国にとっての最大の魅力は，高額かつ大規模なインフラ事業への投資が，中国から数多く約束されたことである。その中には，モンテネグロとセルビアを結ぶ高速道路，ハンガリーとセルビアを結ぶ高速鉄道，そしてチェコのドゥコヴァニー原発やルーマニアのチェルナボーダ原発等の超大型案件が含まれており，その多くがEU等の西側アクターが一時期は関与を検討したものの，実現可能性等の観点から投資の実現に至らなかったものであった。さらに中・東欧諸国にとっては，首脳会議等の機会を通じ（表14-1），習近平国家主席や李克強首相，王毅外相らとの定期的な協議の実施が「16＋1」を通じて可能となったのも，大きなメリットであった。

　このような中，中・東欧諸国は必ずしもEUの規則やルールにそぐわない方法で中国からの投資を受け入れることになった。EUはこれを問題視したものの，そもそも上述の通り，「16＋1」にはEUの加盟国と非加盟国とが混在しているため，EUのコントロールが及びにくい仕組みになっていた。EUはこれを，中国によるヨーロッパの「分断統治（divide and rule）」とみなし，「16＋

1」は欧州における中国の影響力を増大させるための「トロイの木馬」である
と警戒した。[11]不透明で実現可能性にも問題がある投資案件を次々に中・東欧に
持ちかける中国を牽制する一方，そうした案件を歓迎した中・東欧諸国にも，
疑念のまなざしを注いできたのである。

　前節で既述の通り，こうした EU の懸念は，1つには中国の一帯一路に対す
るオルタナティブとしての「コネクティビティ」関連の各種提案，もう1つに
は EU による本格的な投資審査制度の導入へと結びついた。とりわけ後者の投
資審査制度は，中国国営企業によるハイテク技術の流出を懸念したドイツが
リーダーシップをとり，EU としては異例の速さで導入されたとされるが，
中・東欧諸国における中国の投資が EU 基準とかけ離れていたことが問題視さ
れていたことも重要な一因であった。

　とはいえ皮肉なことに，一帯一路のオルタナティブや投資審査制度の導入な
どが模索され，実際に運用されはじめるタイミングにおいて，すでに中・東欧
諸国は徐々に「中国離れ」を起こしていたのである。

2　期待から失望へ

　中・東欧諸国の「中国離れ」はいくつかの要因によって説明可能である。第
1には何と言っても，「16＋1」を通じた中国の対中・東欧投資は，多額のコ
ミットがなされたものの，その多くが実現されなかったということに尽きる。
着手されても大幅に遅れ，また当初の想定を遙かに超える莫大な費用がかかる
ことが明らかとなったうえ，インフラ工事のための労働力もすべて中国から調
達したため，中・東欧現地の雇用も促進されなかった。「16＋1」の枠組みを
用いて中国と協議を行い，中国の市場開放を促そうとしていたリトアニアなど
も，頑なに市場開放に応じない中国の態度に失望を隠さなくなった。また EU
としても，中国が持ち込む多くの案件が EU の諸規則や基準に照らして多くの
問題を抱えていることを懸念していた。とりわけ，入札等のプロセスが透明性
を欠く，中・東欧諸国に巨額の債務を負わせて「債務の罠」に陥らせる懸念を
有する，環境保護に十分な配慮がなされていない等の諸問題が EU から指摘さ
れるようになった。

　第2に，アメリカから中・東欧諸国に対し，中国離れが強く促されたことも

大きい。とりわけトランプ政権末期に焦点となったのは，第5世代移動通信システム（5G）関連設備に向けた中国のファーウェイ（HUAWEI）製品の購入・使用問題であった。ポンペイオ米国務長官は2020年中に活発な対中・東欧外交を展開し，これら諸国に対してファーウェイ商品の不使用を強く迫った。2022年末までにエストニア，ポーランド，ルーマニア，ブルガリア，スロベニア，リトアニア，スロバキア，北マケドニア，コソボが，5Gにおけるファーウェイ排除の意思を明らかにした。

　こうしたアメリカの姿勢とも深く関連するが，中・東欧諸国の独自の協力枠組みがアメリカからの積極的な支援を受け，結果的に中国の一帯一路のオルタナティブとなることが期待されるに至った事例もある。例えば，「TSI（Three Sea Initiative：三海洋イニシアティブ）」は，EUに加盟する中欧・中東欧の12カ国が参加し，独自のインフラ構築に向けた協力に取り組む地域的枠組みである。同枠組みにおいて重要な点は，2016年の第1回首脳会議開催時にはジョーンズ米国家安全保障担当補佐官が，第2回首脳会議にはトランプ大統領が参加するなど，アメリカが深くコミットしていることである。さらに2020年以降は，アメリカがTSIの枠組みでのインフラ事業に10億ドルの拠出をコミットする等，関与の度合いが深まっている。この背景としては，中・東欧がロシアと中国の経済的・地政学的競争の舞台になっているとの認識をアメリカが深める過程で，アメリカと中・東欧諸国との同盟関係を経済面から補強するためTSIを活用しているとの指摘がある。バイデン政権も対中政策の一環としてTSIを支持しているとされている。バイデン大統領は2021年7月に実施されたTSI首脳会議にビデオメッセージを送り，アメリカの対TSI支援は今後とも継続されると強調した。

3 「16＋1」の終焉？

　中国からの投資が実際には空約束に終わり，また中国の経済進出による負の側面も明らかになってきたことにより，中・東欧諸国は徐々に中国への期待を喪失するようになった。すでに2020年には中国が「中・東欧を喪失」した，あるいは「16＋1」が「緩やかな死を迎えている」と言われるようになった。もっとも，ハンガリーのオルバン政権のように中国との関係を最重視し，中国にお

ける人権侵害等に対して EU レベルでの制裁を行おうとする際には，これを阻害しようとする EU 加盟国も存在することは事実である。また，EU 加盟を目指す西バルカン諸国でも，中国からの投資への期待は依然として大きい。とりわけセルビアのブチッチ大統領は，中国との関係を極めて重視する一方，EU に対しては批判的な立場をとる傾向にある。とはいえ，ハンガリーとセルビアは「16 + 1」諸国の中では「例外的に」中国に近いとみることが可能であり，他の諸国はとりわけ2021年以降，さまざまな形で中国から距離を置きはじめている。

　例えば，同 2 月にオンラインで開催された「16 + 1」（当時は「17 + 1」）首脳会議では，中国側からは満を持して習近平国家主席みずからが出席したが，エストニア，ラトビア，リトアニア，ルーマニア，ブルガリア，スロベニアの 6 カ国は首脳の出席を見合わせた。この 1 件は中国側を激怒させることになった一方，かつて最大の魅力とみなされていた中国とのハイレベル協議に対し，中・東欧諸国がかつてのような価値を見いださなくなったことを如実に示していた。[13] またモンテネグロと中国の間で2014年に合意された高速道路建設は，モンテネグロが中国から同国の GDP の約25%にも上る10億ドルの債務を受けて実施されていたが，債務の10億ドルが使い切られても高速道路は完成しなかった。それにもかかわらず中国政府は，モンテネグロに2021年 7 月の期限通りの債務返還を要求し，中国の大型インフラ投資が対象国に「債務の罠」をもたらす危険性をヨーロッパに知らしめることになった。これらのインフラ工事による深刻な環境破壊も懸念されている。

　こうした状況を受け，2021年 5 月にはリトアニアが，そして2022年 8 月にはラトビアとエストニアが，同枠組みからの離脱を発表した。チェコについても，2021年12月にフィアラ首相率いる新政権が始動し，親 EU に回帰して以降，「16 + 1」の離脱に向けた検討が本格化しつつある。[14] 2022年中には恒例の首脳会議も実施されず，同枠組みは瓦解の危機に瀕していると言える。

第4節　EU および加盟諸国と台湾

1　ヨーロッパの台湾接近と中国の反発

　一方，中国との関係悪化とは裏腹に，EU および加盟諸国と台湾との関係構築は徐々に進みつつある。これまで EU および EU 加盟諸国は，中国に対する配慮から，台湾との関係構築を積極的には進めてこなかった。

　これまでの EU および EU 諸国と台湾との関係を簡単に振り返っておくと，両者の正式な外交関係はなく，EU 加盟18カ国が大使館にあたる「台北事務所」を，EU が代表部にあたる「欧州経済通商台北弁事処」を置いている。中国は，「台北」という名称を用いる限りにおいて，事務所および弁事処の開設は黙認していた。また，2019年10月には，欧州議会と英独仏3カ国の親台湾派議員が「フォルモサ・クラブ」を結成し，台湾の国際機構加盟等を支持するなどの活動を行ってきた。同クラブは次第に EU 加盟国の枠を超え，ノルウェーやスイスの議員も積極的に参加するようになってきていた。これも中国から強い反発を引き起こすことはなかった。

　こうした状況の中，2020年以降はチェコやリトアニア等の一部の中・東欧諸国を，そして2021年以降は欧州議会を中心として，対台湾関係強化が目立つようになった。なかでも，チェコ上院議長ビストルチルの訪台（2020年8～9月）は，中国の激烈な反応を呼び起こし，国際的な注目を集めた。中国の王毅外相は，訪問先のベルリンで，ビストルチル訪問は「一線を越え」ており，「チェコはこの件で，重い代償を払うことになるだろう」と強く非難した。この王毅発言に対しては，ドイツのマース外相が「このような非難は受け入れられない」と，ビストルチルを擁護する発言を行っている。

　さらに2021年7月末，リトアニアは「駐リトアニア台湾代表処」設置を決定し，中国の猛反発にもかかわらず11月に正式に活動を開始した。中国は，リトアニアが EU 加盟国として初めて「台湾」を代表処の名称に用いたことは「一つの中国」原則に違反し，中国への敵対行為だと非難した。

　中国はリトアニアから中国大使を召還し，リトアニアにも大使を召還するよう求めるなど，リトアニアへの報復とみられる措置を次々と講じている。ま

た，2021年末には中国がリトアニア製品の通関を拒否したり，リトアニアからの輸入申請を却下したりするなどの一方的措置をとったため，リトアニアの対中貿易額は激減した。これを受けてEUは，2021年12月にWTO（世界貿易機関）の紛争処理小委員会（パネル）の設置を要請した。このパネルには，台湾，アメリカ，オーストラリアも，中国の差別的措置に対する懸念を共有していることを理由に参加した。提訴後のEU・中国個別協議は不調に終わり，EUは最終的に2022年12月にWTOパネル設置を正式に求めることを表明した。こうした動きもまた，ヨーロッパ諸国の「中国離れ」をさらに加速していると言えよう。

2　欧州議会による「EU・台湾関係」勧告

　上記 1 で述べた台湾代表処設置問題でリトアニアと中国の反目が国際的な耳目を集めた直後の2021年9月1日，欧州議会の対外問題委員会はEU・台湾関係に関する勧告を賛成多数で採択した。[15] 同勧告は10月の本会議でも正式採択された。これは，欧州議会が台湾を（アジアの一部としてではなく）単独で扱った初の勧告となった。

　同勧告において着目すべきポイントは以下の3点である。第1に同勧告は，EU・台湾間のBIA（Bilateral Investment Agreement：二者間投資協定）交渉開始のためのインパクト評価を，2021年末までに準備すべきとした。BIAについてはすでに数年にわたってその必要性が指摘され，またEU・台湾双方で相互の投資増大に向けた努力を重ねてきていた。2020年9月には初の「EU・台湾投資フォーラム・投資フェア」が台北で開催され，好評を博していた。一方，2020年末には中国とのCAIがドイツ主導で基本合意されていたこともあり，EU全体の関心は中国との協定に向いていたというのが実情であった。しかし結局EUは，CAI基本合意後も中国が引き続き香港や新疆における人権抑圧を続けていたこと，さらにEUが中国に対して発動した制裁に対し，中国がEU加盟国の国民やシンクタンクに対して報復制裁を発動したことを問題視し，2021年5月には欧州議会がCAI凍結決議を採択した。こうしてCAIが事実上頓挫したが，その1カ月前には前述の対台湾勧告の原案が公開されていたこともあり，欧州議会内では，中国ではなく台湾との投資協定締結こそ急ぐべ

き，との認識が高まっていた。

　第2に同勧告は，中国の台湾に対する軍事的圧力を欧州議会として憂慮すると明言した。そして欧州委員会に対し，台湾海峡の平和と安全を守り，台湾の民主主義を維持するため，志を同じくする国際的パートナーとの共働において積極的な役割を果たすことを求めた。

　第3に同勧告は，EUと台湾の「広範な結びつきを反映するため」，現在のEUの事実上の代表部である「欧州経済通商台北弁事処（European Economic and Trade Office in Taipei）」の改称を検討することを求めた。まず同勧告の原案（4月）では，同弁事処の名称を「EU駐台北弁事処（European Union Office in Taipei）」へと変更することを提案していた。中国は近年，他国における台湾の出先機関が「台湾」という名称を用いることは「一つの中国」原則に違反するとの主張を展開している。EUでは27の加盟国中，18カ国が台湾の出先機関を有しているが，名称はすべて「台北」としていた。前述の欧州議会対外関係委員会による勧告でも，4月の時点では「台北」という名称が用いられていた。しかし，6月に同勧告に対する修正案が出された際，新名称は（オリジナルの提案にあった）「EU駐台北弁事処」ではなく，「EU駐台湾弁事処」とすべきであると変更され，10月の本会議でもこの通りに採択された。

第5節　ヨーロッパ・中国・台湾関係：将来の展望

　2022年2月24日に勃発したロシアによるウクライナ侵攻により，ヨーロッパにおいて高まっていた中国に対する懸念は，ロシアに対する強い脅威認識に圧倒されることになる。第4節 [2] で紹介した対台湾関係の構築機運も，ウクライナ侵攻の影響でその多くが実現していない。例えば，BIA策定の動きは大きくは進まず，EU弁事処の改称および機能拡張問題も実現に向けた具体的な議論が進んでいない。

　とはいえ，本稿で論じてきた中国・ヨーロッパ関係の冷却傾向と，台湾・中国関係の強化傾向は継続していると言える。とりわけ中国に関しては，中国国内の人権状況の悪化やリトアニアに対する一方的報復措置に加え，中国が対ロシア制裁の「抜け穴」として機能することにより，ロシアを影で支えるのでは

ないかとの懸念が生じるようになった。

　しかし同時に，欧州内部における対中認識・対台認識が一枚岩でないことにも留意する必要があろう。2023年4月にフランスのマクロン大統領が中国を訪問した際，欧州が直面している「重大なリスク」として「私たちのものではない危機（台湾有事）に巻き込まれること」を挙げたことに対しては，欧州内部で激しい賛否の声があがった。このことは，米中対立や台湾問題に対する欧州の諸アクターのスタンスが一致に至っていないことを如実に示している。

　今後のヨーロッパ・中国関係の行方は，EU および加盟諸国と中国がバイラテラルな問題をどのように解決していくのかに加え，ロシアによるウクライナ侵攻において中国がどのような役割を果たすのかにも大きく左右される。一方，台湾はロシアによるウクライナ侵攻において明確にウクライナを支持・支援しており，その観点からウクライナを支援する中・東欧諸国（とりわけポーランドやバルト諸国）との連携を深めているという側面もある。ロシアによるウクライナ侵攻によっていっそう複雑化するヨーロッパ・中国・台湾関係の展開については今後とも注視していく必要があろう。

【追記】EU の対中アプローチ：「デカップリング」から「デリスキング」へ
　トランプ時代のアメリカでは，米中経済を可能な限り切り離すことが望ましいとする観点から「デカップリング」という用語が使用されるようになった。しかしヨーロッパでは，中国への過度な経済依存に伴うリスクは指摘されつつも，中国との経済的相互依存から完全に脱却することは非現実的であるとの認識が主流であった。
　こうした文脈の中，フォンデアライエン欧州委員長は2023年3月30日に，「中国との関係を切り離すことは可能ではない。EU の利益にもならない」と述べた上で，①ヨーロッパ経済の競争力強化と強靱化，②EU の既存の貿易上の諸措置の活用，③ヨーロッパで死活的重要性を有する分野に関する新たな防衛的ツールの導入の検討，④他のパートナー諸国との連携，の4つの柱に基づく対中「デリスキング（リスク低減）」という概念を打ち出した。
　この「デリスキング」概念は，アメリカや日本からも概ね好意的に受け入れられ，同年5月20日に採択されたG7広島サミットの首脳宣言でも，デカップリングを否定し，今後はデリスキングが必要であるという趣旨の文言が盛り込まれた。中国と協力可能な分野では協力することを前提としながら，サプライチェーンの多様化や中国の経済的威圧（economic coercion）への対応を進める等の方針である。「デリスキング」は，「EU 発」の対中国アプローチがG7 に共有された事例といえる。

【付記】本稿は拙稿「EU と中国，中・東欧と中国——期待から失望，警戒へ」『CISTEC ジャーナル』2021年 9 月号を元に，最近の情勢を盛り込んで大幅に加筆修正したものである。

(推薦図書)

佐橋亮，2021，『米中関係』中公新書。

鶴岡路人「EU の対中国戦略——欧州はいかなるツールで何を目指すのか」『世界経済評論』2021年 9 月10日号。

広瀬佳一，2020，「『狭間のヨーロッパ』の安全保障」『国際安全保障』第48巻第 3 号，1 -11頁。

広瀬佳一，2021，「変貌を遂げる NATO と中国」『月刊 治安フォーラム』第27巻第 8 号。

東野篤子，2019，「ヨーロッパと一帯一路——脅威認識・落胆・期待の共存」『国際安全保障』47巻 1 号。

東野篤子「中国と中・東欧諸国の関係の発展と減速——日本の『見落とし』の背景にあるもの」一般財団法人国際経済連携推進センター『コロナショック下の世界と日本：グレート・リセットの時代 (16)』2021年 8 月21日。

Janka Oertel, "The new China consensus: How Europe is growing wary of Beijing," Policy Brief, The European Council on Foreign Relations, 7 September 2020.

注

（ 1 ）　一帯一路に何らかの形で参加（共同声明や覚書の署名など）している EU 加盟国は，オーストリア，ブルガリア，クロアチア，キプロス，チェコ，エストニア，ギリシャ，ハンガリー，イタリア，ラトビア，リトアニア，ルクセンブルク，マルタ，ポーランド，ポルトガル，ルーマニア，スロバキア，スロベニアの合計18カ国。

（ 2 ）　2012年に EU 加盟11カ国（ハンガリー，ブルガリア，ルーマニア，ポーランド，クロアチア，スロベニア，スロバキア，チェコ，リトアニア，ラトビア，エストニア），そして EU に未加盟の加盟候補国および潜在的加盟候補国の 5 カ国（ボスニア＝ヘルツェゴビナ，セルビア，北マケドニア，モンテネグロ，アルバニア）の，合計16カ国で発足した。2019年にギリシャが参加したため「17＋ 1 」と改称されたが，2021年 5 月にはリトアニアが，2022年 8 月にラトビアとエストニアが離脱を表明したため，現状の参加国は15カ国である（なお中国側はこれを，「中国－中東欧首脳会議（China-CEEC Summit）」と称している）。今後も離脱国は増える可能性があるものの本論では加盟国数の変動にかかわらず，発足時の名称「16＋ 1 」で統一する。

（ 3 ）　なお，本稿では紙幅の都合上，中国と NATO との関係には触れることはできない。このテーマについては第15章参照。

（ 4 ）　例えば，2012年に EU が公表した「東アジアにおける EU の外交・安全保障政策ガ

イドライン」や，2013年11月に打ち出された「EU・中国協力2020戦略計画」等を参照。
Council of the European Union, *Guidelines on the EU's Foreign and Security Policy in East Asia,* 11492/12, Brussels, 15 June 2012; European External Action Service, *EU-China 2020 Strategic Agenda for Cooperation,* November 2013.

（5）　European Commission and High Representative of the Union for Foreign Affairs and Security Policy, *Elements for a New EU strategy on China,* JOIN（2016）30 final, Brussels, June 22, 2016.

（6）　Ibid, p. 4 , 11.

（7）　European Commission and High Representative of the Union for Foreign Affairs and Security Policy, *Connecting Europe and Asia: Building blocks for an EU Strategy,* JOIN（2018）31 final, Brussels, September 19, 2018.

（8）　European Commission, EU-China Strategic Outlook: Commission and HR/VP contribution to the European Council, 21-22 March 2019.

（9）　Joint Communication to the European Parliament and the Council, EU Strategy for Cooperation in the Indo-Pacific, Brussels, 16 September 2021, JOIN（2021）24 final.

（10）　Council of the European Union, EU Strategy for cooperation in the Indo-Pacific: Council conclusions, 7914/21 Brussels, 16 April 2021.

（11）　Ivana Karásková, 2022, When Will the Czech Republic Exit the 16＋ 1 ？, CHOICE, 28 July.

（12）　参加国はオーストリア，ブルガリア，クロアチア，チェコ，エストニア，ハンガリー，ラトビア，リトアニア，ポーランド，ルーマニア，スロバキア，スロベニアの12カ国で，「三海」とはバルト海，黒海，アドリア海を指す。

（13）　東野篤子，2021，「中東欧・中国関係の変質と「17＋ 1 」首脳会合」POLES REPORT, No. 1 .

（14）　Karásková, op.cit.

（15）　European Parliament, Committee on Foreign Affairs, Draft Report on a European Parliament recommendation to the Vice-President of the Commission ／ High Representative of the Union for Foreign Affairs and Security Policy on EU-Taiwan political relations and cooperation, 2021/2041（INI）, 23 April 2021.

（東野篤子）

第15章

欧米関係とロシア・ウクライナ戦争
──ヨーロッパ安全保障の行方──

■Graphic introduction■ NATO の新しい戦力モデル

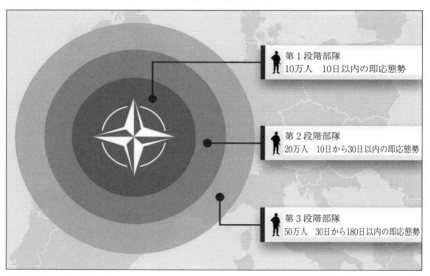

（出所）　NATO HP（https://www.nato.int/nato_static_fl2014/assets/pdf/2022/6/pdf/220629-infographic-new-nato-force-model.pdf）より著者作成。

■本章の問い■

・冷戦後の新しいヨーロッパ秩序構築に，欧米はどのような役割を果たしたのか。

・欧米の負担の不均衡とはどのような問題なのか。

・ロシア・ウクライナ戦争をめぐり，欧米はどのように向き合っているのか。

・NATO の新しい戦略概念はヨーロッパの安全保障をどのように展望しているのか。

第1節　冷戦後の欧米関係の変容

[1] 欧米協調のもとでの「自由で一体となったヨーロッパ」

　東西冷戦が終焉した1990年代，欧米は「自由で一体となったヨーロッパ」（ブッシュ大統領）の実現をめぐり，協調関係を維持していた。もちろん冷戦期とは異なりソ連という共通の脅威が消失したことで，アメリカとヨーロッパはそれぞれ外交・安全保障政策の優先度が変化した。アメリカは在欧米軍削減に着手して，2003年までに30万人態勢から10万人態勢へと移行させ，中東からアジア方面をより重視するようになった。ヨーロッパも「平和の配当」として前方防衛の軍備を大幅に削減させると同時に，マーストリヒト条約によってEU（欧州連合）がスタートし，その中でCFSP（共通外交安全保障政策）を開始した。さらにEUは中立国のオーストリア，フィンランド，スウェーデンを1995年に新たに加盟させるなど，政策の深化と構成国の拡大をめぐる動きが新たな展開をみせた。

　欧米同盟であるNATO（北大西洋条約機構）は1992年からのボスニア紛争，1999年のコソボ紛争のような民族紛争に対して一致して対処し，国連とも協調して停戦後の平和活動にも従事した。また2001年のアメリカの「9.11」同時多発テロにおいては，NATOは北大西洋条約第5条を史上初めて承認し，「テロとの戦い」の旗印のもとで，強力な欧米協調を演出した。

　旧東側諸国が一斉に議会制民主主義，市場主義経済へと舵を切った90年代は，民族紛争やテロが発生するなど地域的不安定性をも内包していた。それゆえにEUとNATOは連携しながら，それぞれ相互補完的に中・東欧の民主化・自由化を支援し，徐々に拡大を推進した。EUとNATOの二重の拡大こそが，冷戦期のヨーロッパ分断の克服と，「自由で一体となったヨーロッパ」の実現を可能にすると考えられたのである。

[2] 欧米の亀裂：「火星」と「金星」

　しかし，冷戦後の民族紛争，テロ，大量破壊兵器の拡散などの問題をめぐっては，欧米間に，軍事能力の格差だけでなく，問題解決に向けてのアプローチ

の違いが浮上していた。ボスニア紛争においてもコソボ紛争においても，NATO による空爆作戦の大部分は米軍が担っていたが，停戦後の平和活動においては，ヨーロッパの部隊が過半数を占めていた。これが，単なる欧米の軍事的能力格差ではなく，安全保障に対する認識の違いとみられるようになったのである。新保守主義の評論家ケーガンによると，冷戦後のヨーロッパは法と対話に基づく国際協調の世界を志向していたが，アメリカは，自由で民主的な秩序を維持するためには軍事力の使用をためらわないという世界観を有していた。ケーガンはこれを，ヨーロッパが美神ビーナス（金星）を信仰しているのに対してアメリカが軍神マルス（火星）を奉じている状態だと喩え，戦略文化の決定的な違いを指摘したのである。(1)

　こうした欧米の亀裂がさらに明確になったのが，大量破壊兵器開発疑惑に端を発した2003年のイラクへの軍事介入であった。イラク大統領のフセインが秘密裏に大量破壊兵器を開発していると主張し，軍事介入を決定したアメリカ，イギリスに対して，ドイツやフランスは，明確な証拠の不在を理由に国連でのさらなる査察を求めたため，両者の間には深い溝ができた。その結果，イラクへの軍事介入は NATO ではなく米英主導の有志連合軍により実施された。

　欧米の亀裂は，イラクへの軍事介入にとどまらなかった。2003年にジョージアで，2004年にはウクライナで，それぞれ「カラー革命」と呼ばれた民主化運動が発生すると，アメリカはこれを積極的に支援し，両国の NATO 加盟への動きをも支持した。他方，これら旧ソ連地域への介入がロシアの勢力圏意識を刺激するのを懸念したドイツ，フランスは，NATO 拡大に反対した。

　ところが，2008年8月に，ジョージアの民主化の動きを阻止するために南オセチアとアブハジアの分離主義を支援して軍事介入を行ったロシアに対しては，ドイツ，フランスをはじめ EU が早々に関係正常化を図ったのみならず，2009年成立のオバマ米政権も対ロ関係の「リセット」を宣言して関係修復を行った。しかし，隣接する地域への武力行使を躊躇しないロシアの強硬な姿勢をみたエストニア，ラトビア，リトアニアやポーランドは激しく反発し，対ロ制裁の継続と，NATO による中・東欧加盟国の防衛態勢強化を訴えた。ここには欧米対立だけでなく，欧州内対立もみられたのである。

　2010年11月に11年ぶりに発表された冷戦後3回目となる NATO の戦略概念

は，その後10年のNATOの主な任務として集団防衛，危機管理，協調的安全
保障の３つを掲げていた。しかし同盟内政治の観点からみると，ここには
NATO加盟国間の思惑の違いが反映されていた。

　バルト三国やポーランドは，ジョージア紛争以来ロシアの脅威に警鐘を鳴ら
し，NATOとしての緊急事態計画策定を求めるなど，重火器を中心とした装
備の近代化と増強を主張した。これに対してアメリカ，イギリスは，アフガニ
スタンでの作戦のようなグローバルな「テロとの戦い」を中心に危機管理にお
けるNATOの役割を重視し，遠征型の即応部隊の整備を求めた。一方，ドイ
ツ，フランスは，EU，国連や国際機関との連携を重視し，ロシアとの対話，
非加盟国とのパートナーシップなどを重視して，非軍事的なアプローチにこだ
わっていた。このようにNATOの３つの主任務は，加盟国の三つ巴の亀裂を
反映したものでもあったのである。

3 漂流する同盟：「脳死」のNATO

　2014年のロシアによるクリミア併合と東部ドンバスへの介入は，ウクライナ
の主権を無視して力により現状変更を図るという点で，2022年のロシアによる
ウクライナへの全面侵攻のいわば前哨戦であった。しかしこの事態に，NATO
は必ずしも一体となって対応することができなかった。たしかに2014年以降，
NATOは90年代以来実施されていなかった集団防衛を目的とする軍事演習を
再開し，2016年のワルシャワ首脳会議では，NRF（NATO即応部隊）の整備強
化や，「強化された前方プレゼンス（eFP）」としてバルト三国およびポーラン
ドへの大隊規模の戦闘群のローテーション配備などを打ち出した。

　しかし加盟国レベルの認識はバラバラで，それぞれの安全保障戦略文書にお
ける脅威の記述も，西欧や南欧の多くの国はテロや難民流入を主たる問題とみ
なしており，ロシアを名指しで脅威とみなす国は，バルト三国やポーランドな
ど加盟国の中ではむしろ少数派であった。こうした状態に拍車をかけたのが，
2017年のアメリカのトランプ政権誕生であった。

　アメリカ第一主義を掲げるトランプ氏は，大統領選挙中から，ヨーロッパ加
盟国の防衛負担が少なすぎることを問題とし，NATOを「時代遅れ」だと痛
烈に批判していた。もともとこの負担問題は，2014年ウクライナ危機後の

ウェールズでの NATO 首脳会議で，加盟国が2024年までに軍事費を GDP 比２％に引き上げることで合意していたものだ。しかし2017年時点では，ヨーロッパ加盟国のうちわずか４カ国（イギリス，エストニア，ギリシャ，ポーランド）がこの基準に達しただけで，他の多くの国は軍事費が増加しないばかりか GDP 比１％前後で低迷していた。トランプの意を受けてマティス国防長官は2017年２月の非公開 NATO 理事会において，もし軍事費が増えない場合，アメリカは NATO の集団防衛への義務履行を控えるかもしれないとまで発言した。さらにアメリカは，ヨーロッパが重視してきたイラン核合意や米ロの INF（中距離核戦力）全廃条約から離脱した。こうしたアメリカの多国間協力を軽視する姿勢や，ヨーロッパとの十分なコミュニケーションをとらない一方的な言動に反発したフランスのマクロン大統領は，NATO がいまや「脳死」状態にあるとまで表現した。

　さらに中国の問題が NATO を揺さぶりはじめた。アメリカは中国が「体制間の競争相手」だとして警鐘を鳴らし，政治経済面のみならず軍事面でも中国を警戒する姿勢を強めた。しかし，軍事的に脅威とはいえない上，2020年には EU の最大の貿易相手国となった中国について，ヨーロッパ各国は必ずしもアメリカと立場を共有していなかった。2019年12月のロンドンにおける NATO 首脳会議の共同声明で，初めて中国の問題が取り上げられた際に，「機会と挑戦」と両論併記のような表現で登場したのは，こうした欧米の立場の違いを反映していた。

　欧米の亀裂は，大統領の交代によってもすぐには解消されなかった。2021年に成立したバイデン政権は，たしかにアメリカが国際協調に復帰すると宣言したが，８月のアフガニスタンからの一方的な部隊撤収の決定や，９月の突然の軍事協力 AUKUS（米英豪安全保障協力）結成発表をめぐり，欧米関係には亀裂が残っていた。またバイデン政権は，トランプ政権以上にアジア・シフトが顕著で，「FOIP（自由で開かれたインド太平洋）」の実現に努力を傾注し，中国に対しては，強い立場で臨むことをためらわなかった。このため，中国を必ずしも安全保障の面で脅威と考えないヨーロッパとは溝が深まっていた。

第2節　ロシア・ウクライナ戦争と欧米の結束

［1］戦争とヨーロッパの転換

　欧米の亀裂が残る中で勃発したのが，2022年2月24日のロシアによるウクライナ侵攻であった。プーチン大統領は，ウクライナのゼレンスキー政権がロシア系住民を迫害していること，NATOがウクライナに拡大しようとしてロシアの安全保障を脅かしていることなどを理由に，「特別な軍事作戦」を実施すると発表した。しかし実際にはウクライナ侵攻の背景には，ウクライナの国家性を認めないプーチン大統領の独自の歴史観に基づく勢力圏的発想があった。

　この侵攻は，言うまでもなく主権国家ウクライナの自由と民主主義に対する挑戦であり，明確な国際法違反でもあった。その後，原子力発電所への攻撃，住宅や病院などへの無差別な爆撃，違法な爆弾の使用といったロシア軍の無法ぶりが次々と明らかになるにつれ，ヨーロッパにおいては，それまでとは違った反応がみられた。

　2014年のクリミア併合以降，アメリカとイギリスは，ウクライナ軍の近代化を支援してきたが，EUも開戦後，対ロ制裁を決定し域外への武器援助に初めて踏み切ると同時に，加盟国に対して防衛費増額を促した。EUの大国ドイツは，メルケル政権下でロシアと進められていた2本目のバルト海のガスパイプライン計画（ノルドストリーム2）の中止に踏み切った。そのうえでショルツ独政権は，紛争地への武器禁輸の原則をあらため，攻撃的武器のウクライナへの援助を決めた。さらに，トランプ政権で負担が少ないと批判された軍事費についても，新たに基金を設けて，NATOの目標であるGDP比2％以上に2年前倒しで引き上げることを決定した。第二次世界大戦の教訓から，国際安全保障の問題には非軍事的アプローチを重視するというドイツの戦略文化が，変わろうとしていた。

　中・東欧は，それまで対ロ認識をめぐって大きく2つのグループに分かれるとされていた。バルト三国のエストニア，ラトビア，リトアニアとポーランドは，ロシアと隣接しているのみならず，過去にロシアに支配・占領されてきた歴史から対ロ脅威認識が強い。それに対してスロバキア，ハンガリーは，ロシ

アの天然ガスや石油への依存が大きく，ブルガリアはかつてロシア帝国により
オスマントルコ帝国のくびきから解放されたことから，それぞれ親ロ的である
ことが知られていた。ウクライナ侵攻後は，そうしたロシアへの友好的な空気
は一変し，中・東欧すべての国がロシアへの制裁に参加した。

　さらに非同盟国スウェーデン，フィンランドや永世中立国スイス，オースト
リアまでもが制裁に参加した。このうちスウェーデン，フィンランドは近年，
特別のパートナーとして，集団防衛シナリオに基づくNATOの軍事演習への
参加や，平時・緊急時の「受け入れ国支援」をNATOと取り決めるなど協力
を強化していた。しかし戦争がはじまると，まずロシアと長い国境を接する
フィンランドがNATO加盟を強く求めるようになった。それに対して200年
以上の中立の歴史を持つスウェーデンは，当初，NATO加盟申請には躊躇す
る動きがあった。しかし4月になってブチャ虐殺のようなロシア軍の残虐性を
示す事例が明らかになり，またフィンランドとの戦略的な一体性の重要性をも
考慮に入れ，スウェーデンもNATO加盟申請を決断した。両国は2022年6
月，NATOマドリード首脳会議にて正式に加盟手続きに入ることが了承され
た（フィンランドは23年4月に加盟）。

2　NATOの「かつてない結束」

　戦争勃発直後から「かつてない結束」（バイデン大統領）を示したNATOは，
ウクライナ支援のために大きく4つの役割を果たしていた。

　第1は，ウクライナへの支援態勢や加盟国の防衛態勢を決める意思決定の場
としての役割である。武器援助の方針についても協議や調整が行われている。
通常は年1回の首脳会議が，ウクライナ侵攻直後の2月にはオンラインで，1
カ月後の3月にはブリュッセルで，それぞれ開催された。2月の首脳会議に
は，非同盟のスウェーデンとフィンランドも参加し，欧米の結束を演出した。
さらに6月にはマドリードで首脳会議が開催された。この首脳会議には，ス
ウェーデン，フィンランドのほか，日本，韓国，オーストラリア，ニュージー
ランドなどのアジア太平洋のパートナー国も参加して，幅広い国際社会の連帯
をアピールした。

　第2は，中・東欧加盟国への即応部隊の展開である。NATOは2016年以降，

バルト三国とポーランドに約5000人の部隊を展開していたが，ウクライナ侵攻後にその増強が行われた。さらにウクライナに隣接するスロバキア，ハンガリー，ルーマニア，ブルガリアへも新たに戦闘群が派遣され，その数は合計で2万5000人あまりに達した。またそれらの戦闘群を含め4万人のNRF（NATO即応部隊）も警戒態勢に入った。これらの措置は加盟国の領土を守る集団防衛の決意を示したものである。

　第3は，情報収集と監視活動である。NATOは空のレーダーと言われるAWACS（早期警戒管制機）のE-3AやUAV（無人航空機）のRQ-4などの独自アセットを連日ウクライナ国境沿いから黒海に展開し，米軍や英軍など加盟国空軍のAWACSと連携してウクライナのロシア軍を監視していた。そうして得られた情報は，加盟国とリアルタイムで共有し，ウクライナにも提供されていた。

　第4は，武器援助の輸送支援である。ポーランド南東部ジェシェフの空港がウクライナへの物資輸送ハブになっており，AWACSによる空域監視のもと，NATO加盟各国の大型輸送機が次々に飛来していた。また，NATO加盟国の多国間枠組みSAC（戦略空輸能力）に基づくC-17による輸送も実施されていた。

　このようにNATOは，直接戦闘こそないものの，間接的に戦っていると言えるほどの支援を実施していた。

第3節　戦争の勃発とウクライナ支援をめぐる欧米の思惑

　欧米のウクライナ支援の中で，ロシア・ウクライナ戦争の戦況を左右するという観点から非常に重要なのが，武器援助である。たとえばアメリカ一国で2022年2月から8月までの約半年間に，130億ドルの武器援助を発表したが，これは2021年のウクライナの国防費の2倍以上であった。

　ただしNATO加盟国が武器支援を通して関与を深めることは，ロシアとの間にエスカレーションが起こるリスクをももたらしている。一般に戦闘におけるエスカレーションは，偶発的エスカレーションと意図的エスカレーションとに分けられる。前者のリスクについては，首脳同士や軍同士のホットラインを

通してのコミュニケーションで軽減可能である。しかし後者については，一方が確信的信念に基づいて行う場合など，制御が難しいとされる。

　ウクライナ侵攻で問題となるのは，ロシアの国家指導者による意図的エスカレーションである。なぜなら，核保有国ロシアに侵略されたウクライナを支援しているNATOも核同盟でもあり，もしロシアがNATO加盟国に対する直接攻撃へとエスカレーションさせた場合に，その行き着く先には核戦争がありうるからである。

　さらに考えなければならないのは，冷戦期とは対照的に，現在は通常戦力においてロシアがNATOに対して劣勢となっていることである。そのため，もしNATO加盟国が直接，戦闘に関与してきた場合，ロシアにとっての核兵器使用のハードルは冷戦期よりも低いことが想定される。加えてロシアには「エスカレーション抑止」という考え方があり，それによると，戦闘がエスカレーションするのを防ぐために警告として核を使用する可能性が排除できないとされている。⁽³⁾こうした考慮から，NATO加盟国は，ロシアを刺激してエスカレーションを引き起こさないように綿密に検討しつつ段階的な武器援助を実施している。

　2022年2月の戦争勃発から戦線が膠着化した2023年2月までの1年間の戦況と各国の武器支援の状況は，およそ4つの局面に分けることができる。

　第1の局面は，戦争勃発直後から4月はじめまでである。そもそもウクライナへの武器援助は，2014年のロシアによるクリミア併合と東部ドンバスの反政府勢力支援から行われていた。当初はアメリカもドイツも，ヘルメットや防弾チョッキなど非致死性武器が援助の中心であった。アメリカのオバマ政権やドイツのメルケル政権は，ロシアを刺激することを懸念して，一貫して致死性武器の援助を拒否していた。ところがトランプ政権になると，就任1年目の2017年末に致死性武器として携行式対戦車ミサイル“ジャベリン”の援助が決定され，翌年，開始された。

　2022年2月24日にロシアの全面的侵攻がはじまると，西側は武器援助を加速させたが，そこではもはや致死性武器であるかどうかではなく，“防衛的”か“攻撃的”かが問われるようになった。本来，“防衛的”か“攻撃的”かは運用の問題であり，武器自体にそうした区分はない。しかしここでも，ロシアを過

度に刺激しないようにというNATO加盟国側の配慮が，"防衛的"武器に援助を限定した背景にあった。首都キーウを防衛する武器として注目を集めたのが，対戦車ミサイル"ジャベリン"や，低空の飛翔体を撃破する携行式対空ミサイル"スティンガー"であった。これらの武器を駆使してウクライナ軍は首都キーウに迫っていたロシア軍を撃退した。

　第2の局面は，4月以降である。2022年4月3日，ロシア軍が撤退したキーウ市近郊の町ブチャで，400人以上の市民の死体が放置されているのが発見された。それらの中には後ろ手に縛られて頭部を銃撃されていたり，拷問にあったと思われたりするものもあった。ロシアはこれをフェイクニュースと主張したが，アメリカの民間人工衛星の画像解析などから，ロシア軍撤退以前から死体が放置されていたことが明らかになると，西側は一斉にロシア軍の非人道性を糾弾した。また，戦争犯罪などの容疑でICC（国際刑事裁判所）検察官による捜査も開始された。このため，NATOに対しても，より強い対応を求める声が高まったのである。

　4月7日に開催されたNATO外相会議では，そうした要請に応じて，より強力な武器の供給を行うことで加盟国が一致した。[4]このNATO外相会議の前後から，これまで"攻撃的"として実施されていなかった重火器の援助がはじまった。たとえばチェコは4月に入り，T-72戦車，BMP-1歩兵戦闘車や自走多連装ロケット砲などのウクライナへの援助を決定した。ポーランドも同様にT-72戦車，自走多連装ロケット砲や自走榴弾砲の援助を決定した。

　これらはいずれも旧ソ連製で，ウクライナ軍にとっては使い慣れており訓練の必要もなかったが，新たに西側の武器の供与もはじまった。たとえばイギリスは，偵察用装甲車両や対艦ミサイルの援助を決定した。アメリカも従来の"ジャベリン"などのほか，M777長距離榴弾砲，自爆型無人機などの援助を決定した。これらは西側の武器であるために，アメリカ，イギリス，ポーランドにおいて，ウクライナ軍兵士に短期間訓練を実施した上で，ウクライナへ送られることとなった。つまりブチャ虐殺前後より，NATO加盟国は援助する武器の種類を，"防衛的"なものから，より"攻撃的"なものへと拡げたのみならず，単なる武器援助国から，兵士訓練も負担する積極的支援国へと，一歩踏み込んだことになる。NATOはこうして，間接的な戦いの質と量を向上させ

た。

　第3の局面は，7月以降である。キーウから撤退し，東部ドンバスおよび南部諸州へ部隊を再編成させたロシア軍は，優勢な火砲を中心に7月までにルハンスク州をほぼ掌握したほか，ドネツク州の半分以上と南部ヘルソン州，ザボリージャ州などを占領した。ロシアは，すでに“独立宣言”をしているルハンスクとドネックはもとより，南部でもロシアのパスポート発給やロシア系市長の任命などを行い，住民投票の準備も開始して，ロシアへの併合の動きを進めた。

　占領を既成事実化しようとするロシアの動きに対して，西側はさらに武器援助を拡大し，長距離の射程（35〜80km）の HIMARS（高機動多連装ロケットシステム）をはじめとする最新鋭の長距離自走砲あるいは多連装ロケットシステムの援助を開始した。これにより，ロシア軍の侵攻のペースが明らかに落ちてきた。HIMARS は，ロシア軍の弾薬庫，前線司令部，補給路や橋に確実に打撃を与え，ロシア軍の侵攻をにぶらせることに成功した。

　2022年8月から10月にかけて，ウクライナは欧米からの武器援助をもとに反転攻勢に出て，東部および南部の領土の一部を奪還したものの，11月以降，戦線は膠着状態に陥った。この状態を打破し，ウクライナのさらなる反転攻勢を支援するために，NATO 加盟国が武器援助のレベルをさらに一段と向上させたのが第4の局面である。2022年12月，まずアメリカが M2 ブラッドレー歩兵戦闘車を，ドイツがマルダー歩兵戦闘車を，それぞれ供与することを決定した。次いで2023年1月，イギリスがチャレンジャー2戦車，アメリカがエイブラムス戦車，ドイツがレオパルド2戦車を，それぞれ供与することを決断した。これまで NATO 加盟国は，最前線で使われる西側製の歩兵戦闘車や戦車については，ロシアによるエスカレーションを引き起こすことを懸念して供与を行っていなかった。しかし，消耗戦の様相を帯びつつある戦況を打開するためには，西側の歩兵戦闘車，戦車が不可欠であった。そこで NATO 加盟国は，ロシア軍をウクライナ領内から駆逐し，停戦の前提条件を作り出すために武器援助のレベルを引き上げることを決断したのである。

　こうした欧米による武器援助の方針からは，今後のヨーロッパ安全保障を考える上で重要な課題がいくつか浮上した。

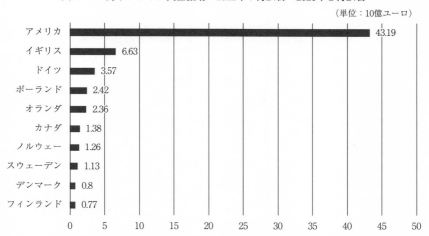

図15-1　対ウクライナ武器援助　2022年1月24日〜2023年2月24日

（単位：10億ユーロ）

（出所）Christoph Trebesch, Arianna Antezza, Katelyn Bushnell, Andre Frank, Pascal Frank, Lukas Franz, Ivan Kharitonov, Bharath Kumar, Ekaterina Rebinskaya & Stefan Schramm（2023）．"The Ukraine Support Tracker: Which countries help Ukraine and how?" Kiel Working Paper, No. 2218, p.36.

　第1の問題は，欧米の武器援助額の格差である。武器援助の額が圧倒的に大きいのはアメリカで，2022年1月から2023年2月までの間に，実施済みと実施予定をあわせて400億ドル以上の軍事援助を発表したが，これは他のすべてのヨーロッパ諸国の援助額合計の2倍近い規模で，突出していた。また，重火器の援助についても，歩兵戦闘車や戦車の援助についても，アメリカが先導する形で行われてきた。このことはヨーロッパ安全保障が依然としてアメリカに依存していることを物語っていた。

　第2は，ヨーロッパ内の援助の格差である。2022年1月から2023年2月までの間で，アメリカを除くと武器援助額が大きいのはイギリス，ドイツに次いでポーランドとなっていた（図15-1）。また，ポーランドは，ウクライナとの国境に近い東南部のジェシェフ空港とその周辺を援助の輸送拠点として提供し，780万人以上におよぶウクライナ難民の受け入れも最大（150万人以上）となっていた（2022年12月）。さらに，援助額を対GDP比でみた場合，小国のラトビア，エストニア，リトアニアと並んでポーランドがトップ5カ国を形成するな

ど，ウクライナ支援に積極的であった（**図15-2**）。このことは，停戦後のヨーロッパにおけるポーランドの比重を増すことになるだろう。

　一方，EU 最大の経済大国であるドイツは，戦争当初こそ武器援助，特に重火器の援助に消極的であるとして非難の的となっていた。しかし2022年末までにそうした傾向は様変わりし，ドイツは武器援助，人道援助，財政支援の総額を2022年 5 月時点の 2 倍以上に増加させ，ポーランドを追い越した。2023年 1 月には前述の通りレオパルド 2 戦車の提供も決断し，武器援助の量と質をさらに向上させた。

　ただしドイツは援助額こそ増えているものの，対 GDP 比でみると18位に過ぎず，同じく EU の大国であるフランスやイタリアに及んでは，対 GDP 比ではそれぞれ20位以下と低迷していた。フランスやイタリアは武器援助額もそれぞれ11位，12位であった（いずれも2023年 2 月時点）。こうしたことから，停戦後のヨーロッパ秩序再建は，従来のような独仏主導とは必ずしもならない可能性がある。

　中・東欧に目を転じると，対ウクライナ援助はより少ない。たとえばハンガリーの権威主義的なオルバン政権は，エネルギーの対ロ依存度が高い石油・天然ガスのロシアからの輸入を継続する一方で，武器援助は拒否していた。またルーマニアやブルガリアも2022年中は非致死性武器を中心とする援助にとどまっていた。

　トルコは，NATO 加盟国であり，モントルー条約に基づいて軍艦に対する黒海の海峡封鎖措置こそ実施しているものの，対ロ経済制裁には参加しておらず，ウクライナへの公的な武器援助も多くなかった。また，戦争により穀倉地ウクライナの小麦輸出ができなくなっていた事態を打開すべく，ウクライナ，ロシア，国連とともに会合を主催し，最終的に穀物輸出の開始につながった。こうした独自の姿勢が，停戦交渉の調停者としての立場を補強している一方で，たとえばスウェーデン，フィンランドの加盟申請に対しては，両国のクルド人テロ組織への対応を問題視して加盟批准を遅らせるなど，NATO の結束には必ずしも貢献していなかった。

　ヨーロッパ各国の援助に対する思惑の違いには，それぞれの社会における一種の「援助疲れ」と呼ばれる要素が重なり合ってくることにも注意が必要だろ

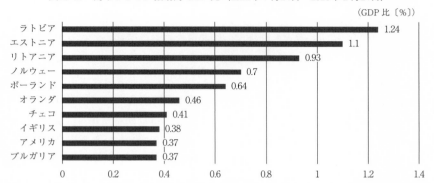

図15-2　対ウクライナ援助対 GDP 比（2022年 1 月24日〜2023年 2 月24日）

（出所）　Christoph Trebesch, Arianna Antezza, Katelyn Bushnell, Andre Frank, Pascal Frank, Lukas Franz, Ivan Kharitonov, Bharath Kumar, Ekaterina Rebinskaya & Stefan Schramm（2023）. "The Ukraine Support Tracker: Which countries help Ukraine and how?" Kiel Working Paper, No. 2218, 27.

う。この問題は，ロシア・ウクライナ戦争が，経済制裁によるロシアのエネルギー禁輸のため石油・天然ガスの高騰を引き起こし，それが各国にインフレと景気後退をもたらしているという問題である。戦争が長期化し，各加盟国の経済への影響が拡大すると，国際法違反や国際正義の立場からの対ロシア制裁と対ウクライナ支援の継続が，次第に難しくなる可能性がある。戦争の長期化により，欧米は，その結束の固さと持続性を問われることになるだろう。

第 4 節　NATO の新しい戦略概念とヨーロッパ安全保障

2022年 6 月，マドリードにおいて NATO 首脳会議が開催された。この会議は，ウクライナ支援をめぐって微妙な思惑の違いが生じていた欧米の結束をみる上で重要であったのみならず，今後10年の NATO の方針を示す戦略概念（以下，2022戦略概念[6]）が12年ぶりに改定されたことで注目を集めた。2022戦略概念は，冷戦終焉後 4 回目の改定となるが，前回の2010戦略概念が，欧州大西洋は安定しており通常戦力の脅威がほとんどないとの認識のもと，ロシアとの戦略的パートナー関係を志向していただけに，冷戦後の NATO にとって大きな転換点となった。

　2022戦略概念では，まず安全保障環境について，「欧州大西洋は平和ではない」（第6項）と認め，ロシアが安定したヨーロッパの安全保障秩序を支えていた規範や原則を侵犯したとした上で，戦略概念において初めてロシアを「最も重大で直接的な脅威」（第8項）と認定していた。ただしこのことは，NATOロシア関係を規定してきた1997年のNATOロシア基本議定書（第3章第4節参照）の否定を意味したわけではなかった。1999戦略概念，2010戦略概念とは異なり2022戦略概念は同議定書に直接言及することはなかったが，「NATOは対決を求めず，ロシアに対して脅威を与えない」（第9項）という表現は，同議定書をNATO側から破棄する意図がないことを暗に示していた。事実，首脳会議直後の記者との懇談でアメリカの政府高官は，ポーランドに米第5軍団野戦司令部が常設されることはNATOロシア基本議定書の破棄を意味するのかと問われて，それらは戦闘部隊ではないので「NATOロシア基本議定書には抵触していない」と述べて，同議定書が依然として有効であることをほのめかしていた。同議定書へのこだわりは，NATOとロシアとの全面対決を回避したいという欧米の思惑の表れだと思われる。

　さらに，2022戦略概念では，中国についても言及がなされた。そこでは「中国の野心的で力を用いた政策は，われわれの利益，安全保障，価値に対する挑戦である」（第13項）という形ではじめて戦略概念に登場した。この「挑戦」という位置づけは，ロンドン首脳会議共同宣言（2019年）における「機会と挑戦」よりは一歩踏み出しているが，ロシアと同列でないことも明らかである。この背景には，ロシアと同じレベルの脅威認定を求めるアメリカに対して，中国を必ずしも軍事的脅威とみていないヨーロッパ諸国が反発したことが知られている。

　ウクライナへの支援継続については，2022戦略概念では特に言及がなく，マドリード首脳会議共同宣言において，サイバー防衛支援やレジリエンスの強化支援，長期的なNATOとの相互運用性強化による軍事面の近代化支援などがうたわれていた。

　また，2010戦略概念が定式化した3つの中核的任務の再確認も行われた。まず集団防衛（抑止と防衛）については全49項目のうち15項目が割かれ，最重視する姿勢が示された。そこでは陸，海，空，宇宙，サイバーのあらゆる領域における多種多様な脅威や挑戦から加盟国を防衛する態勢（「360度アプローチ」）

の強化がうたわれていた。さらに NATO の新しい戦力についてストルテンベルク事務総長は，これまでの15日間で4万人の即応展開を行う態勢から，10日間で10万人の展開を行い，30日以内に20万人の展開を実施するという段階的モデルを提唱していた。これは，従来のような小規模の戦闘群を前方に配置し，有事の際には大規模な部隊を増援することでロシアを抑止するという「トリップワイヤー」（仕掛け線）の考え方から，より重装備の部隊を前方に配置し，攻撃を前線で食い止める「拒否的抑止」を重視する考え方への戦略の転換を意味していた。

　これに比して，危機管理についてはわずか5項目で言及されていたに過ぎない。また，2010戦略概念では「危機管理」とされていたのが，2022戦略概念では「危機の予防と管理」となっており，直接的な介入による危機管理よりも，予防に重点が置かれる表現となっていた。そうした中では，能力構築やレジリエンス（回復力）強化がますます重要とされ，国連の他，EU，アフリカ連合などの地域機構との協力が強調されていた。

　協調的安全保障については，EU との協力の必要性が強調されており，その上で，同じ価値を共有するパートナー国との協力の重視が打ち出されていた。また，NATO 拡大についても，価値を共有するヨーロッパの民主主義国に対して「門戸開放（Open Door）政策」で臨むというこれまでの方針が再確認されていた。

　この NATO 拡大に関連して，ジョージアとウクライナについては「2008年ブカレスト首脳会議の決定と，その後につづく全ての決定を再確認する」（第41項）と記されていた。この文言は，2021年ブリュッセル首脳会議共同宣言の「MAP プロセスにより NATO 加盟国となるとの2008年ブカレスト首脳会議の決定を再確認する」（第69項）との言い回しからはやや後退しており，2022年マドリード共同宣言でも MAP 招聘がなされないなど，両国の加盟についての具体的な進展はみられなかった。

　その他に注目すべきこととして，2022戦略概念では「インド太平洋はNATO にとって重要であり，……欧州大西洋の安全保障に直接影響を与えうる」，「地域を越えた挑戦や共通する安全保障の利益に取り組むために，インド太平洋のパートナーとの対話と協力を強化する」（第45項）という形で，「イン

ド太平洋」という表現がNATOの公式文書において初登場したことがあげられる。これは従来のアジア太平洋よりも，中国の海洋進出を念頭に置いた，より戦略的な表現である。このような認識のもとで，日本の岸田総理が，韓国大統領，豪州首相，ニュージーランド首相とともに初めてNATO首脳会議へ出席したわけである。これまで，主として対テロの観点から，サイバー防衛や海洋安全保障などの面での協力を行っていた日本とNATOの関係もまた，ロシア・ウクライナ戦争の結果，強化されることが見込まれている。

　2000年代半ば以降，漂流の危機にあった欧米関係は，ロシア・ウクライナ戦争によって，再び結束を取り戻した。しかしウクライナ支援の実態からは，ヨーロッパ各国の思惑の違いも浮かび上がってきている。さらにヨーロッパの安全保障が依然としてアメリカに依存しているということも露呈した。そのアメリカは中国への警戒を強めており，今後，ヨーロッパへの関与の低下が見込まれる。したがって，ロシア・ウクライナ戦争の行方如何にかかわらず，ヨーロッパ秩序の安定には，ヨーロッパ側の自助努力が不可欠といえよう。ここに大きな課題があるように思われる。

　ロシア・ウクライナ戦争によって，ヨーロッパでは，冷戦終結後に構築されてきた法や制度を中心としたリベラルな秩序への信頼が大きく損なわれた。ヨーロッパは，単にルールを定め法と対話で秩序を守るだけでなく，その基盤として強力で自律的な防衛態勢を整備する必要がある。その上で，今後ロシアをどのようにヨーロッパの安全保障秩序に取り込むのかという視点が重要になってくるだろう。

推薦図書

鶴岡路人，2022，「ロシア・ウクライナ戦争とNATO」『安全保障研究』第4巻第2号，39-50頁。
広瀬佳一編，2019，『現代ヨーロッパの安全保障』ミネルヴァ書房。
広瀬佳一「NATOの変貌とエスカレーション・リスク」『世界』臨時増刊ウクライナ侵略戦争（岩波書店），2022年4月，109-118頁。
広瀬佳一編，2023，『NATOを知るための71章』明石書店。

吉﨑知典「ウクライナ危機とNATO：新戦略概念への含意」『CISTEC ジャーナル』第199号，2022年6月，179-188頁。

注

（1）　Robert Kagan, 2003, *Of Paradise and Power: America and Europe in the New World Order,* Alfred A.Knopf.

（2）　London Declaration, para 6, issued by the Heads of State and Government participating in the meeting of the North Atlantic Council in London 3–4 December 2019, Press Release（2019）115. https://www.nato.int/cps/en/natohq/official_texts_171584.htm?selectedLocale=en

（3）　小泉悠，2019，「ヨーロッパ安全保障とロシア」広瀬佳一編『現代ヨーロッパの安全保障』ミネルヴァ書房，185頁。

（4）　Doorstep statements by NATO Secretary General Jens Stoltenberg and the Minister of Foreign Affairs of Ukraine, Dmytro Kuleba, 07 Apr. 2022; "NATO states agree to supply heavy weapons to Ukraine Russia admits 'significant losses of troops' as Donbas region prepares for fresh offensive", *Financial Times,* 7 April, 2022（Henry Foy in Brussels and Max Seddon）.

（5）　以下の各国の武器援助額については，次を参照。Christoph Trebesch, Arianna Antezza, Katelyn Bushnell, Andre Frank, Pascal Frank, Lukas Franz, Ivan Kharitonov, Bharath Kumar, Ekaterina Rebinskaya & Stefan Schramm（2023）. "The Ukraine Support Tracker: Which countries help Ukraine and how?" Kiel Working Paper, No. 2218, 1 –75.

（6）　以下の2022戦略概念の引用は次を参照。*NATO 2022 Strategic Concept*, Adopted by Heads of State and Government at the NATO Summit in Madrid, 29 June 2022.

（7）　On-the-Record Press Call by NSC Coordinator for Strategic Communications John Kirby and Assistant Secretary for Defense Celeste Wallander June 29, 2022 Press Briefings, https://www.whitehouse.gov/briefing-room/press-briefings/2022/06/29/on-the-record-press-call-by-nsc-coordinator-for-strategic-communications-john-kirby-and-assistant-secretary-for-defense-celeste-wallander/（2022年10月1日アクセス）

（8）　Madrid Summit Declaration, issued by NATO Heads of State and Government participating in the meeting of the North Atlantic Council in Madrid 29 June 2022, Press Release（2022）095.

（9）　Press conference by NATO Secretary General Jens Stoltenberg following the meeting of the North Atlantic Council at the level of Heads of State and Government with Partners（2022 NATO Summit）, 29 Jun. 2022, https://www.nato.int/cps/en/natohq/opinions_197292.htm（2022年10月15日アクセス）

（広瀬佳一）

第16章

日本とヨーロッパ
──アメリカに次ぐパートナー──

■Graphic introduction■ 日EU関係の3本柱

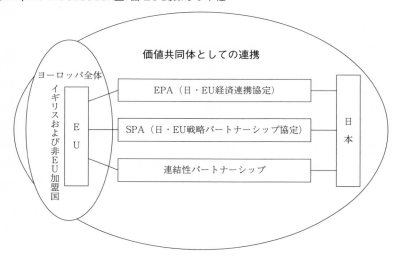

■本章の問い■

・2017年以降，日本とヨーロッパが急接近できた理由はどこにあるのだろうか。

・日本とヨーロッパの現在の関係を支える3つの柱は何だろうか。

・日本とヨーロッパは同じ価値観を共有するパートナーとして協働できるだろうか。

第1節　西側自由主義陣営の価値共同体の一員

　2022年2月24日にはじまったロシアのウクライナ侵攻は，ウクライナ側の強い反撃もあり，長期化している。侵攻から8カ月が経過した現在もその行方はわかっていない。ヨーロッパにおけるこの悲劇的な戦争の勃発は，西側自由民主主義諸国の結束を強め，対ロシア経済制裁と対ウクライナ支援が次々と打ち

出されていった。

　日本は極めて厳しい国際環境下に置かれているにもかかわらず，西側自由主義諸国との価値共同体の一員として，対ロシア制裁に踏み切るだけでなく，ウクライナに対しても物資支援などを行ってきた。中国の拡張政策，北朝鮮のたび重なる挑発的なミサイル発射，ロシアとの長年の北方領土問題などを抱える日本にとって，ヨーロッパおよびアメリカを中心とする価値共同体の一員としてその国益を守ることは悲願と言ってもよいであろう。

　日本とヨーロッパとの関係は，本章でこれから述べるように，経済摩擦という当時の日本にとって死活的な問題に端を発し，世界情勢の変遷とともに，その協力関係の強化が進んだ。トランプ米政権の誕生とともに，アメリカを抜きにした国際協調体制の進展に向けて日本・ヨーロッパ関係は舵を切っていたが，バイデン政権の誕生とウクライナ危機により，ヨーロッパとの関係はアメリカやオーストラリアなども含めたより広い枠組みでの価値共同体の中核として極めて重要な位置を占めるようになったと言ってよい。

　本章では，日本とヨーロッパのバイラテラルな関係がどのように進展してきたかを簡単に振り返り，2017年以降急速に親密度を増した両者の関係に触れ，最近の日本とヨーロッパの関係について考察を進めていきたいと思う。

第2節　経済摩擦，そして協調の時代

　第二次世界大戦後の日本は，まず自由主義貿易陣営の一員になるために，当時の GATT（関税と貿易に関する一般規程）に加盟を認めてもらうことからはじめた。1955年にようやく加盟こそ認められたが，ヨーロッパ主要国はGATT35条[1]を援用し，実質的に日本を GATT 加盟国としては認めない方針を貫いていた。

　1964年に日本が OECD（経済協力開発機構）に正式に加盟する頃になると，こうした極端な対日差別意識は薄れていく。1968年には EC（欧州共同体）が関税同盟を発足させ，1970年には通商政策の権限が EC に委譲された。日本とヨーロッパの通商関係も個別国との交渉から，日本と EC 委員会との交渉に移っていった。その結果，日本とヨーロッパの関係はしばらく日本と EC（後に EU）

との関係を中心に推移することになる。

　政治面では同じ自由民主主義陣営の仲間として特に摩擦は生じなかったが，日本からの集中豪雨的と言われた輸出攻勢により，ヨーロッパ市場は大きな損害を受け，日本からの輸出自主規制という形で，長らく両者間の貿易関係は制御されることになる。特に，自動車，エレクトロニクス，ベアリング，鉄鋼，造船等の分野での輸出規制が長年行われることになった。他方，EC 側は日本市場が閉鎖的であることが両者間の貿易摩擦の根源にあると主張し，日本市場の開放を迫ってきた。[2]

　こうした経済摩擦の応酬は，1980年代にピークを迎え，特にヨーロッパ側からの日本に対する偏見とも言える差別的な批判，例えば日本人はウサギ小屋に住む仕事中毒患者，といった感情的なものがフランスのクレソン首相から出されるなど，実態とは別に文化摩擦の様相を呈するようになっていた。しかし，これらは1990年代に入ると一気に反転する。冷戦の終結に伴い，自由民主主義の価値観を共有するパートナーとしての認識が出てきたと同時に，EU 側は1992年市場統合計画の進展により経済的に回復基調となり，反対に日本は1990年代初頭のバブル崩壊で一気に経済低迷の時期を迎えていた。1992年を境に日本の対 EU 貿易黒字は減少し，2012年には1412億円の赤字に転じ，[3] 日本と EU との間の貿易摩擦は両者間の主要経済問題ではなくなっていった。

　冷戦終結後の1991年には，「日本・EC ハーグ共同宣言」を発出し，[4] 双方がともに政治的に，自由，民主主義，法の支配，基本的人権の尊重を信奉し，経済的にも市場原理，自由貿易の促進，世界経済の発展を目指すことを確認して，これまで弱かった政治的部門での対話の促進をうたった。また，日 EU 定期協議の開催についても合意し，その後毎年日 EU 首脳会議が開催されている。

　その10年後には「日 EU 協力のための行動計画」を採択し，[5] さらなる政治対話を広範な分野で進めると同時に，世界における日 EU 協力の強化を目指すことになった。EU 側も，急成長するアジア圏に対する関心の高まりから，1996年には ASEM（アジア欧州会合）を開催するなど，日本のみならず，アジア圏との関係強化に乗り出していた。このように，日本と EU は貿易摩擦の応酬から価値共同体の一員としての協力関係の構築の方向に舵を切ったのであるが，

その関係は緊密な関係というには程遠かった。

第3節　日EU・EPA，日EU・SPAおよび連結性

1 EPA・SPAの締結に向けて

　日本とEUとの関係は，どうしても経済関係から話がはじまる傾向にあることは否めない。上記のように，政治的な対話を進めようという機運が高まっていた中，日EU関係の強化に向けた動きが出てくるのは2006年頃からである。経済団体連合会（経団連）をはじめとする日本側の民間経済団体からの要請を受けて，2010年4月の日EU定期首脳会議で「合同ハイレベルグループ」の設置が，翌2011年5月の日EU定期首脳会議でEPA（経済連携協定）の予備交渉の開始が決定された。あわせて，日EU・SPA（戦略的パートナーシップ協定）交渉も議題に上ってきた。

　ただし，日本側が積極的にEUとの関係見直しを主張した背景には，EU韓国自由貿易協定が2011年7月に発効したのに対し，EU市場における日本製品に対する関税が残っていることが日本にとって不利に働くことに対する不満があった。反対に，EU側は日本からの主要工業製品に対する関税率はすでにほぼゼロになっており，農産物のみが関税撤廃交渉の対象であり，あまり交渉には乗り気ではなかった。2013年4月に本交渉がはじまるが，EU側の要求するチーズや豚肉などの農産品の関税撤廃や公共事業での調達部門での市場開放などでは日本側が難色を示し，合意に至らず，時間だけが過ぎていた。

　流れは2017年に入ってから一変した。2月には岸田外相とEUのマルムストローム欧州委員（通商担当）がEPA交渉の早期妥結を確認し，12月には安倍晋三首相とユンケル欧州委員長が電話会談で年内合意を確認した。その後2018年7月には，ユンケル欧州委員長とトゥスク欧州理事会常任議長（大統領）が来日し，日EUのEPAおよびSPAに正式署名した。これにより2019年2月1日にEPAが発足し，同時にSPAも暫定発効することになった。

　このように2017年以降急速に日EU間での交渉が加速化したのはそれぞれの置かれている状況から利害が一致したからに他ならない。EU側は，2016年6月にイギリスが国民投票によりEU離脱を決定し，EU史上初めてEUからの

脱退という状況を迎えていた。EU としては絶対に離脱ドミノを避けなければ
ならず，そのためにも残りの27カ国が一体として交渉に臨み，日本との明るい
未来構築に向けての材料を提供する必要に迫られていた。さらに，2017年1月
に誕生したトランプ政権は，TPP（環太平洋パートナーシップ協定）からも，気
候変動問題に関するパリ協定からも離脱を表明し，アメリカ第一主義を掲げ
て，国際社会との連携を拒むような立場を鮮明化させていた。自由貿易体制や
国際協調主義を掲げる EU としては，価値観を同じくする経済大国である日本
との関係強化は今更ながら重要なアジェンダとなったのである。

　他方，日本側もアメリカの TPP からの撤退に直面し，アメリカ抜きで太平
洋周辺一帯の自由貿易体制の維持を模索せざるを得なくなり，巨大な市場を抱
える EU との FTA 協定は，日本が目指す自由貿易を維持する上で欠かせない
ものであった。EU 同様，国際協調主義と自由貿易を掲げる日本は，EU との
協調を内外に示すことで，価値共同体の一員であることを示す必要があったの
である。

　さらに，急速にその存在感を増している中国による市場歪曲的な産業補助金
や強制的な技術移転が横行し，WTO（世界貿易機関）での貿易慣行の制度づく
りが難航する中で，国際的な21世紀型の共通ルールづくりを進めるためにも日
本は EU と手を組む必要性があった。

　こうして，交渉は一気に妥結し，日本と EU を合わせると名目国内総生産
（GDP）で世界の約28％，貿易総額では同約38％を占めるメガ FTA が誕生する
ことになったのである。また，SPA の方も2018年2月に合意に至り，EPA と
同日に署名されている。

2 EPA・SPA の概要

　日 EU・EPA [(6)] は文字通り，まずは日 EU 間の貿易の自由化を目指すものであ
るが，経済連携協定という用語が使われているように，単純に関税の引き下げ
だけを規定したものではなく，幅広く経済活動全体について，日 EU 間でス
ムーズな取引が行われるように配慮したものとなっている。

　前文では日本と EU が民主主義，法の支配，基本的人権の尊重といった価値
観を共有することが強調され，両者が自由貿易体制を国際社会に築くことに関

して立場をともにすることが示されている。

　具体的な品目としては，日本産品の EU 市場へのアクセスについて，EU 側の関税撤廃率は約99％となり，乗用車も現行の10％が８年目に撤廃，自動車部品も９割以上が即時撤廃となった。その他，農林水産部門や酒類は即時撤廃となり，ほとんど関税はかからなくなった。

　EU 産品の日本市場へのアクセスについては，日本側の関税撤廃率は約94％となり，皮革や履物についても11年目または16年目で撤廃となった。コメは対象から外されたが，チーズや牛肉には関税削減期間が若干設けられ，行く末は撤廃されることになった。

　こうした関税の引き下げだけでなく，農産品・酒類に関わる地理的表示の保護が承認され，日本側では例えば神戸ビーフ，夕張メロン，薩摩などの名称をつけた商品が登録されることになった。

　さらに，サービス貿易・投資分野も原則自由化し，政府調達，補助金，規制協力など多岐にわたる分野での協力関係の構築が目指されている。

　EU 側が特筆すべき点としてあげているのは，第16章の「貿易および持続可能な開発」の中で，16・４条「環境に関する多数国間協定」が盛り込まれ，気候変動に関する国際連合枠組み条約の究極的な目的およびパリ協定の目的を達成することに向けて協働することを定めている点である。マルムストローム欧州委員は EPA 発効にあたって「パリでの気候変動に関する約束を初めて貿易協定の中に組み入れられたことを誇らしく思う[7]」と発言し，EPA が単なる自由貿易協定にとどまらない経済連携協定の枠をも超えたものとなっていることを強調している。

　また，日 EU・SPA は，EU の排他的権限のみならず，加盟国の権限下に置かれている分野も取り上げている。そのため，日本側は日本の批准のみで済むが，EU 側は欧州議会のみならず全加盟国の批准が正式発効には必要となっている。それゆえ，2019年２月の段階では，EU の排他的権限下に置かれている内容のみが有効となる暫定発効となった。

　SPA がカバーしている分野は以下の40分野に上り，極めてセンシティブな分野も含んでいるため，今後日本と EU の間でどこまで話し合いが進むのか注目されている。

①共通の価値および原則促進，②平和および安全の促進，③危機管理，
④大量破壊兵器の不拡散および軍縮，⑤通常兵器の移転管理，⑥重大な犯罪
の捜査および訴追，⑦テロ対策，⑧化学剤，生物剤，放射性物質および核に
ついてのリスク軽減，⑨国際的な協力等および国連改革，⑩開発政策，⑪防
災および人道的活動，⑫経済および金融政策，⑬科学，技術およびイノベー
ション，⑭運輸，⑮宇宙空間，⑯産業協力，⑰税関，⑱租税，⑲観光，⑳情
報社会，㉑消費者政策，㉒環境，㉓気候変動，㉔都市政策，㉕エネルギー，
㉖農業，㉗漁業，㉘海洋問題，㉙雇用および社会問題，㉚保健，㉛司法協
力，㉜腐敗行為等との闘い，㉝資金清浄との闘い，㉞不正な薬物との闘い，
㉟サイバーにかかる問題，㊱乗客予約記録，㊲移住，㊳個人情報の保護，
㊴教育，青少年およびスポーツ，㊵文化

このように，EPA が経済面の日 EU 関係を網羅しているのに対して，日 EU・
SPA は，主として政治面でのセンシティブな側面を多分に含むものであり，
今後どのように日 EU・SPA が進められるか，まさに日本・EU ないしヨーロッ
パ関係が政治的に成熟した関係になるかどうかが問われていると言えよう。特
に日 EU・SPA は枠組みを設定したにとどまっており，実効的な政策が双方で
合意できるかどうか，これからが試練の時期になると思われる。

3　連結性パートナーシップ

　さて，連結性（Connectivity）と書くとその内容がわかりにくいかもしれない
が，2018年9月に EU が発表した「ヨーロッパとアジアの連結」というアジア
戦略文書のタイトルをみると少しイメージが湧くかもしれない。それは，持続
可能で，包括的かつルールに則った連結性に基づくパートナーシップをアジア
に広げることを世界戦略の一環として表明した文書である。EU の対中国認識
が比較的緩やかであった2010年代前半に比べ，後半に入ると中国に対する警戒
感が強まってくる。西バルカンなどのヨーロッパの低開発国に対する中国の一
帯一路政策に基づく無制限な支援による債務の罠の惨状をみてきた EU は，ア
ジアにおいて同様の事態が引き起こされることに懸念を示すようになり，日本
と組んで，低開発国への援助に関して連帯して対応しようと呼びかけたのであ
る。これが連結性という言葉となって表れてきたと理解してよい。

EU はこの連結性のアジアにおける最初のパートナーとして日本を選び，2019年９月27日に開催された「ヨーロッパ連結性フォーラム」に安倍首相を招いた。安倍首相は「日本と EU・いくつもの橋を支える確かな柱[9]」と題する基調講演を行い，日本と EU が「インド太平洋から西バルカン，アフリカに至るまで，持続可能で，偏りのない，そしてルールに基づいたコネクティビティー（連結性）を造ることができる」と述べたのである。安倍首相は，債務の罠に陥らない支援に向けて，日本と EU が協調して世界各地に支援の輪を広げることができると強調した。

　同フォーラムの際，安倍首相とユンケル委員長は「持続可能な連結性及び質の高いインフラ整備に関する日 EU パートナーシップ[10]」と題する文書に署名した。同時に，日本の JICA（国際協力機構）や EIB（欧州投資銀行）との間での協力覚書も署名され，日 EU だけでなく，世界の第三国における支援について日本と EU が協力して推進していく土台がつくられたのである。

　こうして，日 EU は，EPA と SPA および連結性の３本柱が2017年以降に揃うことにより，蜜月時代とも言える関係を構築するに至った。その背景には，日 EU 首脳間の緊密な連係プレイがあったことを次節で指摘しておきたい。

第４節　日 EU 間の個人的信頼関係の醸造と協力関係の拡大

　残念ながら凶弾に倒れてしまった安倍晋三の政治家としての評価については色々と議論が分かれるところかもしれないが，安倍首相が EU のユンケル欧州委員長およびトゥスク常任議長との間に深い信頼関係を構築したことは明らかである。安倍首相の最後の５年間の任期の間に，ユンケル欧州委員長と会談した回数は14回，トゥスク議長と会談した回数も11回に達し，さらに，安倍首相はブリュッセルを６回訪問し，ユンケル委員長とトゥスク議長も４回訪日している。日 EU の EPA 署名式についても，当初ブリュッセルでの署名が予定されていたが，西日本集中豪雨災害への対応を優先せざるを得ない安倍首相を顧み，ユンケル欧州委員長とトゥスク議長が急遽訪日して，東京で署名式が行われたのであった。また，ヨーロッパ連結性フォーラムの開催についても安倍首相との日程調整が優先された。こうした３者間での信頼関係があってこそ，短

期間でこれだけ膨大なバイラテラル協定が結ばれることになったことは特筆に値する。

　その後，安倍首相が辞任した後を継いだ菅義偉首相の時は，残念ながらCOVID-19の影響で，対面での首脳会談は実現せず，2020年5月にテレビ会談の形式で，EUの新たな執行部となったフォン・デア・ライエン欧州委員長およびミッシェル常任議長との首脳会談が開催され，「日・EUグリーンアライアンス」という名のもとに，気候変動問題で協調していくことを発出するなどのさらなる進展がみられた。⁽¹¹⁾

　また，岸田文雄首相は，2021年5月に来日したフォン・デア・ライエン欧州委員長およびミッシェル常任議長と定期首脳会談を開催した。「DFFT（信頼性のある自由なデータ流通）」をはじめとした日EUデジタルパートナーシップの立ち上げがEU側から提案され，今後双方で，ワークショップ等を通じて調整を行うことで合意している。⁽¹²⁾

　さらに，岸田首相は，ウクライナ情勢を議論するために集まったG7会議の場を利用して，EU首脳陣のみならず，イギリス，フランス，ドイツの首脳との会談を積極的に行うなど，日本とEU間では，安倍首相が築いた緊密な関係を土台に首脳間で活発な議論が進められている。

　こうした広範な分野での日EU関係の協力関係の推進は，以前の貿易摩擦に終始していた時代には考えられなかった新しい動きであり，日本とヨーロッパの関係の中核として，日EU関係が大きな支柱として現れてきたことを物語るものと言ってよい。

　両者の協力範囲も，日EU・EPAと日EU・SPAによって大きく拡大し，経済問題にとどまらず，まさに価値共同体として一心同体のさまざまな共通政策を打ち出そうとしている。

　防衛協力の分野においても，日本とEUとの間では，例えば，2021年に入ってからEU海上部隊（イタリア海軍およびスペイン空軍）およびジブチ海軍等と自衛隊の海賊対処共同訓練が実施されるなど，EUのCSDP（共通安全保障防衛政策）の派遣部隊と自衛隊の共同訓練が進み，これまでにない協力関係が芽生えていることは，日本とEUがまさに共同して国際問題に対処しようとしている証左であろう。

第5節　裾野が広がる日本とヨーロッパの関係

　ここまでは，EUと日本との関係を中心にみてきたが，ここ数年の大きな変化はヨーロッパ主要国と日本との二国間関係の拡大である。特に2016年に安倍首相が「FOIP」（自由で開かれたアジア太平洋）の考え方を提唱したのと時を同じくして，ヨーロッパ側もアジア太平洋地域の重要性について言及するようになり，対中認識もそれまでのやや寛容なものから中国の拡張政策に対する厳しいものへと変化していった。

　まずは，イギリスとの関係であるが，イギリスがEUからの離脱を2016年の国民投票で決定し，実際に2020年1月31日に離脱したことに伴い，イギリスとの経済関係に依存してきた日本としては，いち早い関係改善を迫られることになった。その結果，日英EPA（日英包括的経済連携協定）が2020年10月23日に署名され，2021年1月1日に発効した。同協定は，日EU・EPAの内容をほとんど網羅した上で，日経企業のイギリスでの活動を援護射撃する内容となっており，イギリスのEU離脱による影響を懸念していた日本企業はこれによって一息つくことができたと言ってよい。

　さらに，2015年からはいわゆる「2＋2」（外相および防衛相による会議）が毎年行われており，イギリスのアジア太平洋地域への関与についても議論がなされている。実際，2020年8月にはイギリス海軍との海賊共同対処訓練が行われたり，2021年には空母クイーンエリザベスが太平洋に派遣されたりして，以前にはみられなかった軍事的協力も進められるようになった。

　イギリスだけではなく，フランスとは，2014年から「2＋2」会議が毎年開催され，2022年1月には，林芳正外相と岸信夫防衛相がフランスのル・ドリアン外相およびパルリ防衛相と会談し，日仏間の「特別なパートナーシップ」の重要性を確認した。また，2019年には，空母シャルル・ド・ゴールがインド・太平洋に展開し，日仏豪米の合同演習も実施された。

　ドイツも英仏に劣らず積極的である。2020年9月には，ドイツ政府は「インド太平洋ガイドライン」を策定し，翌2021年にはフリゲート艦バイエルンをインド洋から太平洋に派遣，日本の横須賀にも寄港している。

　このようなヨーロッパ主要国のアジア太平洋地域への関心の高まりの背景には，EUが2020年11月に採択した「インド太平洋地域における協力のためのEU戦略[17]」も大きく影響している。EUないしヨーロッパとしても，アメリカのみに頼る時代は過ぎ去り，新たなパートナーとしての日本の存在に期待を寄せているのがよくわかる。英仏独以外にもイタリアやベルギーなどとの共同訓練なども実施されてきており，一段と日本とヨーロッパの関係は緊密化する方向にある。

　2017年に登場したトランプ米大統領のアメリカ一国主義と米中対立の激化は日本とヨーロッパの関係に大きな影響を与えた。日本にとって，アメリカが保護国としての役割を果たしてくれなくなれば新たなパートナーを見つけるしかないが，周辺地域は言うまでもなく敵対諸国ばかりである。友好国はアジアにもいるがまだ発展途上であり，日本にとっての実質的な戦力とはならない。となれば，同じ価値観を有するヨーロッパとの関係強化を進めざるを得ないのが現状である。

　同様のことがヨーロッパないしEUにとっても指摘できる。アメリカがパリ協定から脱退するなど，多国間フォーラムに背を向けることは，これまで国際協調主義を貫き，気候変動問題などでリーダーシップをとってきたヨーロッパにとって，極めて大きな痛手であり，アメリカに代わるパートナーが必要となる。そこで浮上してきたのが日本の存在である。これまで中国のヨーロッパへの進出に比較的寛容であったヨーロッパも，同国の冷徹な一帯一路政策や南シナ海での拡張政策を目の当たりにして，対中認識をあらためざるを得なくなっていた。日本との関係強化がヨーロッパの世界戦略にとって極めて重要な位置づけとなってきたのである。

　これまでは単なる貿易相手としかお互いを見てこなかった日本とヨーロッパであるが，ここにきてあらためて両者が協力する必要性を肌で感じ，新たな関係構築の時代に入ったと言ってよい。経済や防衛のみならず，文化面での交流もいっそう活発になり，ウクライナ避難民の受け入れにも積極的に動いている日本とヨーロッパの今後の関係強化に期待したい。

⬭推薦図書⬬

E・ウィルキンソン／白須英子訳，1992，『誤解——日米欧摩擦の解剖学』中央公論社。

小久保康之「蜜月時代に入った日 EU 関係」『国際問題』No.691 (2020年 5 月)，41-49頁。

田中俊郎編著，1991，『EC 統合と日本』ジェトロ。

鶴岡路人，2021，「日 EU 関係における『中国ファクター』」『Keio SFC journal』Vol. 1，92-113頁。

細井優子，2019，「日・EU 関係における SPA の意義——規範的パートナーとしての可能性」『法学志林』116巻 4 号，1 -19頁。

Jörn Keck, Dimitri Vanoverbeke and Franz Waldenberger ed., 2013, *EU-Japan Relations, 1970-2012: From confrontation to global partnership*, Routeledge, London.

注

（1）　GATT35条「特定締約国間における協定の不適用：1．この協定又はこの協定の第二条の規定は，次の場合には，いずれかの締約国と他のいずれかの締約国との間には適用されないものとする。(a) 両締約国が相互間の関税交渉を開始しておらず，かつ，(b) 両締約国の一方が締約国となる時にそのいずれかの締約国がその適用に同意しない場合　2．締約国団は，締約国の要請を受けたときは，特定の場合におけるこの条の規定の運用を検討し，及び適当な勧告をすることができる」

（2）　貿易摩擦の経緯等については，例えば，木村崇之，2006，「第15章　日本と EU の関係」柏倉康夫・植田隆子・小川英治編著『EU 論』放送大学教育振興会，206～210頁を参照されたい。

（3）　吉井昌彦，2016，「日 EU・EPA 交渉の論点——EU 韓国 FTA の経験から」『国民経済雑誌』213巻 3 号，16頁。

（4）　「日本・EC 共同宣言：日本国と欧州共同体およびその加盟国との関係に関するヘーグにおける共同宣言（仮訳）」外務省 HP (https://www.mofa.go.jp/mofaj/area/eu/sengen.html) 2022年11月 2 日閲覧。

（5）　「共通の未来の構築：日 EU 協力のための行動計画（仮訳）」外務省 HP (https://www.mofa.go.jp/mofaj/area/eu/keikaku.html) 2022年11月 2 日閲覧。

（6）　「日 EU 経済連携協定（概要）」外務省 HP (https://www.mofa.go.jp/mofaj/files/000415752.pdf) 2022年11月 2 日閲覧。本文は，https://www.mofa.go.jp/mofaj/ecm/ie/page4_004215.html　2022年11月 2 日閲覧
「日 EU・SPA（概要）」外務省 HP (https://www.mofa.go.jp/mofaj/files/000270812.pdf) 2022年11月 2 日閲覧。本文は，https://www.mofa.go.jp/mofaj/files/000381941.pdf （2022年11月 2 日閲覧）

（7）　"EU-Japan trade agreement enters into force," European Commission-Press release, Brussels 31 January 2019.

（8）　Joint communication, *Connecting Europe and Asia-Building blocks for an EU Strategy*, European Commission, Brussels, 19 September, JOIN（2018）31 final.

（9）　「欧州連結性フォーラム　安倍総理基調講演」首相官邸HP（https://www.kantei.go.jp/jp/98_abe/statement/2019/0927eforum.html）2022年11月2日閲覧。

（10）　「持続可能な連結性及び質の高いインフラに関する日EUパートナーシップ（仮訳）外務省HP（https://www.mofa.go.jp/mofaj/files/000521612.pdf）2022年11月2日閲覧。

（11）　日本外務省HP（https://www.mofa.go.jp/mofaj/erp/ep/page6_000563.html）2022年11月2日閲覧。

（12）　日本外務省HP（https://www.mofa.go.jp/mofaj/erp/ep/page4_005605.html）2022年11月2日閲覧。

（13）　日本外務省HP（https://www.mofa.go.jp/mofaj/ecm/ie/page22_003344.html）2022年11月2日閲覧。

（14）　日本外務省HP（https://www.mofa.go.jp/mofaj/erp/we/gb/page22_001776.html）2022年11月2日閲覧。

（15）　日本外務省HP（https://www.mofa.go.jp/mofaj/press/release/press4_009249.html）2022年11月2日閲覧。

（16）　ドイツの対応に関しては以下が詳しい。森井祐一，2022，「ドイツ：変容する秩序への対応と国際政治」岡部みどり編『世界変動と脱EU／超EU』日本経済評論社，35-42頁。

（17）　EUの対外行動庁HP（https://www.eeas.europa.eu/eeas/eu-strategy-cooperation-indo-pacific-0_en）2022年11月2日閲覧。

（小久保康之）

資料編

ヨーロッパの国際政治関連資料

■EU（EC／EEC）委員長（氏名・在任期間・国籍）

EEC 委員長

Walter Hallstein	ヴァルター・ハルシュタイン	1958-1967	西ドイツ

EC 委員長

Jean Rey	ジャン・レイ	1967-1970	ベルギー
Franco Maria Malfatti	フランコ・マリア・マルファッティ	1970-1972	イタリア
Sicco Mansholt	シッコ・マンスホルト	1972-1973	オランダ
François-Xavier Ortoli	フランソワ=グザヴィエ・オルトリ	1973-1977	フランス
Roy Jenkins	ロイ・ジェンキンス	1977-1981	イギリス
Gaston Thorn	ガストン・トルン	1981-1985	ルクセンブルク
Jacques Delors	ジャック・ドロール	1985-1993	フランス

欧州委員会委員長

Jacques Delors	ジャック・ドロール	1993-1995	フランス
Jacques Santer	ジャック・サンテール	1995-1999	ルクセンブルク
Romano Prodi	ロマーノ・プローディ	1999-2004	イタリア
José Manuel Barroso	ジョゼ・マヌエル・バローゾ	2004-2014	ポルトガル
Jean-Claude Juncker	ジャン=クロード・ユンケル	2014-2019	ルクセンブルク
Ursula von der Leyen	ウルズラ・フォンデアライエン	2019-	ドイツ

■欧州理事会常任議長（氏名・在任期間・国籍）

Herman Van Rompuy	ヘルマン・ファン・ロンパウ	2009-2014	ベルギー
Donald Tusk	ドナルド・トゥスク	2014-2019	ポーランド
Charles Michel	シャルル・ミシェル	2019-	ベルギー

■EU 外務・安全保障政策上級代表（氏名・在任期間・国籍）

Javier Solana	ハビエル・ソラナ	1999-2009	スペイン
Catherine Ashton	キャサリン・アシュトン	2009-2014	イギリス
Federica Mogherini	フェデリカ・モゲリーニ	2014-2019	イタリア
Josep Borrell	ジョゼップ・ボレル	2019-	スペイン

2. 歴代の NATO 事務総長

氏　名		在任期間	国籍	主要閣僚歴
Hastings Ismay	ヘイスティングス・イズメイ	1952-1957	イギリス	英連邦関係相(1951-1952)
Paul-Henri Spaak	ポール＝アンリ・スパーク	1957-1961	ベルギー	首相(1938-1939, 1946, 1947-1949) 外相(1936-1949, 1954-1958, 1961-1966)
Dirk Stikker	ディルク・スティッケル	1961-1964	オランダ	外相(1948-1952)
Manlio Brosio	マンリオ・ブロージオ	1964-1971	イタリア	国防(1945-1946)
Joseph Luns	ジョセフ・ルンス	1971-1984	オランダ	外相(1952-1971)
Peter Carrington	ピーター・キャリントン	1984-1988	イギリス	国防相(1970-1974) エネルギー相(1974) 外相(1979-1982)
Manfred Wörner	マンフレート・ヴェルナー	1988-1994	ドイツ	国防相(1982-1988)
Willy Claes	ウィリー・クラース	1994-1995	ベルギー	外相(1992-1994)
Javier Solana	ハビエル・ソラナ	1995-1999	スペイン	外相(1992-1995)
George Robertson	ジョージ・ロバートソン	1999-2003	イギリス	国防相(1997-1999)
Jaap de Hoop Scheffer	ヤープ・デ・ホープ・スヘッフェル	2004-2009	オランダ	外相(2002-2003)
Anders Fogh Rasmussen	アナス・フォー・ラスムセン	2009-2014	デンマーク	首相(2001-2009)
Jens Stoltenberg	イェンス・ストルテンベルグ	2014-	ノルウェー	首相(2000-2001, 2005-2013)

3. 歴代の欧州安全保障協力機構（OSCE）事務総長

氏　名		在任期間	国籍
Wilhelm Höynck	ヴィルヘルム・ヘインク	1993-1996	ドイツ
Giancarlo Aragona	ジャンカルロ・アラゴーナ	1996-1999	イタリア
Ján Kubiš	ヤン・クービッシュ	1999-2005	スロバキア
Marc Perrin de Brichambaut	マルク・ペラン・ド・ブリシャンボー	2005-2011	フランス
Lamberto Zannier	ランベルト・ザニエル	2011-2017	イタリア
Thomas Greminger	トーマス・グレミンガー	2017-2020	スイス
Helga Schmid	ヘルガ・シュミット	2020-	ドイツ

年	月	出来事
1989	4	通貨統合に関するドロール報告書刊行
	5	ソ連軍，アフガニスタンから撤退（1989年完了）
	7	オーストリア，EC 加盟を申請
	9	ハンガリー，東ドイツ市民に対し西部国境を開放
	10	プラハとワルシャワの西ドイツ大使館に東ドイツ市民殺到
	11	「ベルリンの壁」崩壊
1990	6	ダブリン協定締結。シェンゲン実施協定締結
	7	NATO 首脳会議，同盟の変革に関するロンドン宣言発表
	7	経済通貨同盟第 1 段階開始。東西ドイツ通貨統合
	8	イラク，クウェートへ侵攻
	10	ドイツ統一
	11	NATO 加盟国，ワルシャワ条約加盟国，ヨーロッパ通常戦力条約（CFE）に調印
1991	1	湾岸戦争勃発（〜 3 月）
	4	欧州復興開発銀行（EBRD）設立
	6	スロベニアとクロアチア，旧ユーゴスラビアからの独立宣言
	7	ワルシャワ条約機構の正式解散
	7	スウェーデン，EC 加盟申請
	9	マケドニア共和国，ユーゴスラビアから独立。クロアチア紛争勃発
	11	NATO 首脳会議（ローマ）開催，戦略概念発表
	11	欧州理事会（マーストリヒト），「共通外交安全保障政策（CFSP）」の条項を含む EU 条約を承認
	12	北大西洋協力理事会（NACC），初会合
	12	ソ連邦解体
1992	2	ユーゴ紛争への対応として国連防護軍（UNPROFOR）創設
	2	EC12カ国，欧州連合条約（マーストリヒト条約）に調印
	3	フィンランド，EC 加盟申請
	4	ユーゴスラビア解体。ボスニア・ヘルツェゴビナ紛争勃発
	5	欧州経済領域（EEA）協定署名
	6	デンマーク，国民投票でマーストリヒト条約否決
	6	NATO 外相会議（オスロ）開催，CSCE の責任の下，NATO が平和維持活動を支援すると発表
	6	WEU 加盟国の外相・国防相会議開催（ボン近郊のペータースベルク）
	12	NATO 外相会議，CSCE ないし国連安保理の委任のもとでの平和維持活動支援に合意
1993	1	チェコスロバキア，チェコとスロバキアに分離
	4	NATO，ボスニア・ヘルツェゴビナ上空の飛行禁止空域の強制的実施のための飛行禁止作戦開始（〜95年12月）
	6	EC 加盟のためのコペンハーゲン基準を公表

	8	北大西洋理事会は，ボスニア・ヘルツェゴビナにおける国連の権限下での空爆計画を承認
	11	マーストリヒト条約発効，欧州連合（EU）発足
1994	1	NATO 首脳会議（ブリュッセル），PfP，CJTF 概念を承認
	1	経済通貨同盟第2段階へ移行，欧州通貨機構（EMI）発足
	2	ボスニア・ヘルツェゴビナ上空の飛行禁止空域へ侵入した航空機を NATO が撃墜（NATO 史上初の武力行使）
	3	EU 理事会でイオニアの妥協成立
	12	CSCE を OSCE（欧州安全保障協力機構）に改組
	12	NATO，「地中海対話（Mediterranean Dialogue）」開始
1995	1	オーストリア，フィンランド，スウェーデンが EU 加盟
	1	CSCE，欧州安全保障機構（OSCE）に改称
	3	シェンゲン実施協定発効
	8	NATO，ボスニアでの空爆開始
	11	ボスニア紛争の停戦のためのデイトン合意成立
	12	ボスニア紛争の和平合意，パリにて調印
	12	国連決議のもと，ボスニアに IFOR（和平履行部隊）展開
1996	1	EU・トルコ関税同盟発足
	2	ロシア，欧州評議会加盟
	3	アジア欧州会合（ASEM）第1回会合開催
	12	SFOR（安定化部隊）が結成され，IFOR を継承
1997	5	NATO ロシア基本議定書調印，NATO ロシア常設合同理事会（PJC）設立
	5	NACC，EAPC（欧州大西洋パートナーシップ理事会）に改組
	10	EU 加盟国，アムステルダム条約調印
1998	4	アイルランドとイギリス，ベルファスト合意成立
	6	欧州中央銀行（ECB）発足
	12	英仏首脳会議（仏・サンマロ），欧州防衛に関するサンマロ合意を発表
1999	1	単一通貨「ユーロ」導入
	1	スペイン，NATO 統合軍事機構へ参加
	3	チェコ，ハンガリー，ポーランド，NATO 加盟
	3	NATO，コソボ紛争に対する空爆開始（〜6月）
	3	NATO 首脳会議（ワシントン），新戦略概念発表，また「加盟のための行動計画（MAP）」を承認
	5	アムステルダム条約発効
	6	KFOR（コソボ治安維持部隊）をコソボに展開
	12	欧州理事会開催（ヘルシンキ），EU は，ペータースベルク任務を実施するための欧州緊急展開部隊創設を発表
	12	ヘルシンキ欧州理事会，一部の中・東欧諸国の EU 加盟交渉開始で合意。トルコを加盟候補国として承認
2000	3	EU，リスボン戦略採択
	5	シューマン宣言50周年

2001	1	EU加盟国，ニース条約調印。ギリシャ，ユーロ導入
	6	アイルランド，ニース条約をめぐる国民投票実施。一旦否決，再投票で可決
	9	アメリカにおいて同時多発テロ発生
	10	北大西洋理事会，アメリカの同時多発テロに関して，史上初の北大西洋条約第5条発動を確認
	10	アメリカ，アフガニスタンに対する空爆開始
	12	G8のボン合意によりアフガニスタンにISAF（国際治安支援部隊）設立
	12	EU加盟国，ラーケン宣言採択
2002	1	ユーロ紙幣とコインが12カ国で流通開始
	5	北大西洋理事会（レイキャビク），NATO危機管理任務における地理的制約を実質的に削除
	5	NATOロシア常設合同理事会に代わり，NATOロシア理事会（NRC）設立
	11	NATO首脳会議（プラハ），プラハ能力コミットメント（PCC），NATO即応部隊（NRF）について合意
2003	2	ニース条約発効
	2	イラク戦争勃発に備えるトルコ防衛計画をめぐり北大西洋理事会が決裂し，防衛計画委員会（DPC）にて承認
	3	EU＝NATO間での「ベルリン・プラス」，最終合意
	3	米主導の多国籍軍，イラクへの攻撃開始（イラク戦争）
	5	ロシア・EU首脳会議，「4つの共通空間」の形成で合意
	5	アメリカ，イラクにおける主要戦闘作戦の終了を宣言
	6	大西洋連合軍（SACLANT）が閉鎖され，変革連合軍（ACT）設立
	8	NATOがISAFの指揮権継承
	9	欧州連合軍（ACE）が閉鎖され，作戦連合軍（ACO）設立
	12	欧州理事会，「欧州安全保障戦略（ESS）」採択
2004	3	マドリッドにて列車爆破テロ
	3	ブルガリア，エストニア，ラトビア，リトアニア，スロバキア，スロベニア，ルーマニア，NATO加盟
	3	NATO，バルト三国領空監視任務開始
	5	中・東欧のポーランド，チェコ，スロバキア，ハンガリー，スロベニア，エストニア，ラトビア，リトアニアとキプロス，マルタの計10カ国がEU加盟
	6	クロアチア，加盟候補国に認定
	10	EU25カ国，欧州憲法条約調印
	11	ウクライナ危機，オレンジ革命
	12	EU，ボスニアでNATOのSFORを継承し，EUFOR Althea（欧州連合部隊アルテア作戦）開始
	12	EU，欧州防衛機関（EDA）設立
2005	2	NATO首脳会議（ブリュッセル），イラクの治安部隊訓練の支援で合意
	5	フランス，国民投票で欧州憲法条約否決
	6	オランダ，国民投票で欧州憲法条約否決
	7	ロンドンにて同時爆破テロ事件
	11	マケドニア，EU加盟候補国に認定

2006	12	NATO 首脳会議（リガ），太平洋諸国との域外協力を協議
2007	1	安倍晋三総理，日本の首脳として初めて北大西洋理事会で演説
	1	ブルガリア，ルーマニアが EU 加盟，スロベニアがユーロ加盟
	7	EU 加盟国，「改革条約」策定のための政府間会議開催
	12	EU27カ国，リスボン条約調印
	12	ロシアが欧州通常戦力（CFE）条約の履行を停止
2008	1	キプロスとマルタ，ユーロ加盟
	4	NATO 首脳会議（ブカレスト），アルバニアとクロアチアの加盟で合意，ウクライナとジョージアの「将来の加盟」で合意，アフガニスタン復興・安定化に向けた「戦略ビジョン」を採択
	5	NATO 加盟国，合同でサイバー防衛協力センター（CCDCOE）をエストニアに設置
	8	ジョージア紛争発生，NATO 緊急外相会議が「従来の関係維持は不可能」と対ロ警告
	9	NATO，国連との間で事務局間協力に関する共同宣言調印
	11	マケドニア，NATO 加盟を妨害しているとしてギリシアを国際司法裁判所に提訴
2009	1	スロバキア，ユーロ加盟
	2	集団安全保障条約機構（CSTO），合同部隊の創設を決定
	3	フランス国民議会が NATO 軍事機構への復帰を承認
	4	アルバニアとクロアチア，NATO に正式加盟（加盟国は28カ国に）
	4	NATO 創設60周年記念首脳会議（ストラスブールとケール），フランス，NATO 統合軍事機構へ復帰
		ジョージア紛争によって停止していた NATO ロシア理事会（NRC），再開
	12	EU のギリシャ危機勃発
	12	EU，リスボン条約発効により欧州安全保障防衛政策（ESDP）に代わって共通安全保障防衛政策（CSDP）を開始
	12	NATO・ISAF 合同外相会議，アフガニスタンへ増派を表明
2010	4	ユーロ危機勃発
	5	新戦略概念に関する専門家会合勧告発表
	10	モンテネグロ，EU 加盟候補国に認定
	11	NATO 首脳会議（リスボン），新戦略概念を採択，MD 構築と対ロ協力を承認，2014年にアフガンの治安権限を現地政府へ移譲決定
	12	EU の欧州対外活動庁始動
2011	1	エストニア，ユーロ加盟
	3	NATO，リビア空爆開始（〜10月）
	6	西欧同盟（WEU）終了（機能は EU の CSDP へ移行）
	10	リビア国民評議会がシルト制圧，内戦終結
	12	国際司法裁判所，国名を理由にギリシャがマケドニアの NATO 加盟を阻んでいるのは違法と認定する判決
2012	3	セルビア，EU 加盟候補国に認定
2013	1	NATO，シリア国境近くのトルコ領内にパトリオット・ミサイル配備（2015年まで）
	7	クロアチア，EU 加盟（加盟国は28カ国に）
2014	1	ラトビア，ユーロ加盟

	2	ウクライナ危機
	3	ロシア，クリミア（およびセバストポリ）を併合
	4	NATOロシア理事会（NRC）停止
	5	日本，NATOとの国別パートナーシップ協力計画（IPCP）署名
	6	EU・ウクライナ，連合協定調印。アルバニア，EU加盟候補国に認定
	9	NATOウェールズ首脳会議，「即応行動計画（RAP）」発表，軍事費GDP比2％目標の10年以内達成について合意
	12	NATO，ISAF終了
2015	1	NATO，アフガニスタンにおいて新たに「確固たる支援任務（RSM）」開始
	1	リトアニア，ユーロ加盟
	11	パリ，同時多発テロ事件
	11	トルコ，領空侵犯のロシア空軍機撃墜
2016	3	ブリュッセル，連続爆破テロ事件
	4	2014年以来，停止していたNATOロシア理事会（NRC）再開
	6	イギリス，国民投票によりEU離脱派が勝利（離脱52％，残留48％）
	7	NATOワルシャワ首脳会議，バルト三国とポーランドにそれぞれ1個大隊規模の戦闘群を配備する「強化された前方展開（eFP）」の実施決定，またサイバー空間を陸，海，空に加えて第4の作戦領域として承認
2017	5	欧州理事会，CSDPの強化を目指すEUグローバル戦略を採択
	6	モンテネグロ，29番目のNATO加盟国に
	12	EUの安全保障防衛政策を強化するための「常設軍事協力枠組み（PESCO）」，25カ国で開始
2018	6	ヨーロッパ介入イニシアティブ（EI2）設立
	7	NATO日本政府代表部開設
	7	NATO，イラク軍の訓練任務（NMI）を開始
	11	イギリスとEU，離脱協定合意
2019	1	仏独，新エリゼ協定調印
	2	アメリカ，INF破棄をロシアに通告
	8	INF条約失効
	12	NATOロンドン首脳会議，宇宙空間を陸，海，空，サイバーに加えて第5の作戦領域として承認，また共同声明で中国について「機会と挑戦」と言及
2020	1	イギリス，EUから離脱
	2	新型コロナウイルス，ヨーロッパに広がる
	3	北マケドニア，国名変更の上で30番目のNATO加盟国に
2021	8	米軍，アフガニスタンから撤収
	9	NATO，アフガニスタンにおけるRSM終了
	9	AUKUS（米英豪安全保障協力）発足
	10	NATOロシア理事会（NRC）停止
2022	2	ロシア，ウクライナに全面侵攻開始
	2	NATO緊急首脳会議（オンライン）でロシア非難声明
	3	ウクライナ，モルドバ，ジョージアがEU加盟申請

	3	国連総会，ロシア軍の即時撤退を求める決議採択
	3	欧州理事会，「戦略コンパス」採択
	3	欧州評議会，ロシアを除名
	4	ロシア軍，キーウ周辺から撤退（ブチャなどでの虐殺発覚）
	4	国連総会，ロシアの人権理事会理事国資格停止の決議採択
	6	ウクライナとモルドバ，EU 加盟候補国に認定
	6	NATO 首脳会議（マドリード），新戦略概念採択，フィンランドとスウェーデンの加盟招致を決定（オーストラリア，ニュージーランド，韓国とともに日本も初参加）
	10	「欧州政治共同体」第1回首脳会議
	12	ボスニア・ヘルツェゴビナ，EU 加盟候補国に認定。コソボ，EU 加盟申請
2023	4	フィンランド，31番目の NATO 加盟国に
	7	NATO ウクライナ理事会設立

人名索引

事項索引

執筆者紹介 (所属，執筆分担，執筆順，＊は編者)

井上　淳　　大妻女子大学比較文化学部教授（第1章）

＊小久保康之　東洋英和女学院大学国際社会学部教授（第2章，第16章，資料編）

＊広瀬佳一　防衛大学校人文社会科学群教授（第3章，第15章，資料編）

宮脇　昇　　立命館大学政策科学部教授（第4章）

武田　健　　青山学院大学国際政治経済学部准教授（第5章）

岡部みどり　上智大学法学部教授（第6章）

臼井陽一郎　新潟国際情報大学国際学部教授（第7章）

坂井一成　　クレアブ株式会社ディレクター，元神戸大学大学院国際文化学研究科教授

（第8章）

小林正英　　尚美学園大学総合政策学部教授（第9章）

池本大輔　　明治学院大学法学部教授（第10章）

蓮見　雄　　立教大学経済学部教授（第11章）

長島　純　　防衛大学校総合安全保障研究科非常勤講師，NSBT シニアアナリスト

（第12章）

岡田美保　　防衛大学校総合教育学群教授（第13章）

東野篤子　　筑波大学人文社会ビジネス科学学術院教授（第14章）

〈編著者紹介〉

広瀬佳一（ひろせ　よしかず）
筑波大学大学院社会科学研究科博士課程終了。博士（法学）
　現　在　防衛大学校人文社会科学群国際関係学科教授
　主　著　『冷戦史』（共編著）同文舘出版，2003年
　　　　　『現代ヨーロッパの安全保障』（編著）ミネルヴァ書房，2019年
　　　　　『NATO（北大西洋条約機構）を知るための71章』（編著）明石書店，2023年

小久保康之（こくぼ　やすゆき）
慶應義塾大学大学院法学研究科博士課程単位取得満期退学
　現　在　東洋英和女学院大学国際社会学部教授
　主　著　『EU・西欧』（共編著）ミネルヴァ書房，2012年
　　　　　『EU統合を読む』（編著）春風社，2016年
　　　　　『現代の国際政治［第4版］』（共著）ミネルヴァ書房，2019年

Horitsu Bunka Sha

現代ヨーロッパの国際政治
——冷戦後の軌跡と新たな挑戦

2023年10月5日　初版第1刷発行

編著者　　広瀬佳一・小久保康之

発行者　　畑　　光

発行所　　株式会社　法律文化社

　　　　　〒603-8053
　　　　　京都市北区上賀茂岩ヶ垣内町71
　　　　　電話075（791）7131　FAX 075（721）8400
　　　　　https://www.hou-bun.com/

印刷：西濃印刷㈱／製本：㈲坂井製本所
装幀：仁井谷伴子

ISBN 978-4-589-04288-0

油本真理・溝口修平編
〔地域研究のファーストステップ〕

現 代 ロ シ ア 政 治

A 5 判・264頁・2970円

ロシアの政治・社会についての入門書。ソ連の形成・崩壊の歴史を押さえたうえで，現代の政治制度や社会状況，国際関係を学ぶ。世界的に注目される超大国でありながらも，実態がよくわからないロシアという国家を新進気鋭の研究者たちがわかりやすく解説する。

清水 聡著

国 際 政 治 学

—主権国家体制とヨーロッパ政治外交—

A 5 判・236頁・2750円

ヨーロッパの国家間関係の展開に焦点をあてながら，国際政治のしくみをまとめた入門書。多岐にわたる課題を取り上げ，「構造分析」「歴史分析」「情勢分析」の 3 部17章構成で，総合的な基礎知識が習得できるテキスト。

中村 都編著

新版 国際関係論へのファーストステップ

A 5 判・248頁・2750円

私たち地球社会が抱える貧困・紛争・資源収奪・環境破壊など環境と平和に関する24のテーマを簡潔に解説した入門書。日本や世界の様々な問題や課題が私たちの日常にも関わっており，解決への行動につなげることを知ることができる。

羽場久美子編

21世紀，大転換期の国際社会

—いま何が起こっているのか？—

A 5 判・184頁・2640円

英国の EU 離脱，米国のトランプ政権誕生から，移民・難民，ポピュリズム，中国・北朝鮮関係，AIIB，日本経済，武器輸出，ロシア正教，中東危機，アフリカにおけるテロまで，いま最も知りたい論点を第一線の研究者たちがわかりやすく説明。

横田洋三監修／
滝澤美佐子・富田麻理・望月康恵・吉村祥子編著

入 門 国 際 機 構

A 5 判・266頁・2970円

創設70周年を迎えた国連を中心に国際機構が生まれた背景とその発展の歴史，組織構造とそこで働く職員の地位を論じる。感染症の拡大防止等，国境を越えた人類共通の問題に対して国際機構は何ができるのかを解説する。

山形英郎編

国 際 法 入 門 〔第 3 版〕

—逆から学ぶ—

A 5 判・434頁・2970円

具体から抽象への目次構成や，Quiz や Point 等を用いてわかりやすく解説。冷戦を背景とする20世紀国際法と対比して21世紀国際法を叙述。ウクライナ情勢等国際社会を批判的に見る眼を養う。新たに索引を付し，見出し項目を 3 つの学習レベルで分類するなど学習の便宜を図る。

————法律文化社————

表示価格は消費税10％を含んだ価格です